警察与亡者20年生死对话

京城验尸官

卢龙 著

法律出版社
LAW PRESS · CHINA

自序

我是一名退休的人民警察，从1994年开始从事非正常死亡现场的处理工作，其间负责检验了几千具尸体，接待家属4600余人次。工作之余，我把这些案件逐一记录成册，积累了十余本资料。每当翻开它们，浏览一张张现场照片时，我总能清晰地回忆起照片背后的故事——那些案件中的当事人，有的身陷险境，有的遭遇横祸，有的因为一念之差或无法忍受病痛的折磨而结束了自己的生命……

我用纪实文学的方式来记录处理过的非正常死亡案件，这是我从警32年来的工作记录。本书收录的80个案例是从我亲身经历、亲自处理的案件中精心挑选出来的具有代表性的案例。每一个鲜活的案例，都时时提醒着我们，怎样去面对生命、面对家庭、面对亲人。有的时候，你对于生命草率的决定，会给家人、朋友造成感情的创伤，带来沉重的打击。尤其是自杀案件的发生，很多死者选择了自我解脱，却忽略了亲情与责任，给身边的人们留下无法磨灭的伤害和无穷无尽的痛苦。

我深深热爱着自己的工作，对于“警察”这份职业的眷恋之情，在我“解甲归田”的那一刻起，越发地强烈和清晰。脱下警服，却脱不掉身上的那一份责任。希望通过我的纪实讲述，能帮助你在面对危险和挫折时，做出正确的选择。掩卷之余，你也许会更加深刻地体会到“好死不如赖活着”这句话的含义，会时时提醒自己“万事忍为先”，会越发珍惜生命的可贵，把幸福带给关心和爱着你的人们。

卢　龙

于二〇一七年冬

目录 CONTENTS

引子：干好这行将来有出息 …… 1

No.01 第一次出现场备受惊吓 …… 5

一具溺水而亡的尸体，一位第一次出现场的民警，两者的“亲密接触”发生在“大屁股吉普”车上。惊吓、头晕、发烧，难道民警的这些不良反应都是师傅成心为他设的局？

No.02 未生炉火却遭煤气夺命 …… 11

一家三口煤气中毒，孩子当场死亡，大人经抢救虽脱离生命危险却因中毒太深不得不做康复治疗。案发房间里没有火炉，也没用炭盆，那么，“死亡煤气”来自哪里呢？

No.03 畸形父爱碾碎女儿心 …… 17

花朵一般的女孩服毒自杀，死亡现场是她的卧室。细心的民警发现，这间位于二楼的卧室，窗户上没有窗帘，门玻璃上没有布帘，适婚年龄的女孩是如何在“透明”环境中生活的？

No.04 新生男婴坠亡于天井 …… 23

一名刚刚脱离母体的男婴被扔进天井，留给这个世界的仅有一声啼哭。民警沿着窗台和地面上的血滴找到了凌乱的生产现场，却没见人影。是谁对这个刚睁开眼睛看世界的婴儿下如此毒手呢？

No.05 添加酒精未留神丧命 …… 27

案板上切好的胡萝卜片，半边儿烧焦的酒精炉，一名家庭主妇死在当场。她脸部五官已经严重变形。是什么导致这位主妇受伤而亡的呢？

No.06 溺毙于“死亡深沟”的游泳者 …… 31

北京内城唯一一处具有开阔水面的开放景区什刹海，是人们消夏戏水的好去处。然而，人们只知道什刹海水深一米五六，却不知什刹海小岛到南岸之间有一条深三米的“死亡深沟”。

No.07 她追随罹难父母而去 ………………………………… 35

因父母在旅游中双双遇难，罹患重度抑郁症的独生女心怀愧疚和悲痛，毅然决然地追随父母而去，没有一丝留恋。

No.08 出奇招儿逼出知情人 ………………………………… 41

坠亡于一座正在建设中的大厦电梯井的男尸身份不明，在大厦中施工的十六家单位无人认尸。最终，民警使出“损招儿”，一击命中！

No.09 太平间内“唤醒”家属 ……………………………… 47

因为分房不合理，单位的老劳模选择自缢在领导的办公室门框上。他的突然离世致使老伴儿精神失常。民警在太平间内，“唤醒”了她。

No.10 细心甄别勒毙与自缢 ………………………………… 57

送老父亲尸体到太平间的男女行为诡异，老人脖颈处惊现红色勒痕。看似简单的病故背后是一起“早点儿解脱”的谋杀。

No.11 夜陪三具无名尸过年 ………………………………… 61

大年三十这一天，医院太平间里又新添了三具无名尸。他们是谁？他们的家人是否在等他们过年？在这个本该阖家团圆的除夕夜，民警拿着酒菜，走进了太平间……

No.12 搂着房本死去的母亲 ………………………………… 67

老伴儿病逝后，还没有走出悲痛的她却要天天面对争抢房产的四个子女。寒透了心的她服下了一整瓶安眠药。她没有留下遗嘱，只留给子女一句话：我带着房本走了，你们别再吵了。

No.13 电焊大意爆炸丢性命 ………………………………… 71

一起安全责任事故，其结果是施工人员身亡、安全负责人被判刑。而这一结果的源头，就是不按程序办事、疏忽大意！

No.14 父亲为母亲合上眼睑 ………………………………… 75

接警、抵达抢救室、走近尸体，民警却发现死者竟然是自己的母亲。父亲镇定地为母亲轻轻地合上双眼，这一动作触动了民警的心。亲手为母亲验尸后，不变的是工作流程，改变的是民警的心态。

No.15 找寻失落于灌木丛的眼球 ……………………………… 81

无论女孩生前如何娇美，高坠之后，也只能用面目全非、粉身碎骨来形容了。三九寒冬的凌晨，民警验尸后迟迟没有离去，只为找到女孩摔丢了的左眼。

No.16 善心助人不该受指责 …………………… 85

好心的邻居在送来三块蜂窝煤的同时再三提醒"这可危险，您到时候可千万得把煤拿出屋"。不想，使用者对邻居的提醒并不上心，结果断送了三口人的性命。

No.17 叛逆少女自缢弃父母 …………………… 91

十六岁少女自缢而亡。警方尸检时发现，少女已有三个月的身孕。是谁"逼"死了花季少女？

No.18 游泳班教练追悔莫及 …………………… 95

五岁女孩溺毙于游泳培训班，粗心的教练竟成为北京市因"重大责任事故"入刑的第一人。

No.19 过量服药害死亲生儿子 …………………… 101

年仅十岁的男孩中毒身亡，而这致命的毒药竟然是用来治病的中药。药方并没有错，错就错在男孩母亲的无知！

No.20 妻子难以启齿的隐情 …………………… 105

丈夫大白天猝死在床上，妻子对死因却三缄其口。这种违背生活规律的事件背后藏着怎样的隐情？

No.21 他不是值得我爱的人 …………………… 109

未婚先孕的女孩跳河自杀，她在遗书中写道："我为他怀了孕，他不是值得我爱的人。"原来，一段感情背后，另有隐情。

No.22 博士生无奈婆媳龃龉 …………………… 117

他是名牌大学的博士生，他是年薪三十万元的高级雇员，他是工作能力超强的佼佼者。然而，他却没有一个"安静"的家。在一次婆媳大战之后，夹在中间的他，选择了自杀！

No.23 精神病母亲刺死女儿 …………………… 123

小女孩的胳膊和双手被捆在椅子背后，全身挨了几十刀，在痛苦的喊叫中死去。是谁对这个未成年的女孩下如此狠手？

No.24 惹不起流言蜚语自杀 …………………… 127

自认为无愧于心的采购员没能经得住同事们的"唾沫星子"，领导的漠视加重了他的心理负担。于是，他决定以死证清白。

No.25　三岁男童跌出八楼窗台 …………………………… 133

因为奶奶的看护疏忽，三岁男童从八楼坠落，尸体惨不忍睹。在认定死因后，民警用“没有谁的不对”劝慰男童父母：要善待伤心自责的老人。

No.26　他成了分离养育的牺牲品 …………………………… 137

二十岁的英俊小伙儿在一家招待所服药自杀，伤害他的不是别人，而是父母十二年分离养育致其“难融入”的心理重压。

No.27　从死者身位寻出蹊跷 …………………………… 141

一名无法证明身份的男子猝死在树下，寻找尸源成为工作重心。通过尸体位置，民警发现了蹊跷。

No.28　丈夫染性病愧对妻子 …………………………… 145

妻子带着女儿从娘家回来，发现丈夫已经在家中的暖气管上自缢身亡。为什么丈夫会走上这条绝路？

No.29　陪伴父亲至临终时刻 …………………………… 149

在医院太平间里，民警被情绪激动的死者家属强塞进成殓尸体的冰柜。就在冰柜抽屉即将关闭的瞬间，民警死里逃生……面对痛失亲人的家属，民警选择了原谅。

No.30　负心汉愧疚痛哭 …………………………… 153

女孩遇到负心汉，未结婚便带着肚子里的孩子走上绝路。要让负心汉诚心认错，民警有妙招。

No.31　情陷两性无奈舍命 …………………………… 159

他爱着妻子，也爱着男友。在两性之间，他陷入选择的绝境。最终，他选择了放弃生命。

No.32　饭菜打包送进太平间 …………………………… 163

老人猝死在饭桌前，桌子上摆着他最爱吃的菜，他却没能吃上一口。民警心生怜悯，决定将饭菜打包，让它们与老人一同上路。

No.33　妻子携儿溺毙护城河 …………………………… 167

护城河里浮现女尸。民警打捞尸体时，竟然从女子手腕拴着的绳子另一头拉出一具男童尸体。

No.34　抱骨灰盒“惊醒”生者 …………………………… 171

老夫妻的一次拌嘴，让老太太自缢、老头儿到达精神崩溃的边缘。为了在精神上解救生者，民警穿上警服，抱起了骨灰盒。

No.35 矫平遇难者蜷曲肢体 …………………………… 177

邻家失火，殃及独居的老人。当老人的尸体被抬出时，躯体已经被烧成蜷曲状。为了安抚情绪失控的老人亲属，民警做了一次大胆尝试……

No.36 被黑心司机弃身雪夜 …………………………… 183

民警千里迢迢找不愿进京认领尸体的死者家属办理尸体火化手续，不想，遭遇黑心私车司机。于是，民警度过了一生中最危险、最艰难、最恐惧的一夜。

No.37 “以身试毒”查找真凶 …………………………… 187

幼儿在家中意外身亡，父母认定小保姆是凶手。民警“以身试毒”，只为澄清事实：真凶不是人而是煤气。

No.38 亲历自缢劝服家属 …………………………… 193

因为死者弟弟不认可姐姐自缢身亡的事实，民警决定“以身试死”！

No.39 生理缺陷酿成的悲剧 …………………………… 199

丈夫精心挑选的结婚良辰，却让妻子对丈夫心怀愧疚；丈夫存心隐瞒的生理缺陷，却让不解的妻子轻生。夫妻，何事不可坦诚相见？

No.40 让“破烂王”入土为安 …………………………… 203

被单位开除的“破烂王”，无父母无姐妹，更无经济来源。他每日圈居在楼道，直到死亡三天后才被人发现。为了让他能够入土为安，民警代家属替他争了权益签了字。

No.41 丈夫惩罚妻子走极端 …………………………… 209

为了报复想离婚的妻子，丈夫将安定药片放入粥中，亲手端给了毫不知情的一双儿女。之后，他点燃了整个家，搂着一双儿女一同死去。

No.42 拾荒者“死”而复生 …………………………… 213

寒冬腊月，“死者”躺在冰冷的地上，身上盖着硬纸板，只露出双腿和双脚。就在民警出现场拍照之时，“死者”复活了！

No.43 早熟男孩丧命性窒息 …………………………… 217

青春期的男孩，对性有了懵懂的认知，却因遇到粗心的母亲，致使含苞的花朵提前凋谢。

No.44 智劝高坠轻生者 …………………………… 223

轻生者已经站在高楼的楼沿儿，跳下去只是瞬间的事。验尸民警变身谈判专家，在千钧一发之际，横身扑住轻生者。

No.45 家中存尸一年半 …………………………… 227

平房院里传来尸体的恶臭，谁能想到，这是精神异常的儿子将病故的父亲尸体存放在家里一年半导致的呢？

No.46 男孩开推土机轧死人 …………………………… 231

一名施工工人惨死在推土机车轮下，肇事者竟然是一名不足十五岁的少年。他是如何进入驾驶室的？事故责任谁担？

No.47 替死者追讨正义之债 …………………………… 235

耿直的仓库管理员被车间主任穿了“小鞋儿”，一气之下寻了短见。民警得知真相，为死者讨回公道。

No.48 外甥欠外债舅舅偿命 …………………………… 245

外甥借了40万元，舅舅作为担保人出具了借条。于是，在外甥人间蒸发之时，舅舅成为债权人的目标。一场悲剧，就这样发生了。

No.49 漏电保护器夺人命 …………………………… 249

一个热心的邻居、一个伪劣的产品，害死了一条生命，摧毁了一个家庭。

No.50 酒后打赌岂料出人命 …………………………… 253

因为过量饮酒后的一次打赌，逝去了一条生命，也给存活者留下了永远的友情伤痛。

No.51 开车打电话轧死亲生女儿 …………………………… 257

四岁的小女孩惨死在车轮下，肇事者是她的母亲。原本再正常不过的“一起回家”，只因一通打了很久的电话，搅乱了顺序，酿成惨祸。

No.52 难以背负的“小偷”骂名 …………………………… 261

对于这位初二男生来说，3000元就像他自缢时用的绳套，牢牢地锁住他的喉咙。他背不起舅舅口中的“小偷”的骂名，便用生命去还债。

No.53 浇筑水泥垮塌酿事故 …………………………… 265

一个特大事故，八人丧命。“遇难者一个手指头都不能丢！”民警带领二十人，以最短的时间将八具尸体完整地挖出。

No.54 她无法承受厄运压力 …………………………… 269

吸毒被抓的丈夫、追债上门的债主、乘人之危的老板、满心抱怨的母亲，女子跌入了人生的最低谷。走投无路之下，她喝下了“84”消毒液，留下了九岁的儿子。

No.55 争奖金落病高坠自杀 …………………………… 273

一桩奖金分配的陈年琐事令他郁结于心，并因此患上间歇性精神病。最终，他选择了在吵过架的老领导家的小区高坠自杀。

No.56 在墓碑上给了情妇名分 …………………………… 279

一段婚外情，以情妇的自杀告终。情夫在悔恨之余，做出决定，与妻子离婚后，在墓碑上给了情妇名分。

No.57 “从天而降”的耐火砖 …………………………… 283

生病在家的男孩，一时淘气，将阳台上的耐火砖推出阳台。不想，这块从天而降的耐火砖砸死了途经的骑车人。

No.58 电闪雷鸣 “死人”起身 …………………………… 287

一个雨夜，一名“死者”，民警勘查现场，电闪雷鸣之中，“死者”突然复活！

No.59 疑心患癌抑郁不想活 …………………………… 291

一生无妻无子的鳏夫选择服药自杀。其实，害死他的不是疑心，而是孤独。

No.60 美好姻缘幻灭该怨谁 …………………………… 295

一次见义勇为的相助之后，他爱上了被救的女孩。当女孩的男友出现时，他的精神世界崩溃了……

No.61 好奇少年从十楼坠落 …………………………… 299

十四岁男孩从十楼坠亡，除了面相比较完整外，全身骨折。没有家庭矛盾，无关朦胧的早恋，只因青春期那一点点“逞强”的好奇心。

No.62 老母亲痛心“白发送黑发”离世 …………………… 303

这是一个由不幸连带引发另一个不幸的故事。小儿子身患癌症，割腕自杀。不想，老母亲意外得知后，郁结于心，几天后病故。

No.63 阻止“加塞儿”引发意外 …………………………… 307

老人排队“加塞儿”，年轻人粗暴阻止。谁也没想到的是，一个简单的冲突之后，老人猝死，年轻人获刑。

No.64 女孩“被”小三后自缢 …………………………… 311

交往近三年的男友竟然是有妇之夫，得知自己“被”小三后，女孩带着肚子里仅有两个多月的小生命，自缢身亡。

No.65 公共烟道传来的致命煤气 ······················ 317

在家备考研究生的女医生意外死亡，凶手竟然是邻居家取暖的土暖气。安全——不仅仅是自己安全，还应顾及他人。

No.66 偷情男子猝死在卫生间 ························ 321

男子偷情，猝死在宾馆的卫生间内。妻子与情人的战争极可能一触即发，民警用智慧化解了矛盾。

No.67 他知晓患癌跳河自尽 ·························· 327

得知自己身患癌症，老人深谙晚期有多痛苦，于是选择跳河自尽。尽管老人之死属于自杀，但医院失职难逃追责。

No.68 花心经理引火上身难解脱 ······················ 331

酒店的餐厅经理在酒店储藏室自缢，民警深入调查才发现，他竟然是周旋于两个女友之间无法脱身。

No.69 临时乱抓差入狱赔钱 ·························· 341

为了赶拆迁的工期，在工人人手不足的情况下，包工头临时找来收废品的帮忙。不想，收废品者眼有残疾，坠楼身亡。包工头不仅赔钱还获刑。

No.70 三岁娃意外栽进鱼缸 ·························· 345

由于母亲的疏忽，三岁男童栽进鱼缸，头部呈现“巨人观”，死相惨不忍睹。

No.71 母亲反应过激酿悲剧 ·························· 351

花季少女考试失利，原本情绪低落的她又遭遇母亲的严厉指责。重创之下，她选择了轻生。

No.72 捡破烂无知被炸身亡 ·························· 355

为了一丁点儿的小利，丢了性命，拾荒者终为他的无知和不遵守规定付出了生命的代价。

No.73 女患者在医院轻生 ···························· 359

女患者因就诊无效大闹医院，情绪激动之下从医院楼上跳下。死者家属摆花圈、烧纸，找医院讨说法。民警用“情”化解医患矛盾。

No.74 饮酒男生在船尾坠湖 ·························· 365

一次生日的小聚会成了友人间的生离死别。落水男孩的过量饮酒和疏忽大意，成为这次悲剧的罪魁祸首。

No.75 老人猝死小卖部门前 …………………………… 369

八十岁老太猝死在小卖部门前，尽管法医鉴定老人死于心脏病，但在老人死前因五毛钱与之发生过口角的小卖部售货员也难逃干系。

No.76 任性不听劝丢性命 ………………………………… 373

当流行词“任性”用在这个年轻人身上时，紧随其后的结局是丧命。正是因为他任性地顺着一根绳子下楼而断送了自己年轻的生命。

No.77 兄弟成见难解自缢身亡 …………………………… 377

弟弟自缢身亡，最先发现尸体的哥哥出现精神应激反应。原来，逼弟弟走上绝路的正是哥哥多年来的成见。

No.78 算命没算出自亡之时 ……………………………… 381

一对专门给人算命的“露水夫妻”死于煤气中毒，发现尸体者竟然是急于找他俩算命的男人。只可惜，算命者没有算出自己的劫数。

No.79 租游船投湖了断性命 ……………………………… 385

他站在船头纵身跳入湖中，湖面冒出气泡，无人驾驶的电瓶船径直撞到湖岸。这一切，全部被公园的监控摄像头记录下来。

No.80 千里赴京受蒙骗自杀 ……………………………… 389

为了偶遇生爱的女孩，他从外地来到北京。然而，在茫茫人海中，女孩却“失联”了。感觉被骗的他纵身从酒楼跳下，留给父母的只有一封长长的遗书和无尽的伤痛。

后 记 ……………………………………………………… 395

引子：干好这行将来有出息

我从北京市公安局调到某分局时，干警察已经整整10年了。

我原来的工作单位离家远，每天骑自行车上下班，单程就要骑50多分钟；调到分局，离家近了，骑自行车只要10分钟。我刚调到分局时，在治安处的秩序组，负责维护公共秩序。

秩序组有四位同事，其中一位在我到那儿后没多久就退休了，我是组里最年轻的。我们的工作就是每天在街上巡逻，处理纠纷，维持公共秩序。我当警察的第二年就学会了开车。我调到秩序组后，组里有一辆北京“212”吉普，后开门的，我们管它叫“大屁股吉普”。每天上班，我开着它上街，常去北京最大的鸟市和北边的火车站，处理吵架打人、盲人卖唱、小偷小摸之类的事，有时也执行临时的警戒任务。

在秩序组工作了一年多，北京市政府准备出台《北京市严格限制养犬规定》，要求养犬人必须登记办证，定期免疫，每年交纳5000元管理费。从市公安局到各个公安分局治安部门，要管起这事儿来。为此，分局新设了犬类限养科，我们戏称它为“狗科”。

分局治安处有个现场组，专门负责勘查非正常死亡现场。说是组，其实只有一个人干活。现场组和秩序组都归治安处（后改名为治安支队）管理。分局的人都知道，现场组的活儿一般人干不了，也不爱干，又苦又脏又累，经常要出死人的现场，经常要见到腐败的尸体，还要亲手摆弄尸体，长在太平间，常去火葬场，接触到的都是哭着说话的家属。现场组那人干了三年，工作积极、任劳任怨，给人的印象特别好。分局领导有意调他去“狗科”当科长，叫他物色个接班的人选。

我原本不认识现场组那人。他跟我同岁，单独来我家找过我三趟，问我能不能跟他学徒。我到分局后，在组里不太爱说话，不知他怎么就挑上了我。他一而再、再而三地劝说我。听他介绍，带他的师傅是一个人，他师傅的师傅也是一个人。他说："这个工作学问挺大的，有好多可学的，干一辈子学一辈子，没有止境。要说有什么意义，就是人死了，能替死者家属解决问题，达到家属的满意，用亲情去工作。"

其实，我留意过现场组的办公室。它位于四楼中间，上楼梯向右拐第一间，跟秩序组的办公室是斜对门。我发现，大家都不主动与现场组那人接近，不知是不是嫌弃他干的差事儿。反正，别人不去他的办公室，他也不到别的办公室串门。每天队里早上开点名会布置工作，他左右两边的位子都空着，没有人挨着他坐。我们很少看见他有笑脸，他的办公室里几乎每天都会传出家属的哭声。

关于学徒的事，我向组里人打听过。我说，现场组缺人，想让我去。他们都说，那差事儿又脏又臭又累，没有一个人赞成我去。他们还说，干这个工作没时没晌，晚上都不敢出门，还要经常给死人用针抽血，恐怖极了。

我从小就怕打针，还有洁癖，衣服两三天就得洗，看见小孩拉屎就吐。以前住平房时，我就盖了一间卫生间，还带澡盆。要说当年平房里有卫生间的人家还真不多见。等到住进楼房，我每天都要洗澡。

第一次进现场组那人的办公室，我看到办公桌玻璃板底下压着许多死人的照片，桌上扔着身份证、尸体检验登记表之类的东西。一看这些东西，我心里特别膈应，浑身直起鸡皮疙瘩。进到他的办公室，心里就不由自主地打颤。他真的非常严肃，一点儿笑模样都没有，与别人来往也很少。

最反对我去现场组的是我爱人。她在医院上班，对这些比较了解。她说："你干不了那差事儿，别去。就算是去了，你也干不长。"我有两个姐姐，她们也不赞成我去。她们怕我出事，说"验尸你不会，到时候你去验尸，如果死者是被人害死的，你说成是病死的，这一出事可就是大事儿"。

现场组那人到我家直接跟我谈，两次我都谢绝了。我的理由有两个：一是这工作责任重大，技术含量太高，怕我自己干砸了，负不起责任；二是我家里人都不同意。

一周之后，分局治安处的领导直接把我叫到办公室，问我对调到现场组有什么想法。我就把现场组那人前两次找我怎么说的，我怎么答复的，都讲了。领导说，经组织考察后，觉得这工作适合我做。他让我服从组织的意见，不考虑我个人的意见，没给我机会再表态。

虽然，我并不清楚这份差事儿到底是怎样的，但觉得，这是一门技术，门道很深。我相信，学一门技术总比整天在街上溜达要好。我顾虑的是，这工作要去摸死人，但是到底有多脏多恐怖，我只是听说，还没见过。

我小时候比较受宠，只要是自己喜爱的事，特别执着，家人做不了我的主。上中学时，我贪玩，喜欢上了踢足球，踢后卫、开角球都是我来。我腿有劲儿，整天泡在球场上，耗掉了不少时间。在体育活动中，我喜欢上了吊环，自己琢磨着练了几年，也没有教练教，那时练得吃饭拿筷子都拿不了，疼得抬不起胳膊。最严重的一次，我把脚踝摔肿了，一个月都没消肿，我想着脚坏了胳膊没坏，还坚持去练。后来，什么平起、十字动作我都能做。在文艺上，我迷上了吹圆号，也没请师傅，自己吹了几年，练得嘴唇淌血，我就在嘴唇上垫着手绢继续吹。圆号声大，邻居们嫌吵，找我父母告状，还有人围着我家敲窗户。这些都没有影响我，我坚持每天吹四十分钟，雷打不动。这些经历坚定了我的一个信念，那就是我想干的事，只要认真，肯定能干成。

领导找我谈完的第二天，现场组那人又来家找我。我想，领导都表了态，看来这事儿还真是躲不开了。我跟我爱人说，我想去干。她知道我一旦打定了主意，就不会再犹豫。我父母也都尊重我的选择。我把家里人的工作都做通了，就找到了现场组的那人，告诉他，我决定去现场组，明天正式报到。

我这辈子的一件大事就这么定了。

No.01

第一次出现场备受惊吓

引言

一具溺水而亡的尸体，一位第一次出现场的民警，两者的“亲密接触”发生在“大屁股吉普”车上。惊吓、头晕、发烧，难道民警的这些不良反应都是师傅成心为他设的局？

早晨一上班，我先跟秩序组领导打了个招呼，把办公桌里的东西归置归置，什么烟、茶杯之类的，全挪到现场组办公室里去了。就这样，现场组那人成了我师傅。

师傅那间办公室里就他一个人，屋里有两张办公桌，师傅占一张，另一张一直空着。一进屋，我就觉得浑身冒着一股凉气儿。瞧他那桌上，尽是一些瘆人的照片，什么参加追悼会的、死人的，我远远地看着，不敢往前凑。过去，要赶上追悼会，瞻仰遗容，我能不参加就不参加，能回避就回避；回避不了，我进门鞠个躬就溜。

我坐下来听师傅聊工作。他先介绍分局这项工作的传承。在他前边已经有三个人在这儿干过，他说：“干这活儿，不仅不能怕死人，更要尊重死人。不尊重死人，就会有麻烦。”

“什么麻烦？”我问。

“家属会对你有意见。一有意见，你的工作就白干，白受苦，白受累。”

师傅答。

师傅特别提到，检验尸体时，男女有区别。遇到女性死者或少数民族的死者，不能在大街上当众检验，该搬车上的搬车上，该拉回太平间的拉回太平间，尤其要考虑社会影响。

我们正聊着，任务就来了，说是有人溺水。分局指挥中心的电话打到分局值班室，值班室将布警任务通知到治安处。接到通知后，我有些茫然。师傅说，这就是有现场了。

那天正赶上秩序组不用“大屁股吉普”。我开着车，拉着师傅出现场。正值夏天，临近中午，天气很热。没多一会儿，车就开到出事现场了。我把车停在湖心岛南岸的小马路边上。湖里淹死的是一个年轻人，男性，已经被人捞上来，抬到湖岸上的小马路旁。我们到时，那里已经围了十几个人了。

我正找地方停车，就听人群里有人喊：“收尸的来啦！”

您说这招呼打的，我从来没听过，心里别提多别扭了。我师傅往人堆儿里走，手里拎了一个黑皮箱，是旅行箱那种。有人冲他点头打招呼——看样子他常去那儿，人家知道他是干吗的。后来，等我干这行时间长了，我都不能往那儿去，一去湖边就有人问：“又死人啦？”当然，这是后话。

这次溺水事件是一个年轻人跟同伴去湖里游泳。他不会游，呛水淹死了。同伴报了警。

师傅在尸体旁边蹲下，打开箱子。我好奇地盯着这个箱子，我刚跟师傅学徒，还没来得及听他讲箱子的事，更没打开看过。只见那箱子有两个大大的夹层，手套、针头、针管、皮尺、钳子、改锥、手电、棉布、纱布、小锤……全都整整齐齐摆放在里面。

当时我脑子里想，这些家伙什儿要是全用上，劳动强度可够大的，真够复杂的。有一点，我可以肯定，这些都是给死人用的，还不知道给多少死人用过！

师傅戴着手套验尸。死者嘴里流出的都是血水，一股怪味儿真够呛人的。旁观的十几个人围成一小圈儿。我离尸体两步远，不敢再上前。从小到大，我从没跟死人挨得这么近。

师傅蹲着，我站在他旁边看。死者四方大脸，长头发，一米七左右，看上去有二十多岁，只穿了一条蓝色三角内裤，像是一个外地民工。

师傅前后左右仔细查看死者的头部、前后胸、四肢，还撩开死者的眼皮，用手电照射瞳孔。当时我不懂，后来才知道那是检验死者眼角膜充血的程度。验尸大约进行了四十分钟，师傅一直等不来民政局拉尸体的灵车，决定把死者抬到我们开来的吉普车上，用我们的车将尸体送往医院的太平间。

抬尸体时，师傅抬着死者的头，让我抬死者的脚。后来我才知道，死人头重脚轻。打开吉普车后门，我俩把尸体平放在车厢里。由于车厢长度有限，死者的脚就抵在了车后梆儿上。

我打开驾驶室的门，把着方向盘想要开车。师傅说："我开吧。"我刚想坐到副驾驶位上，就听师傅突然说了一声："你到后边去，扶着点儿。"我的脑袋里"嗡"的一下，整个人都怔住了。

扶着他？

师傅看都没看我一眼，接着说："车走起来，别不留神把他掉下去。"

听了师傅这句话，我心里不知怎么就不那么怕了。这话明摆着，他根本就没考虑我怕不怕，他关心死人超过关心我。突然，我心里对师傅升起敬佩之情，胆子也壮了一点儿。

我从车后门钻进车厢，低头一瞧，死者正脸朝上。刚才站在师傅旁边看他验尸都没挨尸体这么近，我壮起来的那点儿胆儿一下子全没了。车厢里太窄，死者的一条腿就挤着我的脚，吓得我半死，脑子里一片空白。这可是我有生以来第一次离死人这么近！忒近了！

我坐在车厢后边，根本没敢用手扶着死者。从死亡现场到医院太平间，不过十分钟的路程，我却觉得过得无比漫长。我不敢低头看，只能闭眼数数儿，心里念叨着"快点到，快点到……"咬牙熬着。

车到医院，太平间工作人员把死者抬下车，登记、照相、放入停尸冰柜，车子就地冲洗干净。此时已近下午一点，我和师傅还没顾上吃饭。我们上了冲洗干净的吉普车，师傅开车，径直把我送到我家楼下。师傅说了声："你下午休息吧，不用上班了。"他好像看出来，我吓得不轻。

我家住六楼。我上楼进屋洗洗手，没吃东西就躺到床上。平时这个时候，我从来不睡觉。躺了不到半个小时，我就觉得头晕，找出温度计试了试，将近 38 度。我赶紧给我爱人打电话。她回来时，三点多钟，又给我试了体温，还是发烧。我吃了药，睡下了，一觉睡到快天黑。我爱人做好了晚饭叫我起来，我说不吃了。

这时，我听到“嘭嘭嘭”有人敲门，打开门一看，当时我就愣住了。门口站着的正是我师傅。我心里的委屈、感动随着眼泪全都涌出来了。在此之前，我从没有因为工作流过眼泪。

师傅说：“我知道你得发烧，人受惊吓的时候，汗毛孔都打开了。你今天受惊吓不浅，坐在车后面又没关后门，风一吹，准保发烧。”他见我精神还好，叫我陪他下楼去吃碗面条。

我是真没想到师傅能到家来看我，当时只觉得感动，根本顾不上恨他了，赶紧换上衣服跟他下楼。

师傅之前在学校当老师，写得一手好字。他是北京市公安局向社会公开招录民警时考入市局的。我俩边吃边聊，没提今天验尸的事。师傅只是说，遇上今天这种情况，怎么找死者家属，如没有身份证的，要按无名尸处理。等到吃完以后，那些萦绕在我眼前可怕的情景和感觉全没了，真奇怪！晚上十点多，我回到家里，什么病的感觉都没了。

我对我爱人说了白天的事，她才知道我是因为这个发的烧。她说：“这都是你师傅成心给你设的局。”我说：“不会吧。”这时候我想的是，师傅当初是不是也这么过来的？

第二天早上上班，我径直走进现场组办公室。这次再走进办公室，感觉全变了，我一点儿也不觉得怕了。师傅已经到办公室了，凌晨四点，他又出了一次现场，没叫我。这会儿，他刚从现场回来。师傅说：“你在这儿接电话，我去休息一下。”十一点刚过，师傅回来了。我俩下楼，驾着长江“750”三轮摩托车去吃刀削面。饭后，我俩直接去了医院太平间。

那家医院的太平间大约有三十平方米，中间摆了一张花床，用于放尸体供死者家属瞻仰。北边的一整面墙全是冰柜，竖着四个，横着六个，一共有二十四格，其中存放的公安局保存的尸体有五具。

师傅分别找出这五具尸体，一个一个拉开冰柜让我看，有男有女。他逐个介绍死者的年龄、死因，最后一具尸体就是昨天淹死的那个年轻人。师傅叫我帮他把这具尸体从冰柜里抬到太平间的平车上，他把着我的手摸了摸尸体。尸体冰凉，我心里再没有感到任何恐惧。

师傅给我详细地讲解了检验尸体扎心血应该在什么位置。扎心血是验尸的一个程序，讲究“一针见血”，就是见心脏里的血。扎心血是十分讲究的，操作失误，抽出来的就不对。人的心脏外围有心包，心包里有心包液，是浅红色的，但它不是心血。如果一针下去扎不准，抽出的有可能是心包液。扎心血要在心窝一侧三指宽的地方，从乳头根儿下针，扎针时要直下平稳，针扎下去后，稍微拔起一点儿，看看抽出液体的颜色，要是红色的就对了，要是浅红色的，说明抽出的是心包液，需要往上提一针，再重新扎一下。

师傅一边讲解一边从书包里拿出一根针管，针管和针头都很粗，加起来有十厘米长。由于这具尸体冻得硬邦邦的，没解冻，师傅只是拿针管给我比画了一下。

师傅说，人的心脏是根据体重和身高长的，体重越重，身高越高，心脏就越大，要准确判断心脏的位置。师傅告诫我，如果扎心脏抽第二针，那就是对死者不尊重。后来，我每次扎心血时，脑袋里老有这么一个紧箍咒。我们每次抽完心血后，用小瓶子装好，送到市局法医中心毒物检验所，三天后取化验结果，然后告知家属。

师傅又教我怎么检验死者瞳孔。掰开眼皮，用手电筒照着，看瞳孔放大的程度，辨别大小及是否对等。人死亡后，瞳孔就会放大，这也是确定人是否死亡的一种依据。

师傅还教给我怎么看尸体的手指肚儿和脚趾肚儿。脚趾主要看大脚趾，它们呈现的特征可以说明死者是重体力劳动者，还是脑力劳动者。

接着，师傅抓着我的手，从尸体胸口往下数肋骨，一根、两根、三根、四根……然后是左胸、右胸，他教我如何判定四肢骨折。师傅还让我用手去摸死者的头部，全方位地摸，看看有没有凸起或凹陷，一旦发现有凸起或凹陷，这块头发就要剃掉，以便观察凸起或凹陷形成的范围及大小。

师傅手把手地教，我用心地听，完全忘了恐惧。晚上回家，回想这些经历，觉得这里面有这么多名堂、这么多技术，真想把师傅讲的那些东西全记住，再去接触尸体，实践师傅教授的知识、经验和手法。

回想第一次出现场，我要是坐在副驾驶的座位上肯定没有我守着尸体害怕；要是我不坐在车厢里守着尸体，就不会吓得蒙圈、吓得发烧，见了师傅就不会掉眼泪；要是没有这一吓，第二天验尸时我肯定还是会恐惧，放不开。

我跟爱人长谈，说这份工作我不但要干下去，还要干好，因为这里有太多太多要学的东西。她看着我说："但愿你能干得长。"毕竟，她了解我，知道我的性格，我要想做什么，就一定会加倍努力去做。她鼓励我说："行，你能有这种想法，这事儿你能成！"

师傅每年要出许多现场，他手把手地教我，白天晚上地带着我出现场。不到一年的时间，他就调走了，调到了"狗科"，不再管死人，也不再出现场了。但他的办公室与现场组办公室还在一个楼里，有什么事，我常去请教他，他也经常到现场组屋里坐坐，聊聊案情，指导指导我。经过师傅的传授和点拨，我入了门，靠着自己的摸索，我积累了更多的经验。

|生命感言|

与逝者的第一次"亲密接触"，对我来说是上了人生中最重要的一课。在惊心动魄之间，我在心中搭建了一座与逝者"对话"的桥梁。因为"对话"内涵非常丰富，在这座桥上，我只能一步一步去走。我迈出的第一步，是谨记师傅的话："不仅不能怕死人，更要尊重死人。"

No.02

未生炉火却遭煤气夺命

引言

一家三口煤气中毒，孩子当场死亡，大人经抢救虽脱离生命危险却因中毒太深不得不做康复治疗。案发房间里没有火炉，也没用炭盆，那么，“死亡煤气”来自哪里呢？

某年冬日的一个早上，指挥中心布警、值班室通知，某小区一栋楼房有人疑似煤气中毒，酿成一死两伤事故。我领了出现场任务，拎起勘查箱，带着徒弟，驱车前往事发地点。

要说事故，一般是指造成死亡、疾病、伤害、损坏或者其他损失的意外情况。事故发生情形十分复杂，罗列起来，诸如物体打击、车辆伤害、机械伤害、起重伤害、触电、淹溺、灼烫、火灾、高空坠落、坍塌、冒顶片帮、漏水、放炮、瓦斯爆炸、火药爆炸、锅炉爆炸、容器爆炸、其他爆炸、中毒和窒息以及其他伤害，等等。事故等级一般分为：一般事故、较大事故、重大事故、特别重大事故。

车进小区，这片儿全是没暖气的旧简易楼，年代已久。

车停在小区里的一栋楼前，那栋楼建有四层，共有四个楼门。远远地，我望见最东边那楼门口围了好几个人了，楼边停着一辆警车，想必现场就在那楼门里。我和徒弟上前，跟楼下候着的派出所民警照了个面儿，接上头儿，由民警带我们进楼门上二楼。

二楼楼梯右拐只有两户人家，紧邻楼梯口的第一个门里，就是出事房间。屋内本为套间，有隔墙却没安门，最里间有扇玻璃窗，没有阳台。室内没有炉子，也没有任何暖气管道，很冷。

屋里地上躺着一个小男孩，身高大约一米二。他穿着秋衣秋裤，侧身卧地，身旁有一滩尿迹，显然小便失禁。从小男孩身上散发出的异味不难判断，他大便也失禁了。

派出所民警告诉我，小男孩的父母已经被送到医院紧急抢救去了，目前神志不清，尚未脱离危险。

我见过许多被煤气熏死的人，绝大多数中毒后会出现大小便失禁现象。我给小男孩验尸时，注意到他口吐异物，大小便失禁，身上左侧尸斑呈现出鲜红鲜红的颜色，这也是煤气中毒的典型症状之一。我看了这孩子的瞳孔，左右大小对等，证明这孩子生前健康；他全身也没有骨折的部位。最后，我看了孩子的嘴唇、牙根、指甲盖、眼角膜，经全方位检验之后，我断定这孩子的死因符合“120”急救医生先前的诊断——死于煤气中毒。

小男孩死于煤气中毒，但这间屋里没有火炉，也没用炭盆取暖，哪来致人死亡的煤气呢？

我返身出门，站在楼道里勘查，见对面住房也是一套间，楼道顶头有人安了一个简易土暖气炉，土暖气有管子接入邻近房间。我推开有土暖气那间房的屋门，屋里很暖和。派出所民警告诉我，这屋里住着来自湖北的两个大学生，一男一女，他俩没结婚，同居，租住在这间房里。

看到土暖气的那一刻，我突然明白了没生炉火的这家人是怎么中煤气的了。

原来，楼梯右侧这两户人家把门都关上后，这段不长的楼道就形成了一个封闭空间，土暖气烧煤产生的煤气就弥漫在这个封闭空间里。由于土暖气挨着的那面墙上有个漏风窗户，风吹进楼道把煤气往楼梯口这边吹；又由于中煤气这家人的房间位于楼梯口，房门的缝隙很大，房间里的窗户往外拔气的力度又很大，楼道里弥漫的煤气就入门出窗，致使这家人成了过堂风煤气的受害者。

小男孩的尸体由民政局的工作人员抬上灵车运往太平间。我向楼里住户了解情况，得知生土暖气的那两个大学生每天晚上睡觉前例行添煤火时，会把乏煤夹出来，搁在炉子旁边。生过炉子的人都知道，乏煤的煤气含量最高。不难猜想，乏煤搁在炉子外，这短短的楼道里肯定会弥漫着煤气。

那两个大学生赶回租住地接受我的调查。据他们讲述，以前使完乏煤，就放进一个铁桶里，然后下楼时顺便扔掉。近些日子，他们嫌麻烦，为省劲儿，要攒上四五块乏煤后一道拎下楼。昨晚，他们拿出三块乏煤搁在桶里，因为外面风大，就没拿下楼。

我找到并确认了煤气的来源后就开车去了医院。在医院接受救治的夫妻俩刚刚做完高压氧舱治疗。据主治大夫介绍，这夫妻俩虽然没有生命危险，但各自体内一氧化碳含量高，尽管未达到致死量，但伤情较重。夫妻俩知道我的身份后，劈头就问他们儿子怎么样了，我只能含糊应对。离开医院后，我赶快叫人通知夫妻俩的亲属速来北京。

第二天，得知在医院接受救治的夫妻俩健康状况有些好转，可以接受调查，我便去医院向他们了解中毒当晚的情况。他们告诉我，他们来自外省，在北京做调料生意两年多。出事那天晚上，他们跟往常一样，吃完晚饭，洗洗涮涮后就上床了。那天睡着后，他们就不知道发生了什么事，醒来时人已经躺在医院里了。救了他们一命的是他们的老乡。他们一直是早上四点去上货，每天都有老乡来叫门，约着一起走。幸好那天老乡及时发现了异常。

我找到约夫妻俩凌晨上货、救了夫妻俩的那个老乡了解情况。他告诉我，往常凌晨那个时间点儿，他到楼下，只要对着二楼窗户咳嗽一声，夫妻俩就会应声下楼。出事那天很奇怪，他咳嗽了好几声都不见夫妻俩的动静。他便上了楼，敲门也没人应。他耳朵贴着门，听到屋里有人轻声哼哼，声音不对。他意识到可能出事了，就一脚把门踹开，进去一看，这夫妻俩趴在床边，他们的儿子躺在地上。他开灯挨个摸摸，倒在地下的孩子已经没气儿了。他赶紧先把男的背下楼，再把女的背下楼，开着他用来上货的电动三轮车，心急火燎地将夫妻俩送到医院；随后拨打了“120”急救中心的电话，又返回出事房间等“120”大夫来。“120”的大夫进屋一看，确认孩子已经死亡。“120”大夫告诉他，这种死亡一定要尽快通报公安局。就这么着，他又打了“110”。

出事两天后，小男孩的大爷到了北京，在我办公室详细听我介绍了情况，又去医院看望了他弟弟和弟妹。他希望尽快把孩子尸体火化，以便腾出时间照顾他弟弟和弟妹。在办火化手续之前，我们给小男孩做了个心血检验，结论定性为一氧化碳中毒超过死亡标准。做这个检验的目的有两个：一是为我们的办案定性提供证据；二是为家属准备要打的民事官司提供证据。

火化完了，小男孩的大爷打来电话向我表示感谢。没想到，时隔五天，小男孩的大爷又来到我办公室。这位年过五旬的爷们儿坐在我面前低头不语，抠着手指头掉泪儿。他得知弟弟一家出事后都没哭，今儿个是怎么啦？要说孩子的事都办妥了啊，这让我特别纳闷儿。我给他倒了一杯水，问他："出了什么事？你慢慢说。"

他支支吾吾地说，他在北京走投无路了。

"嗯？"我问，"你这话什么意思？"

他说："你们公安机关该做的都做到了，没有问题。问题在我，我来的时候带了几万块钱来处理弟弟一家的事。我每天负责他俩在医院的三顿饭，扶着他俩做康复治疗。今天早上起来，我给他俩买了早点，送到病房，等他俩吃完，就该去做高压舱了。他俩恢复得挺好，我准备回老家再取点儿钱回来，没想到我身边一直带着的挎包没啦！包里有我的证件，还有仅剩下的两千块钱。现在我兜儿里一分钱都没有，中午连饭也没吃，我都不能跟他俩说。"他叹了一口气，接着说："我在北京没有亲戚，谁也不认识，就连与我弟弟一起做生意的老乡，我也不认识。我真是走投无路了，我想起了您。您是好人，我只好靠您了。"

我说："那行吧。"我从包里拿出两千块钱，让他打了一张借条。我这么说的，"我可以帮助你渡过这难关，但解决不了根本问题，现在我手头上就有这点儿钱，借给你，你快去快回吧"。

他当时就哭了，拿着两千块钱，握着我的手，泪珠吧嗒吧嗒地起劲儿掉。我说让他清点清点钱数，他连说不用不用，说"您是好人，我不用点"。末了，他一步一回头地看着我，走出了办公室。

五天后的上午，小男孩的大爷又来到我的办公室，我正在归置档案。一敲门，他探头笑着招呼一声"卢警官"。他身后还跟进来一位女同志，是他爱人。他对他爱人介绍说："这就是卢警官。"他爱人过来握着我的手说："您真是好人，要是没有您帮助他，他连家都回不了啦。"

我连忙说这是我应该做的。他拿出一沓钱放在桌子上，说："我把钱给您带来了。"我拿起那沓钱刚要点数，他伸手拦住我，说："不用点了，我们该走了。"

他这举动有点儿不太正常。我执意点了数，点完是三千块钱。我马上沉下脸对他们说："你对我的谢意，我接受，但这个钱不能这么给我。你这么给我，会伤害我的自尊心。我帮助你是自愿的，也是应该的。你遇到的困难解决了，我借你的钱，你还给我了，我把借条还你，咱们两清了。多出的这一千块钱，我是不能也绝对不会接受的。"

这两口子愣了片刻，相互看了看，再冲我点点头，说："卢警官，那我们就谢谢你了。"他们接过多出的那一千块钱，告别离开了。

| 生命感言 |

一氧化碳中毒，俗称煤气中毒，是北京冬天里常见的突发事件。面对这类死伤率极高的事件，我总是会用煤气中毒的特征严格比对死者的情况。而探明煤气来源，也是必不可少的工作。在这起事故中，生火的没中毒，不生火的反而被一氧化碳熏死了，让我特别感慨。感慨之余，我想提醒使用炉火的人一定要弄清并牢记常识，注意保持烟道口畅通，防止这类悲剧的发生。

No.03

畸形父爱碾碎女儿心

引言

花朵一般的女孩服毒自杀，死亡现场是她的卧室。细心的民警发现，这间位于二楼的卧室，窗户上没有窗帘，门玻璃上没有布帘，适婚年龄的女孩是如何在“透明”环境中生活的？

大夏天的一个上午，我刚进办公室，就接到指挥中心布警、值班室通知，让主管民警尽快赶往出事现场，有一女子服毒死亡。

一般来说，只要接到提及死因的这类出警通知，我可以在很大程度上排除他杀的可能性，因为这是经过派出所民警初查后上报过来的。我要做的工作，重点是调查死亡成因，相对于死因不明的死亡案件来说，这类现场是比较容易处理的。

我这次出警去的是一个几年前建成的回迁小区。这片小区里都是六层楼，楼与楼之间挨得比较近，居住密度大，小区院里破破烂烂，杂物乱堆。我看见有栋楼门外停着一辆警车，就把车开过去，下车就有派出所民警领着我进楼门上二楼。到了二楼的一户人家推开门，我看见门里呆坐着一位年过六十的老头儿，他一边抽着烟一边抹眼泪儿，他身旁站着两个男人。派出所民警向他们介绍了我，站在老头儿身边的一个男人，指着坐在椅子上的老头儿说：“这是我姐夫，我是孩子的舅舅。”另一个年轻男子是死者的表哥。

我扫了一眼这家家居的格局，这是一间两居室，南北贯通，南屋小、北屋大，西厨东厕。

我问死者在哪儿，老头儿朝南屋一努嘴。我走过去推门进了南屋，见床上躺着一个人，盖着一条毛巾毯。

只要是年轻女孩死亡，现场验尸我都会特别谨慎，只能叫一名亲属过来看我验尸。所以，我只把死者的舅舅叫进屋，然后把门关上。

“这是她睡的屋吗？”

“是。”

“这是她睡的床吗？”

“是。”

我撩开死者盖着的毛巾毯，看见这女孩上身穿着短袖汗衫，下身穿着粉裙，年龄有二十多岁，瓜子脸，皮肤白净，体态丰腴。她头部、四肢完好，没有骨折；她是处女，生前没有性行为。我又仔细看了看这女孩的面相，她生前肯定是那种挺有活力、挺招人喜爱的女孩。

女孩是一所计算机学校的老师，屋里写字台上摆着她头像的小照片，放着一个钢琴小模具，还整齐地码着一摞教学备课本和一沓信纸。墙边书柜子中间立着七八张并排摆放的生活彩照，有跳舞的，有在船头站着迎风微笑的，有站在北海汉白玉桥上的，还有站在颐和园十七孔桥旁的。

这女孩越是招人喜爱，我越是觉得她可怜。

事实上，女孩母亲去世早，她父亲把她养大。可是她父亲偏执自私，而这个女孩又没有社会经验，在学校接触的只是老师学生，社会面太窄。她舅舅的态度就能说明一切。这个舅舅特别痛惜、惋惜失去外甥女，除了叹惜就是埋怨，只可惜再埋怨也已经晚了。

看到女孩嘴里流出一股白沫儿，我用手把她嘴里流出来的东西采采气，搁到鼻子前闻闻，一股浓烈刺鼻的有机磷味儿，凭经验判断，那就是俗称的敌敌畏。既然死者生前服下敌敌畏，这股药味儿在屋里应该很浓烈，可是怎么闻起来没多厉害啊？这一发现引起了我的警觉，有机磷中毒的现场不是这种味道，我感觉现场有点儿不对劲儿。对于死者喝有机磷中毒死后的气味，我曾做过多次研究，积累了一些嗅觉记忆，我断定，这不是死亡发生的原始现场。

女孩的舅舅见我对现场有些警觉，急忙上前跟我讲："你来之前，这屋开门通风了，因为屋里味道太呛。是我把窗户打开的，看你们快来了，我才把窗户又关上的。"

我看着这屋子的窗户，不知为什么窗户上没有窗帘。我挺疑惑，既然这个年轻女孩住在这屋，尚未结婚，哪有不挂窗帘的啊？

女孩的舅舅见我问窗帘怎么回事儿，他说这得去问女孩的父亲。我起身时又留意到这屋的屋门，屋门上嵌着四块透亮的玻璃，门玻璃上竟然也没挂帘子。你说，谁家有这么一个水灵灵的大姑娘，在家里睡觉不挂窗帘，到底怎么啦？

尸体检验完了，也照完相了，我把毛巾毯给死者盖好，正要开门出屋，发现小屋窗下那个写字台中间的抽屉有道缝儿。我走过去，又把女孩的舅舅叫过来。我拉开那抽屉一看，里面有张纸。她舅舅往前凑，想看看我手里打开的那张纸。我说："你得让开，先别看。"我背着他展开那张信纸，竟然是女孩儿写下的一纸遗书。

从工作程序来讲，只要在现场认定死者是自杀，就必须寻找自杀者的遗物、遗书或笔记本什么的，这些有利于查明死者了结自己生命的动机。这是有规定的，以便公安机关明确相关责任。

这份遗书的字迹比较工整，遗书上有掉过眼泪的痕迹，这时已经都干了。遗书的大致内容是：

爸爸，对不起。我在计算机学校当了这么多年的老师，第一舍不得我的学生，第二舍不得你。妈妈患癌症死得早。我是你的心肝宝贝儿，但是我大了，应该嫁人了，要成立家庭。我屋里原来有窗帘，自打我交上男朋友之后，你就把窗帘全摘了，是怕我做出出格的事。我的屋门上也不让挂布帘，你是为了看到我的一举一动，怕别人占到我的便宜，这我都懂。你这样三番五次地阻止我，破坏我的婚姻，破坏我的幸福，你真的把我逼上了绝路，你不应该这样对待我。你是爱我的，却不允许我找男朋友，难道不让我嫁人就是爱我吗？我住在一个没有窗帘的屋里，这不是爱我，是害我、逼我，这等于不让我生活。假设我要是不离开你，你天天这么看着我，我想做的事儿做不了，我也幸福不了。这样吧，我决定了，离开你，走啦。你真的错了，我活着成不了家，我只能去死了。

遗书最后是这女孩的签名。我看完这封遗书，明白了她的死因。可以推想，女孩母亲死得早，父女俩相依为命。女孩舅舅的神情和沉默寡言很能表明他的无奈。姐姐死了，他这个内弟能对姐夫说什么姐夫不愿听的话吗？我问女孩舅舅，他外甥女是不是遭遇了信里提到的那些事。这个男人只是点点头，一句话没说。

我把这份遗书收起来，走出南屋。由于女孩的父亲岁数大了，不宜把他带到公安局去谈，就只能在家里做份笔录了。

我问他："您在哪儿工作呀？"

他说："我是木工，退休了。"

我问："您觉得闺女怎么样啊？"

他竟然说："闺女是好孩子，长得漂亮，就连没气儿了都那么好看。"

我说："你是特喜欢闺女吗？"

"我是特喜欢，"他接着说，"现在我想起来了，这闺女是让我给喜欢死了。"

听他如此说，我就想到我兜里揣着的那封遗书。我说："您说点儿具体的。"

"说实在的，她这死是自己死的，喝了敌敌畏，但是我有责任。"

"您有什么责任？"

"咳，她摆不正。我怎么说，她都不听。我老是说让她找一个好的、找一个好的，她老是凑合凑合找一个，我就看不上她这点。她跟我说找个男的，生个孩子过日子就行了。我瞧不惯她这想法儿，她领进门里的人，我没有一个能瞧上的。所以，她就认为我在搅和她的个人婚姻。我还真是，确实。"这老头儿说着说着，掰着手指头一个个儿地数，自言自语地说："四个吧，她交的四个朋友真是都叫我给搅和黄了。嗯，要比较起来，这最后一个我这么看着，刨去个头儿矮了一点儿，倒不像前面那仨招人讨厌。其实，她要是跟我交流交流，我能同意。可是晚啦，她没跟我交流。"

我说："您闺女死的原因您认定不认定？如果认定，原因在哪儿？"

他说："就在我吧，是我给她逼死的。"

"好，"我跟死者的舅舅说，"情况就这样，排除凶杀，定性是服毒自杀，原因是情感问题。明天上午需要你帮忙，到我办公室去一趟，得把这事形成笔录。"她舅舅连声说"行"。

按说，我不能说这女孩的死是她父亲的问题。可明摆着，男大当婚，女大当嫁，谁不懂这个呀？不让女儿结婚，你还配做父亲？这么一个漂亮、招人喜欢的女孩，工作也挺好，哪儿哪儿都挺好，唯独个人问题，赶上这么一个爹。你说，父亲不让女儿找男朋友导致女儿自杀，这叫什么理由呢？

再说这女孩，你抗不过父亲就自杀了，你给你父亲什么回报呢？那不是知道这件事的所有人都得骂你父亲吗？指责他自私、偏执，生生逼死了自己所谓爱的女儿。

女儿大了，该嫁就嫁，你不该霸着女儿不让她迈步。我也是有女儿的父亲，看完遗书，只能说这位父亲跟我实在不一样，咱没办法。

| 生命感言 |

透过遗书上的泪痕，我找到了这位花朵一样的女孩凋零的原因。因为父亲在找对象一事上的一再干涉，被"爱"控制得透不过气来的女孩选择了一死了之。父母对子女的爱是别人的爱无法相比的，但守旧的意识和对子女自私的态度有时会断送了孩子的生命。这位注定懊悔终身的父亲终于明白了这一点，却为时已晚。

No.04

新生男婴坠亡于天井

引言

一名刚刚脱离母体的男婴被扔进天井，留给这个世界的仅有一声啼哭。民警沿着窗台和地面上的血滴找到了凌乱的生产现场，却没见人影。是谁对这个刚睁开眼睛看世界的婴儿下如此毒手呢？

某年的年三十，我吃完年夜饭回到办公室值班。突然，指挥中心布警、值班室通知，一位小区居民报警，称听到楼房天井里一声响，似乎有一声婴儿的啼哭声，但很快就没声了。报警人打开窗户探头看，见天井里有一名新生儿。

当晚八点多，下着小雪，我拎着勘查箱，开车赶到报警小区。那里是一个新建小区，并排有几座六层楼。我看见小区院门口第一栋楼的门口停着一辆警车，心想就是这儿了。我下车走到楼门口，听楼道里有人大声说话，是派出所民警跟一位老大爷正说着。

民警见我到了，向我简单介绍了现场情况，我就跟着民警走进报警住户的房门。报警人住在一楼，房间位于半地下位置，推窗即可看见天井底部的情况。我从住户的窗户跳入天井。这个天井也就几平方米大小，有碎石、破家具、树叶、生活杂物。我一眼就看见角落里有个新生儿，这个小小孩儿蜷缩着，全身光溜溜的，没穿任何衣服，身体卷成一个小球儿，是名小男婴。

他已经没有了呼吸，脑袋摔破了，腿和胳膊也骨折了。

我在现场还从来没有见过这么小的小小孩儿。我戴上手套，把小男婴抱起来，来到楼道里。这时，楼道外爆竹声震耳，楼道里却一个人都没有。我找了一块白布，把他放在白布上，借着楼道灯光，用相机加闪光灯从各个角度给这个小小孩儿拍照。我一边拍一边想，这么点儿的小孩儿都舍得摔死，他的爹妈得有多狠心呀！想想平常女人若怀了孕，走路都不敢快走，诸事小心，不就为了平安生下一个健康的孩子吗？这小小孩儿为什么会被人扔到天井角落里死去，我一定要查清楚。

照完相，登好记，我让民政局的工作人员把孩子看好。接着，我跟派出所民警往楼上走，一层一层仔细查看。这楼道是老式居民楼那种大通道，我特别留意靠天井这面墙的窗台上有没有什么痕迹。一层没有，二层没有，三层也没有。

当我们走到第四层，在临天井的窗台上，我看到了血迹，再顺着窗台下、楼道地面上的血迹往楼道里走，血迹延伸到楼道右手第三个房门口。我马上叫派出所民警找到小区居委会的人，问清这间房子里住的是什么人。不一会儿，居委会的人来了。据来人介绍，这间房子原本是户籍居民居住，后来房主将房子出租给一家酒楼当成女服务员的集体宿舍。

打听清楚是哪家酒楼租用了这间房，我再让派出所民警叫来那家酒楼的负责人。该负责人用钥匙把房门打开，我们进了屋。屋里有三张上下铺，那血迹一直从门口滴到一张下铺的床底下。我弯腰拿手电往床下一照，见床下有一个大红塑料盆，洗衣服用的，直径有八十厘米。盆里有半盆水，里面泡着一条粉色的内裤和一条女式秋裤。大红塑料盆里有一把小剪刀，估计这是有人生小孩之前，了解过要用剪刀剪断脐带，专门准备的。从现场痕迹判断，有女子在这屋里生下孩子，把染血的内裤和秋裤泡在盆里就走了。

我从那张下铺的床上找出三捆布带。这三捆布带是用床单撕成的，布带宽有十几厘米。这是干嘛用的呢？我猜想大概是用来裹肚子用的。这女子用这布带把隆起来的肚子裹住，让别人看不出来。

我们再回身顺着血滴痕迹走到楼道那个带血迹的窗台前，确认这道血迹是单行的，先从屋里滴着，一直滴到门外，再滴到楼道和窗台。我从窗台探出身，用手电照向下面的天井，照到小男婴先前躺在天井里的那个位置，确认小男婴是从这个窗台扔下去的。

我找酒楼负责人询问，得知睡在那张下铺的女服务员的姓名和年龄。负责人还告诉我，春节前，这名女服务员主动申请加班，说她过年不回家。我查明这名女服务员的家在京郊。鉴于这是一起涉嫌遗弃罪的刑事案件，我立刻汇报给分局领导，我们刑警队、技术队和重案队的民警很快都来了。

这名女服务员没在宿舍里，是不是回家了？刑警队驱车前往她在京郊的家，我上了刑警队的车，跟他们一块儿去。这时已是深夜十二点多，满北京城到处都是烟花，过节图热闹的人们放得正欢。

警车停在那女服务员在郊区的家的门口，她父母和姐姐都在家。一家人见警察这个时间点儿来家里都挺惊讶的。他们告诉我们，家里的小女儿（女服务员）在北京城里上班呢，没有办法联系到她。

我们待了半小时后离开了女服务员的家。这家门前有条挺长的胡同，警车在胡同里慢行。刚到胡同口，我们就看见一个年轻女孩磕磕绊绊地靠路边儿艰难地行走着。我们车上带着酒楼负责人呢，他一下子就认出了女服务员，说这女孩就是我们要找的人。

我们下车叫住那女孩，拿出工作证，亮明了身份后，又核实了一下她的姓名。之后，我们说"你跟我们走一趟吧"，就把她带到车上回分局。车开了一个多小时才到地方。下车时，我们发现她坐的座位上和车厢底淌了一摊血。一看这样，我们赶紧先带她去了医院。大夫一看女孩的情况，就没让她离开，直接给她办理了住院手续。

后来经过询问我们才知道，由于回家没有直达车，又赶上大年三十晚上车少，这名女服务员一路连坐车带徒步，她步行了回家全程中的大半儿路。您说，这姑娘多能忍，真是不顾身体、不知有多危险呀！

尽管我把案件移交给刑警队了，但我还是想了解这姑娘身上到底发生了什么事。刑警问这姑娘是谁让她怀孕的，她一开始不说，经过刑警一番解释，她才说是酒楼的厨师长。

原来，那个厨师长为了讨好这个年轻姑娘，利用职务便利，单给她炒菜，给她留饭、留菜。一开始她不好意思，可时间长了，谁不知道这样好啊。那厨师长在外面租了房，经常让她去。刑警问这姑娘“你跟他是不是谈恋爱”。没想到，她只知道吃了人家的东西就要听人家的话，根本不懂什么叫谈恋爱。直到有一天，她发现自己例假没来，肚子变大了，胸也膨胀了。她就买了一张白床单，把它撕成条，每天上班前用布带勒住肚子，可是根本勒不住，肚子越来越大。大年三十临近，正是她的预产期，她不敢回家，怕她妈和她姐看出来，她便申请过年值班。

刑警问这姑娘“你这事儿跟那厨师长说过没有”。她说：“说过，厨师长说不管。”这姑娘不精明，她一直不知厨师长住哪儿，也不知怎么联系。她就是吃点喝点，不敢再说什么，人家让她上床就上床，让她脱裤子就脱裤子。春节前，厨师长说不干了，估计他已经预感到会有麻烦了，便辞职离开了酒楼，不知去了哪儿。刑警赶紧调查这个厨师长的下落，很快就查到了。

大年初一，上午八点多钟，刑警把厨师长找到了。这家伙 35 岁，没结婚，人藏在京郊。可气的是，这男的对自己干的那些事全都不承认，否认跟那女服务员发生过任何关系，说女服务员生下的男婴不是他的。最后，刑警给他做了 DNA 检测，证明那男婴就是他跟女服务员的，这下他无话可说了。后来，那厨师长涉罪被判了刑。

七天后，女服务员出院了。她刚一出院就因涉嫌犯罪被警方刑事拘留。你说这姑娘多倒霉，就因为素质低，贪小便宜，不自重，付出了这么惨痛的代价。

｜生命感言｜

一个新生儿小小生命的陨灭，背后是一个母亲无知、父亲逃避责任的故事，他们千藏万躲也没能逃脱法网。而故事之外又体现出人文关怀——在那个女孩刚刚生产完因身体情况需要救治时，警察选择了“按下”案情，先治疗病情。人文关怀，是一名警察必备的素养。

No.05

添加酒精未留神丧命

引言

案板上切好的胡萝卜片，半边儿烧焦的酒精炉，一名家庭主妇死在当场。她脸部五官已经严重变形。是什么导致这位主妇受伤而亡的呢?

某年夏日的一个晚上，我已经下班回家。指挥中心布警、值班室通知，一家单位宿舍院里有一名女子死亡，具体死亡情况不详。我赶紧到办公室拿上勘查箱，开车赶往现场。

我来到那家单位，有派出所民警领我走进后院，那里自东向西有一整排平房宿舍，有十间房相连。每间房内格局都一样，室内隔出一间半，住在里面的人用那半间房当作厨房。

派出所的警车和“120”急救中心的车都停在院里。民警带我推开一间屋门，屋里有一位六十岁上下的老头儿正低头抽着烟，愁眉苦脸。我打量了一下这老头儿，他像是一位劳作日久的老工人。他身旁站着两名中年男人，看衣着，不像是工人，像是干部。见我进来，听派出所民警做了介绍后，两名中年男人上前握住我的手，说“这事给您添麻烦了”。我问人在哪儿，他们说在卧室旁侧的厨房里。

我打开厨房门，里面有两位“120”急救中心的大夫正在给死者做心电图，心电图已呈现一条直线，大夫起身宣布人已经死亡。因为工作关系，我与这两位大夫经常见面，其中一位大夫对我说“那就交给您了”。我知道他们的工作已经结束，我回复说：“好，麻烦您了，受累啦。”

厨房里有个旧沙发，死者在旧沙发上侧躺着。她是一名四十多岁的妇女，上身穿短袖衬衫，下身穿蓝色裤子，脚上是一双布鞋。她脸部五官已经走形，特别是下半部，嘴唇肿得厉害，嘴唇四周都是大大的水泡，重叠着、紧挨着。死者的口腔和食道呈现黑色的焦煳状。我举起相机用闪光灯拍了下来。

拍完照，我先检查了死者的瞳孔，瞳孔已经放大，左右大小对等，证明死者生前精神状态良好；再看四肢，没有任何骨折的地方。通过检验，可以判断死者是意外身亡。尸体检验完了，民政局运送尸体的灵车也到了，我请随车来的工作人员进屋把尸体装袋抬上车拉走。

在这半间屋大小的厨房里有一张小桌，桌子上放有一个小酒精炉，酒精炉显然过了火，半边儿烧得黑乎乎的。炉边放着一个小塑料桶，我凑近闻了闻，从气味判断，桶里装的是酒精。小桌上还放着一块案板，案板上搁着菜刀和切好的胡萝卜片。

我从厨房里出来，向那个抽闷烟的老头儿询问事情发生经过。

老头儿说死者是他老婆，比他小八岁，他俩都是外地人。他在这家单位做油工，他技术好，干活踏踏实实。单位领导对他很照顾，考虑到他的贡献，主动提出让他把老婆接来。

三个月前，他老婆从老家坐火车来到北京，负责他一天三顿饭。起初，他们在房间里用电炉子做饭，单位出于防火安全的考虑，禁止在宿舍里用电炉子，他们就改用煤气炉。用了一段时间，他老婆觉得换煤气不方便，嫌煤气不经用又费钱。她不知听了谁的建议，有一天从商场里抱回一个酒精炉。她知道丈夫是油工，能接触到酒精，就说“你天天守着酒精，每天带回一瓶子，我做饭就能用三天”。

一开始，老头儿不认可老婆的做法，想着要是经常把酒精带回家，这不是占公家便宜吗？但是，他架不住老婆劝来劝去，慢慢地，开始把酒精往家带。这么做的确比用煤气省钱，日子也就这么自然而然地过起来了。

出事这天，他老婆跟她的一个老乡在厨房里边聊天边做饭。她把胡萝卜切好，点上酒精炉正要炒菜，发现炉里酒精要没了，火苗很小。在添加酒精的时候，灾难发生了。

跟女主人一起聊天的那位老乡目睹了灾难是怎样发生的。据这位老乡回忆，女主人把酒精炉上的炒锅端开，拎起丈夫带回的那瓶酒精，打开炉体内储存酒精的盖子，冲着炉口倒下去。由于炉口较小，女主人动作莽撞，从瓶里倒出酒精漫到炉体外边，火苗猛地爆燃窜高。她躬身上前用嘴去吹，以为这样能吹熄火苗。她吹之前需要吸口气，结果一下子把酒精炉上的火苗全吸进嘴里。她“啊”地喊了一声就倒在地上。

这位老乡赶紧找一块抹布扇打那个酒精炉，把火扑灭。等她回头一看，不得了，女主人嘴里还燃着淡蓝色的火苗呢，根本闭不上嘴。她再替女主人扑灭嘴里的火时，女主人就已经昏迷了，眼闭着，嘴唇四周长出亮光光的大水泡。燃进嘴里的火苗把女主人的食管、呼吸道都烧坏了。老乡赶紧跑到院子里喊人，这一喊，大家都跑来了，领导也来了，先打了“120”，又打了“110”。

我结束勘查工作之后，把出事的厨房封了门，要等除死者丈夫之外的直系亲属来北京时再把这间厨房门打开，让他们看一看发生命案的现场，这也是为此案后期处理提供相关证据。

三天后，死者的哥哥和姐姐来了，死者的丈夫把他们带到我的办公室。我向来人介绍了“120”大夫出现场后做出死因诊断和我进行检验的情况，他们对此没有异议。

死者丈夫自始至终深陷在极大的自责和痛苦之中。当初就为了省俩钱儿，他把公家的酒精带回家烧火做饭，怎么说也有偷拿公物的嫌疑。更何况，这么做还致使老婆丧了命。他时不时嗫嚅着一句话，“酒精是我拿回来的，我要是不拿回来，她也不会死”。

据我了解，死者给丈夫留下的两个孩子年龄尚小，大的是女儿，才十几岁；小的是儿子，比姐姐小几岁。姐弟俩一直待在老家的爷爷奶奶身边。

时隔不久，我听说死者丈夫辞掉了北京单位的工作，黯然回老家去了。他工作勤勤恳恳、做人本本分分，没想到在酒精一事上犯了错。他本应该阻止妻子，不要去做违反规定、贪图便宜的事情。他就这样送走了自己的妻子。

我想，他的心里一定留下了许多的遗憾，他也将带着遗憾度过他的后半生。

| 生命感言 |

现场的物证和目击者的描述，还原了死者意外身亡的细节。“动作鲁莽”是这个勤俭的农村妇女的致命根源。在用原本就危险重重的酒精炉做饭时，她鲁莽地倒酒精和失火后用嘴去灭火的动作直接要了她的性命。危险，其实就在我们每个人身边，如何隔离危险需要具有安全常识，也需要做事细致的工匠精神。

No.06

溺毙于“死亡深沟”的游泳者

引言

北京内城唯一一处具有开阔水面的开放景区什刹海，是人们消夏戏水的好去处。然而，人们只知道什刹海水深一米五六，却不知什刹海小岛到南岸之间有一条深三米的“死亡深沟”。

我桌上的办公电话铃声响起，指挥中心布警、值班室通知，一名男子在什刹海游泳，很长时间没出水面，可以确定已经死亡，指令我出警。

什刹海又称十刹海，位于北京市中心城区，与中南海水域一脉相连，水域面积 33.6 万平方米，是北京内城唯一一处具有开阔水面的开放景区。每年入夏时节，这里都会有很多人下水游泳。当然，也免不了有个别大意的人溺水身亡。我屡屡前往这里执行勘验任务，很多人都认识我。

这次出警，我带着助手来到什刹海南岸。把车停好，我刚下车就听一些人在说“哎，死人了吧”。有些总在这里游泳的熟面孔，常见我来此执行任务，一照面就说水里肯定有人死了，“捞尸”的来了。我只能苦笑一声，我们都穿着警服，怎么就成了“捞尸”的了？

站在河边上，我看到有人在潜水，协助寻找溺水者。岸上一名男子凑上来大声告诉我，他正游着，忽然听到有人喊“救命”，等他回头一看，水面上就几个泡儿，那人再没露头儿。他说这是他亲耳听见、亲眼看见的。

话音没落，岸边人堆儿里又冒出个声音：“瞧这俩警察，大家都在这儿摸，他俩谁也不下来。”我扭头问助手：“你那裤衩什么颜色？”他穿的裤衩是浅色的。我说：“我裤衩是深色的，这么着，我下吧，你别下去了。”

我回到吉普车上，把身上的警服脱了，卷好搁在车后门角落里，返身回来下到水里。我摸了一阵儿，突然在水里摸到一个人。我攥着他的手腕往岸边拽，大家见我从水里拽出一个人来，都游过来帮忙，抬胳膊、抬后腰、抬屁股、抬大腿，把溺水者拖上了岸。

我从小在什刹海边上长大，会游泳，这事发生时，我还年轻。要说脱衣下河捞溺水者，不是我们做警察不管此事，而是按规定这事都是由民政局负责，这是他们的职责。我听到有人讥讽警察不下水时，激了我一下，“下去就下去，有啥了不起的”。偏赶上这次，我们出现场时通知了民政局，可等来等去也没见人来。我那助手是实习大学生，咱不能让他下去，万一出了事我得担责任。

溺水者被拖上岸，这人已经呛水死亡，我当场验尸。死者年龄在四十岁左右，身上没有任何能证明身份的东西。这是一起典型的溺水死亡案例，溺水者鼻腔里流出了很多食管呛逆倒流的异物，掰开他的嘴，我看到他嗓子眼儿那里有很多杂质。

判断死者是生前溺水还是死后溺水，关键就看嗓子眼儿有没有异物。死者嘴里如果特别干净，就要考虑是死后入水。死者嘴里若有水里的脏东西、异物，可以证明死者生前入水。因为死者在水中呼喊过，所以他嘴里肯定会呛入一些水中的杂质。

我在湖里摸到死者的位置距岸边也就是七八米。什刹海一般水深一米五六。但是，只有熟悉什刹海的人才知道，什刹海小岛到南岸之间，有一条六米宽的深沟。这是一条水道，深度有三米，当初修这条水道是为摆渡船挖建的，便于船只来回渡人。这条水道至今还在。

不会游泳或者会游泳却是初到这里游泳的人，不知水道的深度，以为什刹海哪里的水深都不过肩膀，贸然游到这里，想起身站立，哪知道一脚踏空，身体下沉，再加上惊慌害怕，挣扎扑腾。幸运的人呛几口水，扑腾到浅处能起身站立；倒霉的人扑腾不上来，呛破肺，丢了命。事实上，每年这条水道都要打捞出好几具尸体，我曾经专门检测过这条水道，也给上级主管部门写了报告，建议这条水道应该在两头陆地上设置醒目警示标志。

回头再说这位溺水者，我们四处寻找也没有找到他的衣服和任何证件，估计他的衣服和随身物品被人偷着拿走了。没人陪他一起来，没人知道他姓什么叫什么，更不知道他是哪里人，死者成了无名尸。按照相关的程序和规定，无名尸先暂存在医院太平间，登报纸，发一条全市协查通报，40天后法医鉴定做出来，再经领导批准，从民政局领钱火化，火化后骨灰保留三个月。

检验和登记都做完了，我和助手等来等去没见民政局来人，就决定把尸体装在我的车上拉走。我到车后门开门一瞧，您猜怎么着，下水前我明明把脱下的警服卷好了放在车门角落里，嘿，不翼而飞了，准是被什么人偷走啦。

我的助手不会开车，我只好开车拉着尸体先回家拿衣服。到我家住的那栋楼下，我停车开门上楼，街坊看见我都很惊讶，说：“你这上班的人怎么穿裤衩、光膀子就跑回来了？”我顾不上解释，急急忙忙跑上楼冲进家门，找出另一身警服和裤子穿上，再奔下楼，开车把尸体送到太平间。

这次被偷，警服、警衔、警号全丢了。我将下水捞人、衣服被偷的经过向领导做了汇报。别的好说，但警号得重新申请，我赶紧写了申请，重新补领了警号。后来，为方便打捞溺水者，公安机关专门为民政局的工作人员配备了吹气划艇、救生圈。

| 生命感言 |

一个无法证明身份的游泳者溺死在什刹海的水中。亲身打捞出这名顷刻之间失去生命的逝者，用了如指掌的“溺水死亡鉴别要素”确认其系溺水身亡后，我所能做的事情还有把水中一条吞噬了数条生命的“死亡深沟”的问题指出来。这样做对更多不了解那片水域的人来说意味着关闭了一条“死亡通道”。

No.07

她追随罹难父母而去

引言

因父母在旅游中双双遇难，罹患重度抑郁症的独生女心怀愧疚和悲痛，毅然决然地追随父母而去，没有一丝留恋。

某年夏天的一个上午，我接到值班室出警通知，便带上勘查箱驱车开进一个高层塔楼小区。暑热逼人，下车没多一会儿，我那身警服就透汗了。小区院门向南，每栋塔楼都是二十四层。站在这些塔楼下往楼上瞧，您得后仰脖颈儿，翘起下巴壳。

小区有人遛早儿，走着走着，正要拐过一栋住宅楼的楼角，就听见旁边“咚”的一声，动静不小。人家不知道咋回事儿，快走了几步，转过楼角一看，有一个年轻姑娘侧身伏地，不知她从多高的楼上摔下来，鲜血浸透衣衫，头颅破碎，脑浆四溅。

车进小区，我望见有栋楼下停着一辆警车，一群人围在那儿议论着。我把车停好，下了车，拎着勘查箱走到死者跟前看了看，一张布单遮住她的全身。

两个派出所民警走到我面前，向我介绍他们初步了解到的情况：这是一位在外企工作的女孩，年龄二十五岁左右，北京人，工作条件不错。父母两周前外出旅游，遭遇车祸双双遇难，她是这家唯一的孩子。今天早上八点半左右，她从楼上跳下来，有人看到她，赶紧打"110"报警。这女孩自杀的原因可能与她父母猝然去世有关。

我看见民政局运送尸体的灵车到了，先让来人把女孩尸体抬上车。咱这行的规矩是，不能让女性死者躺在公共场合晾着，要尽快避开众人视线，这是对女性死者人格和隐私的尊重。

尽管有派出所民警对案情进行了介绍，但死者自杀原因有待调查后再下判定。我工作这么多年，出了那么多现场，处理过这么多尸体，我尊重派出所民警的初查，尊重每位知情人的讲述，但经验教给我，任何人对案情的介绍，无论是民警、死者亲属、现场目击者，还是什么知情人，他们的表述，在未经我全方位调查之前，仅能作为摸清事实真相待定的线索，不可偏听偏信，我相信自己调查的能力，也相信从检验中获得的信息和线索是最真实的。干这行儿的人都知道这么个理儿——死人不会说谎。

女孩家住某层楼，就说明女孩是从某层楼跳下来的吗？我没有说先进家勘查，因为脑子就不能跟着人家这说法走。不是还没确定女孩到底是因为不慎从窗口掉下来的，还是自己跳下来的，或是被人推下来的吗？再说啦，人家说死者家住某层楼，她到底从哪层楼上下来的，我得通过检验尸体损伤程度来印证判断。人从不同高度的地方坠地，损伤程度是不同的，就算死者都是头朝下栽到地面，从三楼坠落与从八楼坠落的损伤程度肯定有所不同。

听完派出所民警介绍，我转身走到灵车那里，打开后门，钻进车里，掀开盖在死者身上的布单，眼前是一具摔得血淋淋的女性躯体。车外暑热灼人，车身晒得烫手，车内血腥呛鼻，再加上死者内脏外露，血腥味中混合着大小便气息，仿佛把这个狭小的密闭车体胀裂开来。

干我们这行有一个不成文的规定，接触死者尸体时不允许戴口罩。为什么呢？我师傅在我刚刚学徒时就告诫我说："你戴口罩验尸，会影响你的判断力。如果死者身上有特殊气味散发，比如有农药或毒品气味儿，你不能在第一时间嗅出。"于是，这些年我养成了习惯，不管现场多血腥、多恶臭，我绝不戴口罩验尸。

死者头部左侧，包括颌骨、眼眶、耳朵什么的，全都摔平了，瘪得不成样子；左半身包括胳膊、前后胸、大腿都摔成粉碎性骨折，整个身体左半边软软的，一搬动尸体，我就听到碎骨头在体内摩擦出咯吱咯吱的轻响；大腿根部以及小腿部位的一些骨茬儿刺破皮肉，龇出惨白的骨尖儿；左腹部破裂，露出部分肠子，内裤已经摔得崩裂开来。

从尸体各部位损伤状况分析，她高坠落地时身体左侧先接触地面，同时身体右侧会有一个弹性动作。依据相似案情的经验判断，当她左侧身体落地的瞬间，她右侧胳膊会猛地弹击过来，造成她右手手腕、尺骨、桡骨的骨折。这女孩左侧摔成这样，再查看她身体右侧，能够印证我预先的分析。

确实，女孩的右臂、右手腕都出现骨折，右尺骨骨折、右桡骨骨折。像这样的坠落，她的右下肢应该是完整的。我检查她右下肢，大腿、小腿、脚腕均未出现骨折。

这样，我完成了对尸体落地瞬间形成伤害的一个判断。

检查全程用时四十多分钟。大夏天的，就在那辆车里，还得关着门，验尸这么久，就算是干这行多年的人，这番经历也是不好受的。为什么我能吃这个苦？这是个女孩子，尽管她父母都不在了，但她的个人隐私和形象我仍要尊重。检验她的尸体时，我就把她当成自己孩子那样。如果你的情感达不到这个境界，这工作最好别干；就是干，也干不好。

验完尸，我让民政局的工作人员把尸体运走，送到指定医院的太平间。接着，派出所民警陪着我上楼，我得调查死者坠楼的确切地点。高坠是事实，让人扔下去和自己跳下去，摔到地面都一个样儿。如果你心里要没这个怀疑念头，定性时容易犯错误。

我们坐电梯来到女孩家所在的楼层，走进一户三居室的人家。进门一看，房间装修得挺豪华，看样子这家人经济上比较富裕。我在门外就听到屋里有人哭，推门进屋，见屋里有一个男的，三个女的。男的是女孩的舅舅，是一名公务员；正在哭的是女孩的舅妈，四十多岁，北京人，在超市工作。另外两个女的，一个是死者的表姐，另一个是死者单位的领导。

我问清楚屋里四个人的身份，把调查重点放在死者舅妈的身上。我问她："这孩子住哪屋？"她引我走进三居室最靠里边的一间屋子，我叫她跟我一同进屋，请她在一旁看着。为什么呢？你进入死者生前居住的屋里，为找到与死者死因有关联的遗物，要看看枕头下、桌子上、写字台抽屉里。若没有旁人，人家说少了财物或是丢了什么重要物品，你自己说得清楚吗？惹上这类麻烦，你这工作还干不干啦？

工作这么多年，我掌握一条原则，到死者家里，凡是要查找遗物或遗书，我动嘴不动手，我会指令他人“把这个抽屉打开”，“把那个本儿翻翻”；如果动手，肯定要有第二人在场。在现场，有家属在场是第一选择；假设没有家属，要有居委会、单位领导在场；这两种情况都没有，那就要跟自己带的实习生在一起，由实习生动手，我动嘴。目的就是避免工作时惹出麻烦。

推开房门，屋子不大，有十几平方米。屋门通向客厅，房间里到处挂着各式工艺娃娃，晾着内衣内裤，柜子边上摞着几件衣服，沙发上放着一个小坤包，地上的鞋码放得整整齐齐。我边看边想，屋主人是一个干干净净、利利索索的女孩。看到屋里的摆设和布置，我更加为她的死感到惋惜。

我注意到女孩的房间有南窗和东窗，西边隔墙是厨房。东窗下有一张电脑桌，桌上摆着一些化妆品和小物件，南窗下有一张席梦思单人床，床上被褥、枕头、枕巾挺讲究，给人温馨的感觉。走到床边，我看到床边的地上有一只拖鞋，而另一只拖鞋却在床上。这个南窗是开着的，这与死者摔在楼下的位置对应上了。细瞧那扇窗，这是对开的窗户，一边掩着，另一边敞着，以女孩的身形，从打开的半扇窗子钻出一点儿问题都没有。结合地上和床上留下的拖鞋，看看床上和窗台上的印迹，不难推测，她毅然决然上床钻窗跳出，一只拖鞋甩掉在床下，另一只拖鞋被带到了床上。

现场勘查第一要事就是要确定死者的死因，排除凶杀。至于死因什么，那是靠后调查的事。我在女孩屋里勘查了方方面面的痕迹，排除有第三者把她扔出窗户的可能。排除他杀后，我检验尸体的结果与整个环境——屋里、床上、窗户的痕迹——都吻合了，这些证据形成了死者高坠过程的完整的证据链。根据两只拖鞋遗落的位置，能猜得出，这个女孩自杀时比较慌乱，也很冲动、毅然决然，起身那一刻她没有犹犹豫豫。

我开始询问女孩的舅妈，了解今天这件事是怎么发生的，想知道这女孩近一段时期遇到了什么样的事情，她有什么样的情绪表现。

据女孩舅妈回忆，她陪女孩在这个家里已经住了半个多月了。女孩的父亲是一家科研单位的教授，母亲是学校的老师，两个人都已经退休了。女孩是这家的独生女，被教育得比较成功。女孩研究生毕业后，进了外企，年薪十几万元。

三个月前，全家人晚上在家看电视。电视里播放了一部专题片，讲述一群退休老人组团旅游，女孩的父母觉得这个事不错，也想走一趟。当时女孩积极支持，说她出钱，力劝父母去旅游。第二天，她拿着父母的身份证联系了一家旅行社。没想到，她父亲嫌旅行方案的目的地那边天气太热，改主意不想去了。女孩便一而再、再而三地劝说，她父母经不住女儿的缠磨，同意去了。

女孩之所以力劝父母去旅行，除了让父母散心以外，还有一个原因。女孩不久前刚和男朋友分手，心情不好，她也想借父母外出旅游之机，让自己在家中清静的环境里缓一缓心绪。

万万没想到，父母旅游第五天，旅游大巴车在外地出了严重车祸，旅行社紧急通知家属赶赴事故发生地，组织家属听取情况介绍。舅妈陪着女孩从北京赶到外地，方知参加旅行团的三十五名游客中死亡七人，其中就有女孩的父母。女孩闻听父母双双遇难的噩耗，魂飞魄散，神志恍惚。

介绍会结束后，家属去医院看尸体，女孩父亲尸体的模样还好，母亲的尸体没个整样儿。女孩返回北京一路上喃喃自语：“赖我，我办的手续，我想让他们出去好好玩玩的。”

舅妈和女孩一个月前回到北京。女孩情绪一直不好，头五天没去上班，单位领导知道她家里出了这么大的事，也都上门来安慰、探望。起初，舅妈没陪她住。可是女孩刚上班一周，舅妈发现她不怎么吃饭，情绪越来越差，就搬过来天天在这儿陪住。几天前，女孩明显地不说话了，谁跟她说话，她都不答不应，就在自己屋里关门待着。舅妈做好饭摆上桌，怎么叫她，她也不来吃。

出事的前一天晚上，舅妈几次推开她的房门查看，她都在床上躺着。有一次见她坐在电脑桌那儿写东西。今天早上，她起来了，跟舅妈说想吃炸油饼，让舅妈下楼帮她买回来。舅妈一听她想吃东西，满心喜悦地拿着饭盒赶紧出门。

小区附近有一家小吃店，舅妈到小吃店连去带回没用半小时。当她拿着油饼和粥走进小区时，远远望见楼底下围着一堆人，显然有什么事。等她走近了，就听人群中有人说一个女孩自杀了，像是在这楼某层的住家。顿时，她脑袋里“嗡”的一下子，人不知怎么就坐到地上，买的东西全掉到地上了。有两位邻居大姐发现她瘫坐在地上，赶紧过来扶起她，问她楼门附近地上躺着的女孩是不是前两天两口子旅游死的那家人的闺女，她点点头。人家说“咳，可惜了”。这时，她才猛然想起要给丈夫打电话。随后，她丈夫带着儿子慌慌张张地赶来了。没多一会儿，派出所民警也上门了。

听女孩舅妈这一番介绍，我估算了一下时间，出事也就半个小时，我就赶到了。

这家夫妻突遭不幸，家中唯一的女儿患上严重抑郁症，无法排解悲痛和自责。她没有及时得到心理救治，高坠自杀。这个女孩的后事处理，由她舅舅和舅妈全部承担。女孩尸体五天后火化。

我也是做父亲的人，我也有一个女儿，我很爱我的女儿。凡是办案中遇到女孩死亡的案件，我心里就特别难受。

| 生命感言 |

对任何人的案情介绍，我都仅仅当作线索。对本案中这位高坠身亡的女孩的案子也是如此。因为我坚信，“死者不会说谎”。通过细微到极致的调查所取得的证据，我确定女孩系高坠身亡。之所以发生这样的悲剧，是其因父母遭遇横祸而罹患重度抑郁症，由于没有及时得到心理疏导而酿成悲剧。遭遇重大变故时，找专业人士进行心理疏导很重要。女孩用年轻的生命给大家提了个醒。

No.08

出奇招儿逼出知情人

引言

坠亡于一座正在建设中的大厦电梯井的男尸身份不明，在大厦中施工的十六家单位无人认尸。最终，民警使出“损招儿”，一击命中！

那年夏天，我去公园对公共安全设施进行检查。下午四点来钟，我接到指挥中心布警、值班室通知，在一个单位的地下室发现有一个人高坠死亡。我带上勘查箱，开车半小时赶到现场。那里是商业核心区附近一栋刚刚建成的二十多层的塔楼，外墙脚手架刚撤完不久，工人们正在进行室内装修。

派出所民警和工地负责人带我来到楼内一处电梯井门口，我先拿远程强光手电往电梯井底照了照，井底距离地面有八九米高，我看见井底躺着一个人。我们顺着步梯下到电梯井底。

电梯井底有几平方米大小，一名男子面朝上躺着，三十岁左右，穿着一身便服，不是工作服，身边没有任何遗物。他身体左侧肋骨折断、皮肤破裂，衣服浸透出很多血迹，已经没有了任何生命迹象。

我通过现场勘查发现，井底有一个二十多厘米高、四十多厘米见方的水泥桩，上边密布着一根根螺纹钢筋。据工地负责人介绍，这个水泥桩是将来拉拽电梯轿箱升降钢丝绳缆用的，死者半个身子搭在水泥桩上。可以推断，死者是摔下电梯井坠落井底时，身体左侧砸到了这个水泥桩上。

死者姓什么、叫什么，是哪儿的人，干什么的？身上没有找到任何证件。

我们向工地负责人询问，工地负责人上前辨认，说他不认识死者。据他说，在这个新建成的大楼里，有众多装修队伍参与施工，约三百多名施工人员在大楼里忙碌。他还提到这个大楼里每天来联系业务、进材料的人也特别多。

“120”急救中心的医生已先于我到达现场，做出结论。验尸时，我注意到死者身体左侧肋骨和皮肤破损严重，他身体左侧的肋骨很可能大部分骨折，形成血气胸，挤压心脏，最后失血性休克导致死亡。我的验尸结论与“120”医生做出的诊断结论一致。我给尸体拍完照，请民政局的工作人员收存尸体，用灵车拉走送往指定医院的太平间。

验完尸，我来到这座大厦三楼的会议室，主持调查的有三家部门：公安局、安全生产监督管理局、建设委员会。正在大楼施工的十六家单位的领导全被召集来，有三十多人。我代表公安局先介绍了检验尸体的情况、死者的大致年龄及死亡原因。接着，安监局宣布对此案立案调查，由于人是在工作时间、工作地点死亡的，他们要进行安全生产事故方面的调查。最后，建委介绍了大厦工期、总包单位、甲方单位，现在的建设进度，备案单位等。会议的主要目的之一是查明死者身份，会上进行了两个半小时动员工作，却没有一家单位承认认识死者。

这么大个活人死在这儿了，能查不着是谁？

灵车把死者尸体拉走之前，我让那些施工单位的领导一个个近前辨认过死者，没有一个人说自己认识死者。我绞尽脑汁地、有针对性地进行询问，就是没人交底，这可给我出了个大难题。如果查不出来死者是谁，我这工作没法交代。对于我来讲，必须得查出来，这是我的职责。我不但要查出来，还要替死者争得他应该得到的赔偿。

当晚七八点钟，我设想了一个方案，并立马开车来到医院太平间。

那具尸体刚放进冰柜不久，身体还软着呢。由于验尸时死者里外的衣服都脱下来了，我让太平间工作人员帮忙把这具尸体又抬了出来，把死者的内裤穿上。接着，我往死者内裤上浇了一些水，又往死者的双脚、腿、胳膊上撩了点儿水，把储存这具尸体冰柜的开关调到速冻位置，此时已经是晚上十点多了。

随即，我下达了一个紧急通知，要求下午参加立案调查会议的所有人在第二天上午九点到医院太平间集合，再次辨认尸体。

第二天早上七点刚过，我又来到了医院太平间。首先，我把那具尸体抬出来，并清理出太平间告别室一进门旁边的角落。然后，我把这具尸体搬到那个角落里立起来，再在尸体脚下垫块布，免得地湿滑倒。尸体已经冻得邦邦硬，我找条温热毛巾给死者擦了擦脸，让他的面部圆润一些，看上去接近生前。最后，我准备了一份保证书，每位来认尸的负责人都要在"我确认尸体不是我单位员工，我承担法律责任"的字句下亲笔签名。

我这个想法在前一天三楼会议室开会时就有了，这是我在无奈困境下想出的一个办法。这个办法，我预想应该能成功。我先让这些负责人填保证书，然而再辨认尸体，给他们一种压力、一种强迫感。有些事情得打破常规，平常活人看死人的时候，死人都是躺着的，没有谁瞻仰遗容看到的死者是站立的。今天，我把死者立在那儿，像个活人，这心理压力得有多大？对不起，为了查出死者是谁，只能这么干啦。

事发当天，我在现场组织过辨认，我尊重你们这些负责人，我把死者放在车上，叫你们挨个儿地看一眼，你们谁都不承认。但人是死在大楼里，他就是跟大楼有关联。今天，我再给你们一次机会，要是你们还没人承认，那就别怨我来点儿强制性措施。

九点整，人来了，来了有五十多个人。我们按人数打印出五十多份保证书，让来人先填保证书。人来了，我先给他们开会，讲明白为什么让大家来，来干什么：第一，签写保证书，实事求是，不许说假话，配合公安机关调查。第二，辨认尸体，目的是让大家都对得起死者。我大声宣布，这名死者的身份我是非查明不可，查不着这人，我三天以后脱警服回家。这么说的目的是让来人都清楚我非要把事儿办成不可。

在太平间办公室里，会开得很短。来人填写自己来自哪个单位，我一个个地跟登记本核实，然后问他，你是这单位的吗？因为我这儿登记了十六家单位，要是只来十二家单位呢？我要确保每一家单位都来人了。

签保证书时，我坐在桌子前，观察每个人的面部表情。填了保证书，他就要承担法律责任了，若是知道死者身份还不说，这可不是闹着玩儿的事了。要是填完保证书还没人承认，我就要进行下一步，那就对不起了，有点儿不近人情。

果然，大家签完保证书，还是没人承认。我准备进行下一步。我先进停尸间，确认一下尸体外观，主要是看死者脸上是不是有化冻的水印，如果有，就及时处理一下。如果不这样做，一是影响辨认质量，二是这样对死者也不尊重。我又让太平间工作人员把地扫了扫，播放哀乐。

为什么要播放哀乐？我要制造一种气氛，让人产生心理压力。

一切安排妥当，我出门告诉来人，让他们五人一组站好。我让太平间的工作人员在门口把着，要求他们五人一组，逐次放人。我站在尸体旁边，突生一念，我用左手抓着死者的右手，我俩就那么肩并肩站着。我站好后，通知开门放人。

来人从门口进来，一扭身转头就能看见死者和我。我想过，要让人进门一下子就能看见，不给他们留东张西望的时间。第一组五个人进门，见我是一个表情，眼神再往旁边瞅，瞬时恐慌。我让他们停留一分来钟的时间，站住了细看，不能瞥一眼就走。这些人离我也就两米远，来人不敢久看，眼神往下一垂，就瞧见我左手正牵着死者的右手。

第一组进来了，出去了。第二组进来了，出去了。第三组进来后，站在中间的那个人，他看上去有四十多岁，表情异于其他人。他进门后第一眼瞧见我，眼神一闪，再往旁边看到死者，他脑袋就低下来了，整个身子就蹲到地上了。我马上让其他四个人出去，喊进了一名工作人员。我强迫蹲在地上的人站起来，必须站起来。这个人站起来看看我，又看看死者，当时头上就冒出好多汗。

我叫这个人再上前一步细看，他这一步可就真迈不出来了。他只说了一句话："卢警官，我错了。"接着又蹲到地上了。这个人确实吓坏了，反反复复地叨叨着自己错了这句话。我让等在门外的下一组人先别进来，人已经找出来了，就别让其他人再受这种刺激了。

事后，我听太平间的工作人员说，那些从告别室出去的人跟等着进来的人小声嘀咕说“真吓人”“这招儿真损”。我无奈地笑笑说：“是损，无奈。”外边排队的人虽然听到出去的人嘀咕“害怕”，但毕竟没有亲眼所见，不知道里边到底是什么样。

我把门关上以后，先让工作人员把尸体推回冰柜，把那人叫到太平间办公室。然后，我向其他来人宣布，大家可以先回去了。接着，我将那人开车带回办公室。

这个人是南方人，是石材公司的老板。南方人告诉我，死者是他们石材公司的一个小工长。这个小工长在大厦的项目已经完活儿了，来找南方人结账。算完账，他发现忘带了什么东西，没能拿到钱。他说他出去到外边的车里拿，走得很急，后来就再没有见到人。没想到他竟然意外跌进电梯井，身亡了。

“当天出事的时候，我让你们辨认，你为什么不认？”

“我有个想法，我欠他工程款二十七万元。假如我不认他，那钱我不就不用给他了嘛。”这人边说边抽自己嘴巴，末了，他说了一句，“你们警察里真有能人，要是在外地出这种事，像这种情况，我要是不认，警察绝对查不出来。您出的这个招儿，我算是服了。您怎么处理我，我都认”。

原来，死者生前是开车来大楼结算工钱的，他把车停在工地外。他慌慌张张地要去车里取东西，疾走或快跑到一楼电梯井时，因为这里没有防护标志，就一个空门挡在那儿，结果他撞翻了空门挡摔落井底丢了命。按照劳动法，在施工工地，凡是有洞口的地方都应该设置临边防护，也就是遮挡标志。这次事故工程总包单位在管理措施上存在漏洞。当然，也和死者本人的大意有关。

小工长意外死亡，老板出于不当得利的非分想法不认死者，致使公安机关在辨认死者时花费了大量时间和精力，虽然法律追究不了老板的刑事责任，但他应该受到良心的谴责。

石材公司的老板如实告知死者身份及相关事实后，又积极协助和配合公安机关在三天之内找到了死者的家属。死者家属按规定获得了几十万元的死亡赔偿金，这起意外死亡案件得到了圆满的处理。

死者身份查明了，家属的赔偿拿到了，从良心上说，我对得起死者，也让那十六家施工单位的带队的人懂得，既然人死在工地上，你就得承认，要实事求是，你躲避不了公安机关的调查。

| 生命感言 |

以“高坠死亡”为代表的建筑工地死伤事故不在少数。面对这起无人认账的案件，我以不找到责任方就脱警服的决绝并动用了一个“损招儿”，最终为死者家属争得赔偿奠定了基础。这样做，与其说是我的职业使然，不如说是做人的良知使然。

No.09

太平间内“唤醒”家属

引言

因为分房不合理，单位的老劳模选择自缢在领导的办公室门框上。他的突然离世致使老伴儿精神失常。民警在太平间内，“唤醒”了她。

某年初春的一个早上，我刚进办公室，就接到值班室出警通知，在一家单位院内有一人自缢，已经死亡，需要到现场处理。我拎起勘查箱，驾车直接去往死亡现场。

开车一刻钟，我到达现场，那是一个单位办公用的平房院，一座四进的院落。在派出所民警的引导下，我们进院门往里院走，里院也是一个四合院，有西房三间。我看到有几位领导模样的人在院里议论着什么。接着，我看到西房最北边那间屋门门框外吊着一个人，他面朝里悬在那里，绳子挂在门框上方横亘的暖气管子上。

死者脚下散落着四块红砖，摞起来得有三十多厘米高。据了解，死者自缢的那间屋是这家单位主管领导的办公室。我上前观看死者，由于他脸贴着门，我们只得把尸体调转方向。他的年龄在六十岁上下，身高在一米六五左右，穿着一身中山装，体态中等，衣着整齐，脚下穿的是一双老年布鞋，圆口的。看得出，死者生前应该是一个挺讲究的人。

由于绳子勒住的部位就在喉结上侧，绳子比较细，自缢的这个人的舌头没有吐出来。如果吊绳又粗又宽，勾在喉结底下，这么一挤，自缢者的舌头就会从嘴里伸出来。人吊住以后，致死原因是气嗓被封闭窒息。

看清楚情况，我抽了口烟，这是习惯动作。为什么呢？摘取自缢者尸体前，要先抽口烟，冲着尸体轻轻吹几口烟气，辨别风向和风速，然后开始摘取。若风向由北向南，摘取尸体时，尸体面部就要朝南。因为死者自缢后，从喉部到尸体内部都是封闭的，腹内积存腐败气体，一旦剪断吊绳，死者腹内的腐败气体会突然喷出。辨清风向的目的，在于选好死者的脸冲哪儿，摘取尸体的人要站在尸体后侧，死者腹内的腐败气体喷出后会顺着风向吹走。死者腹内那股气体有毒，对人体皮肤伤害特别大，尤其要避免腐败气体吹到人脸上。另外，还得留神回旋气流，不然，你就是站在死者身后，腐败气体喷出后也会随着回旋气流兜到你脸上。这是师傅当初告诫我的。

摘取尸体前要先拍照，拍摄尸体悬挂的上位和脚离地的距离，以判定那个位置能不能吊住人，然后拍摄死者的脖子。这三个位置拍摄完就要摘取尸体了。这差事儿起码要有三个人，我先在旁边指挥，然后去剪绳子，这个程序很重要。每次跟我们到现场的，有两个民政局搬运尸体的工作人员。他们听我指挥，负责从两边扶住自缢的死者，尸体摘下来后他们负责搬运。他们常年干这个工作，有经验。

摘尸体时，你的动作要缓慢，体现对死者的尊重。如果周边有家属在，又哭又闹，家属看到我们对死者的尊重也会感到安慰。我在这里摘尸体时，旁边已经围有三四十人，都站得挺远，却向这边伸头张望。人群中既有单位领导，也有上班职工。

尸体摘下后，由于这里不是在大街上，死者又是男士，像这种情况就得当场验尸。自缢尸体的检验主要以脖颈部位的索沟痕迹为主，主要看索沟形状是不是自然形成的，如果呈现马蹄形状，就符合自缢特征。若索沟呈圆形，有交叉汇合之处，就要考虑人是被勒死的。因为杀人者用绳索或铁丝需要用力，勒痕呈现汇合交叉印迹。

我在检验这具尸体时发现，死者的索沟痕迹呈马蹄形，其自杀定性已有90%的把握。我为死者解衣脱裤，目的是观察他身体上的尸斑和尸僵，以判断他死亡的时间。我验尸过程中每一步骤都要拍照。以我们到达现场的时间向前推算，死者的死亡时间大约在四小时前，也就是清晨四五点钟，他死在天蒙蒙亮时。

我在死者上衣左侧的内兜里发现一封遗书。遗书用的是小学生横格本上撕下来的一页纸，纸上的字迹不像是脑力劳动者手写的。遗书大意是说自己工作多年，被单位评为劳模，感谢党、感谢领导。但是，在单位这次分房中，他符合分房条件却没分给他楼房，他对分房方案有意见。他在自缢的前一天去了天安门，在城楼悬挂的毛主席画像下向他老人家诉说了单位领导的不公平做法，他认为该跟领导说的、发现单位存在的问题，全都向毛主席汇报了，他也就没有什么可牵挂的了。他恨在院里那间办公室办公的主管领导。最后一句说，这封遗书要留给他在美国的女儿。结果，他揣着遗书跑到主管领导的那间办公室门框外自缢了。

这家单位有个夜巡值班人，值班人发现死者的时间是早上七点，发现后立即通报单位领导。单位领导都通知到以后，经过集体商量，决定拨打“110”报警。值班人是这个单位返聘的退休职工，已经干了两年。他跟死者是多年的老同事，死者退休已有两三年。

我找值班人询问，他正被自责和愧疚折磨着。据他回忆，凌晨四点钟，曾经有人敲打院门，值班人开了院门上的小门，没同意敲门人进院。见敲门人离开，他想着天快亮了，就没再锁住小门。值班人掩上小门，接着去院内巡视，巡视一圈下来至少需要二十分钟。依据验尸结果综合分析，死者是在值班人未锁小门巡视院内期间，趁值班人不备走进院内，摸到中间院落西侧最北边那办公室房门自缢身亡的。

值班人在这起死亡案件中是最重要的证人之一，我找他聊了得有一个半小时。中午已过，这家单位给我买的盒饭早就摆在身边，我没顾上吃。结束询问，做完笔录，我在会议室召开了一个现场分析会。到会的有这家单位的上级领导、这家单位正副职领导和负责安全的部门领导，总共有十来个人。我在会上通报了检验尸体的情况，宣布死亡定性为自杀，认定这起发生在单位院里的自杀事件跟单位有密切关联，单位要承担责任，原因会继续调查。同时要求单位积极配合公安机关调查，不得隐瞒事实，要给死者家属一个交代。我让单位通知死者的老伴儿，叫单位派两名女同志陪着，再给死者在美国的女儿打电话，让她马上回北京。

我点出这家单位有几个重点人物需要配合调查：一是那间办公室里的主管领导；二是夜巡值班人；三是主管安全的领导；四是办公室主任，因为他是负责分配职工福利住房的直接负责人。我当众把遗书拿出来，但没打开，只是告诉参加会议的人说我手里有一封死者的遗书，希望几个重点人物配合调查。参加会议的人们互相瞅瞅，用眼神交流着诧异的神情。他们知道这里头有事，但不知是谁的事。最后，我宣布散会。

就在我们开会期间，死者的老伴儿来了，在值班室痛哭了一阵儿，她要见单位领导，要看尸体，看看死亡的地方，看看吊绳，听人介绍介绍情况。这些事项我都安排派出所民警去做，单位找车拉着她去太平间看了尸体。

下午两三点钟，我带着徒弟回了单位，按规定向值班室和指挥中心汇报了案件的基本情况，确认可以定性为自杀，原因待查。前期工作做完了，后期调查我用了两天的时间，把要找的人全找了，都做了笔录。

从调查的结果上看，死者是单位评出的劳模，确实属于有分房条件的人，在分房范围之内。死者当时申请要楼房，单位只答应给他一间平房。死者生前曾经多次就分房问题找单位领导，找办公室主任，不少于十回八回。由于他性格内向，每次找领导，闹大了他不敢，怕影响劳模荣誉；闹小了，对方咬定单位分房方案已定，不肯更改。

这家单位的领导承认，分房方案不是不可以调整，一间平房换一间楼房不是不行，这事怪办公室工作拖拉，还说主管这事的领导没及时汇报，他不知道情况。其实，谁不知道？办公室的人听谁的啊？单位分房大事敢不听领导的吗？我当时这么跟单位的领导说："事情发生了，单位肯定要承担责任。从公安机关来说，你们要考虑类似这样的事还有没有，赶紧自查。一旦有，别再发生连带的。"

死者是冲着主管分房领导去的，以死示威。那位主管分房的领导在与我谈话时神情很恐慌，他有没有过失只有他自己心里明白。他只承认这个人的死他有责任，工作没做好。至于工作怎么没做好，这不是我追查的范围。

调查结论很快就完成了。在此期间，死者的老伴儿来过我办公室两次。

她是退休中学教师，说话有条理。第一次来，她发些牢骚，埋怨老头儿不应该这么死，说他的劳模称号是单位领导给的，他选择死在单位，这种方式不对，给领导添麻烦了。她表示尸体先别动，要等闺女回国。

相隔一天，单位领导又带着老太太来了，这次她情绪有点儿反常，见着我没话说。单位领导说：“她在家老说要找卢警官，这么着我们才带她来，见着卢警官又什么话都不说了。”我明显感觉老太太精神不对，虽不像普通老百姓那么又哭又闹，但表情呆滞，神情压抑。她也是个内向的人。眼前的她，衣服皱皱巴巴，出门也没捯饬捯饬，精神垮掉了，看上去真让人揪心。

四天后，死者的女儿从美国回来，她走进办公室找我。怎么跟她谈，我脑子里都想好了。她是独自来我办公室的。她三十多岁，结了婚，小孩才两岁多。她先向我询问她父亲的死亡过程，我告诉她调查结论。她说她父亲选择这种方式抗争是她没想到的，但最让她忧虑的是，她跟母亲不能正常交流了。母亲见她回来，整整哭了两天，接下来什么话也不讲，饭也不吃了。她着急地向我咨询，她母亲这样子，可能会发生什么更糟糕的情况。

处理这类事，我的经验是，要把握好，不能搅和进去，不该问的千万别问，问多了，打听深了，一旦有什么事说不清楚，答复越简练越好。

我告诉她，根据我工作这些年的经验，老人精神受刺激存在两种可能，一是精神抑郁，患上抑郁症；二是摆脱不了精神创伤会发展成精神病，严重程度超过抑郁症。她问怎么办，我建议说，你得一步不离地跟着她，别想着回北京三两天就走。另外，在你母亲精神状态没恢复之前，最好别火化尸体。人就是死了，只要躺在那儿，你母亲知道那是她老伴儿，有利于恢复她的精神状态。她接着问我，是不是叫她丈夫回国。我说这是你们家里的事，你就自己做主吧。

下午快天黑时，死者的女儿给我打来一个电话，说母亲两天没吃饭，总共就跟她说了三句话，母亲这样让她很害怕。我说现在天晚了，我要下班了，你今天守着她睡觉，明天上午听我电话。

第二天上午九点，我把手头材料归置好后，开车去了她们家。那家人住在一栋老楼房的二层，一居室，空间不大。老头儿和老太太本来盘算着按分房条件能分到两居室，要不怎么跟单位要楼房呢。可单位偏偏咬死就给一间平房，眼瞅着不能改善眼前的住房条件，还平添一堆麻烦。老太太说老头儿冤，真够冤的。

我上楼敲门，这家女儿开门一愣，没想到一大早儿我登了门。一进门我就见那老太太坐在门厅里，她瞥了我一眼低下头，就跟不认识我似的，再没抬眼看我，我心里“咯噔”一下。

第一次老太太找我，讲话有条有理；第二次她情绪明显低落；这第三次照面儿，老太太居然不认识我了。我原想跟她聊聊，看能不能缓解一下她的心情，没别的想法。老太太这样子，恐怕病得不浅，真让人替她着急。

瞬间我想到得用什么法子让老太太恢复正常，我冲这家女儿说：“你呀，给你妈洗把脸，换件衣服，跟我走，带你妈出去一趟。”她有些犹豫，我说“你就快点儿吧”。

洗完脸，换上衣服，我们下楼。我开着“大屁股吉普”拉着她俩直接去医院到太平间门口。我让那女儿扶着老太太等在门口，我先进去。太平间地方不大，只有六个冰柜，比较简陋。我说明来意，请工作人员帮我把装死者的那个冰柜拉出一截，我把盖着尸体面部的一块小布盖掀开，再出门叫那女儿把她妈扶进来。

死者在柜子里露出上半身，女儿扶着她妈边走边掉眼泪。这之前，女儿已经在父亲单位同事的陪同下来过一次，这次哭得不像头一次来那么昏天黑地。母女俩走到冰柜前，我一直在旁边注意老太太的眼神儿。她走到尸体前没有一丝表情，我试着扶起老太太的手，让她抚摸死者的脸，摸了左脸摸右脸，摸摸嘴，再摸摸胸口。当时，女儿就痛哭失声，老太太却一点儿反应都没有。这样子正常人是装不出来的，我心里当时就凉了。

一看这法子没见效，我让工作人员把冰柜合上，叫她女儿给老太太洗了洗手，开车把她俩送回家，她女儿一路抽泣，我心里空落落的。我跟母女俩约好第二天再去。

第二天上午十点多钟，我登门，见这家里多了个中年男人。他自我介绍说是死者的外甥。他抢先一步过来跟我握手，说了些感谢的话。我们一行四人又去了太平间。

我按昨天的过程重来一遍，我抬起老太太的手，这次协助她两手轮流抚摸冰柜里的老伴儿。我注意到老太太用右手摸死者嘴的时候，她嘴角微微抽搐了一下。这是不是意味着她想要说点儿什么？

我问老太太的女儿：“你父亲生前的生活习惯是什么？”

“我爸比较爱喝奶。”

“那你妈是不是每天早上要给你爸热杯牛奶啊？”

“应该是。”她告诉我，她父亲早上要吃鸡蛋、牛奶、面包。

“噢，那你这样，准备一袋鲜奶，回家找你爸喝奶用的那个杯子，再看看你家里还有没有面包，你找齐这几样东西。”

“您要这些干吗用啊？”

“这不是你表哥也在吗，你把这几样东西准备好，明天我在太平间这儿等你们。”

第三天，我先到太平间，让工作人员把死者从冰柜里抬出来，搁在太平间的平车上。我的想法是，老太太进来时能看见老伴儿整个人平躺着，比在冰柜里露半个身子看上去更显得熟悉些。我找块布给死者擦了擦脸。我走到太平间外，把那女儿递过来的一袋奶倒进老头儿生前用的那个杯子里，然后一手端着这杯奶，另一手拿着面包，让老太太的女儿和外甥扶老太太走到平车前。

刚进门，我发现老太太的脚步比前两次稍稍快了些，兴许她情绪有些波动，但整张脸上的神情依然呆滞、木讷，没有任何表情。我在旁边念叨说：“大妈，我今天带您来给大爷送早餐来了。”她女儿重复一遍：“妈，卢警官拿着早点让您给我爸送来了。”

老太太的神情还是没什么变化，就这么站着，我发现她嘴角又开始抽搐，比前一天幅度大一些。这时，我把牛奶杯递到老太太手里，她伸手接过去了；又把面包递到她手里，她也接了过去。我再扶着老太太端着牛奶杯子的胳膊，把牛奶往死者嘴边送。

突然，老太太猛地把牛奶杯扔了，面包扔了，“嗷”的一声，死去活来地放声大哭。她女儿也跟着哭起来，她们哭得稀里哗啦的。这我可没拦着，她越哭得厉害、越发泄得彻底，就越有利于恢复。

我搀扶着老太太，让她尽可能地接近平车上躺着的老伴儿。结果，老太太扑上前搂住老伴儿的头和脸抽泣、哽咽着不起身。我见此情景，也不由得掉下眼泪。这眼泪里有感动也有欣喜，我想自己这番苦心终于有了效果，最起码救了一个人。

老太太的血脉现在一定通了，也恢复到正常人情感表达了。我走到她女儿身边，用手捅了捅她，向她做了一个暂停的手势。她女儿马上理解了，上前搀起老太太说："妈，咱走吧，明天再来看我爸。"她用力拉她妈，根本拉不动，老太太的外甥也过来一起拽起老太太。

我在想，老太太一是哭出来了，二是你让她走，她舍不得走。由此可以判断，老太太的精神应该是恢复正常了。我对老太太说："咱们先走，明天我再带您来。"

走出太平间我看了看手表，快十二点了。告别那三个人后，我回了办公室。

下午三点多钟，我接到老太太女儿打来的电话。"我代表全家人感谢您，我妈在车上哭，她回家后就问什么时候火化，不能老让我爸在那儿躺着"。她说她俩商量了，尽快火化，又商量火化买寿衣的事，还问什么时候能办火化手续。我说你现在来就可以办手续。她女儿说："那行，我马上就去。"过了半小时，她人就到了，一进门就跪到地上磕头，哭着说："谢谢您救了我妈，我能不能认您当哥哥。"

火化手续办妥。火化时，这家女儿给我来了一个电话，说她父亲火化了，骨灰寄存了，一切都特别顺利。她妈很正常，特别好。我说："那就好，我心里就踏实了。"

火化后第三天，这家女儿又来办公室感谢我，告诉我说她马上要回美国。我说你赶紧回去吧，那边还有老公和孩子呢。她拿出一串钥匙，一共四把，说："这是家里的钥匙，我把您当成亲哥哥，您没事儿时看看我妈。"

我跟她说："你的心情我知道。哥哥可以当，你这钥匙可不能给我。我要真有时间，就去看看你妈。"听完这话，她就哭了。

事隔两个多月，过春节，头过节时我去了她家一趟，买了一箱牛奶。老太太非留我吃饭，我婉言谢绝了。第二天，她女儿打来电话，说："哥，我太谢谢您啦，我妈说您替我去探望她啦。"

生命感言

非正常死亡给亲人的打击之所以猛烈，是因为亲人根本就没有心理准备。因为明白这个道理，我在工作中格外注意对他们进行心理疏导。在我看来，做任何事情不应该被规律性的东西所束缚住，对于自己的工作也是如此。做得更多一些，也许超出了职责的范围，但是却能帮助别人。只有这样，你的良心才能得到宽慰。我希望所有的人遇到事情的时候都去多想想、多做做，去完成你的另一个心愿。

No.10

细心甄别勒毙与自缢

引言

送老父亲尸体到太平间的男女行为诡异，老人脖颈处惊现红色勒痕。看似简单的病故背后是一起“早点儿解脱”的谋杀。

一天下午，一位没有生命体征的老人被一男一女送到医院太平间。这一男一女看上去也有一把年纪了，二人声称这位老人是在家中病逝的，他们是老人的儿女。但是，这二人拿不出老人的死亡证明手续。

太平间工作人员告知他们，依照北京市有关规定，年事已高的老人若在家中死亡，先要去居委会开具死亡证明，再拿着居委会开具的死亡证明到社区医院换取北京市医学死亡证明。他们听了太平间工作人员的介绍后，说立即去居委会开证明，办妥证明后再过来办理火化手续。

这家医院的太平间归公安机关管控，公安局所有接收的尸体都放在这个太平间寄存。这里接收的尸体往往涉及存疑案件或重大争议案件，为了防止家属将尸体拉去示威或闹事的事情发生，公安局与医院建立特殊业务关系，对接收的尸体给予“特殊照顾”。

正是基于业务联系的协作规定，太平间负责人给我打了一个电话，通报了这一情况：有家属送来一位老人，说老人死在自己家里，希望尽快火化。

由于这是在家中发生的死亡，报警是对的。我说："好，我这就过去。"

天黑了，我一个人来到了太平间，让值班的工作人员把下午送来的老人拉出冰柜。这位工作人员提起下午遇到的这件事时，说送死者来的两个人当时给了他一千块钱，算是小费吧，对方特意叮嘱他，说死者的衣服就别换了，等开完证明就火化。这句话引起了我的猜疑：死者是九十多岁的老人，儿女起码也得五六十岁了，孙子、孙女也得三十多岁了。若按习俗，这样高龄的老人故世，家属怎么连一身寿衣都不想给老人换上呢？这可不大合情理。

我和太平间的工作人员联手将老人的尸体抬到工作平台上，开始验尸。这位老人面部清癯，极度瘦削，简直就是皮包骨了。他上身穿着中山装外衣，里面穿着灰色高领毛衣。我闻知家属有意不给老人换寿衣，就没给老人脱衣服。

我翻开老人的衣领，突然发现他脖子上有一道勒痕。这道勒痕很明显，沿脖颈环绕，有汇合点。据我多年积累的经验判断，这是人为勒毙的痕迹，不是自缢。从勒痕的色泽看，这道勒痕应该是在生前形成的。假设人死后再使劲儿勒脖颈的话，勒痕应该是浅白色的，没有血色；而人活着时被人勒毙，则勒痕呈红色。这是由于活人被勒时，心脏在跳动，有血压，勒毙时血液出现表皮坠积，所以勒痕就呈现红色。

发现这些可疑之处，我当时浑身一震，特别警觉，没敢再继续往下验。我立即通知分局值班室，并通知刑警队。不到20分钟，刑警队法医就来到了太平间，经过法医确认，死者颈部勒痕确实是他人造成的，定性为蓄意凶杀案件。要说工作了这么多年，这是我经手的第一起凶杀案件。

干我这行最关键的是查清死者的死因，确定这是一起非正常死亡案件，还是刑事案件。绝对不能让人在死亡问题上钻了空子。

根据护送老人来太平间的那两人留下的联系电话，刑警队通知两人尽快过来。晚上八点来钟，那一男一女赶到太平间，还带来两个人。来的这四个人分别是两对夫妻。人到了，经过太平间工作人员确认其中两人正是下午送尸体的一男一女，刑警队把这两个人带走询问。

后来经我了解得知，老人临终前身患癌症，已处于癌症晚期，一儿一女轮流看护。老人难忍病痛折磨，天天在家吼叫呻吟，这对儿女为了减轻老人痛苦，四处寻求杜冷丁止疼，想尽办法，求遍了所有认识的人，但由于国家对这一药品的管理有严格限制并有限量，老人的儿女确实难以为继，心情备受折磨。终于有一天，两人实在听不下去、经受不住老人的叫声了，结果一商量，得了，早点儿结束父亲的生命也算是早点儿解脱，不受这份煎熬了吧。商量决定的做法是，这两人一人拿住绳子一头，套在老父亲的脖子上，合力用劲儿，勒毙了自己的父亲。

这两人承认自己犯下夺人性命的罪行，当然要被追究刑事责任。

凭借经验和技术手段，我敏锐地识破了看似寻常事件中隐藏的犯罪行为，觉得挺自豪的。

| 生命感言 |

查明死因，是验尸官的天职。我在做这一行时有一个理念，那就是不能让任何一个人死得不明不白。通过种种蛛丝马迹发现眼前的老人疑似非正常死亡后，我马上让分局值班室通知刑警队。这起儿女以帮助老父亲解脱为由杀死老父亲的案件中有强烈的情理和法律的冲突。法律的红线谁都不能踩，任何人都不能以任何理由剥夺他人的生命权。

No.11

夜陪三具无名尸过年

引言

大年三十这一天，医院太平间里又新添了三具无名尸。他们是谁？他们的家人是否在等他们过年？在这个本该阖家团圆的除夕夜，民警拿着酒菜，走进了太平间……

没想到，大年三十这一天，我忙不迭地出了四个现场，有两个现场是分局指挥中心同一时间下派的。

第一个现场，在河边的小树林里。早上八点半，我拿着勘查箱去现场。那是一名不知姓名、不知身份、不知来历、没有任何证件的男子，倒在小树林里。从面相看，有四十多岁，穿着破破烂烂的外衣，里面套着一身破旧的、淡黄色的军用绒衣绒裤，袜子很薄，像是一个没家没业的城市拾荒者。经过我全方位认真地检验尸体，发现他任何部位都没有外力致命伤的痕迹，准确地说，他是因病或因冻而死的，这个应该马上安排法医鉴定。

第二个现场，在一栋住宅楼里。有一位直肠癌晚期的病人，熬到了生命的尽头，死在家里的床上，病逝时七十多岁。家属递给我死者生前的病历，上面清清楚楚地写着，患直肠癌两年，做过手术，术后做过化疗。死者面容极度消瘦，几乎是皮包骨了，家属对他的死亡早就在预料之中，没有任何异议。

看过病历，我向家属了解情况，家属要求尽快处理，开具火化手续。根据办案经验，晚期癌症病人在家中死亡的案件，应该更加谨慎。老话说“久病床前无孝子”。我曾处理过这样一起案子，因为癌症病人拖累子女，子女不堪其苦，亲手把病人勒死了。其实，我理解癌症晚期病人的痛苦，也理解癌症病人子女的心情，所以，但凡遇到这类案情，会格外提高警惕。我没有马上答应家属第二天办理火化手续，而是让他们大年初二再来我办公室办手续。

出完这个现场，在回来的路上，我又被派去第三个现场。

第三个现场，在一家烤鸭店门口，是一个拾荒男子的无名尸。他看上去有六十多岁，骨骼比较粗大，身体比较结实，下身穿一条四处露着棉花的破棉裤，脚蹬一双破球鞋，没穿袜子，由于长期没有洗过澡，身上散发着难闻的气味儿，嘴里还叼着一小块烙饼。这个人像是病死的，人们发现他时，正是中午时分，可以推测，他是在嚼着烙饼时突然发病的。该人也应该尽快进行法医鉴定，确定死因。

我检验完第三个人，回到办公室还没到一个小时，又来任务了，得去第四个现场。其实，我以前最多一天出过八个现场，今天出四个现场，还没打破我的工作纪录。但是，今天可是大年三十啊，家家团圆喜庆的日子，一年就这么一天！

第四个现场是一个好地方，京城著名的一个公园。在公园半山腰的一棵树上吊着一名男子。我来到他身旁，检查上衣兜、裤兜，全身上下都摸遍了，只有衣兜里的八十块钱，没找出任何证件或遗物，又是一具无名尸。

看面相，这名男子有五十多岁，衣着整洁，棉衣棉裤都很干净，显然他不是流浪汉。也许他生前已经盘算好了，不让人知道他是谁、从哪儿来，也不想让亲人找到他。我想，他揣着八十块钱，光吃饭的话，在北京城里也能挺好几天，可他偏偏跑到这个地方寻死。他这是有什么烦心事，非要走这条路呢？检验完尸体，我没有发现有任何凶杀迹象，尸体被送到指定医院的太平间，也等着做法医鉴定。

这一天的劳碌终于结束了，时间已是下午 5 点多了。我回到办公室，把四名死者的照片并排放在办公桌上，进行了现场登记。我用的是一次性成像相机，照完就能出照片。桌上的四张照片，让我不由地感叹：今天是大年三十,四名死者有三名是无名尸，别人不知道他们是谁，他们的亲属也不知道他们在哪里、是死是活。在阖家团聚的日子里，他们的家庭都少了一个人。眼下，他们都经过我的手被送进太平间，可我实在不知道上哪儿去找他们的家人。我打心眼儿里盼望着他们的家属能把他们领回家。

我越看这三张照片，心里越生出强烈的同情心，一个念头闪过：我能不能陪着他们三个人一起过个年三十呢？想到这儿，我看着桌子上三具无名尸的相片，小声念叨着，你们仨等我，我回家去取饭菜，今天我陪你们仨一起过年三十！这时，我心里也舒服了一些。工作这么多年了，每年的大年三十，我都在办公室值班。

我锁好办公室的门，开车回了家。一进门，姐姐、姐夫带着外甥过来了，我爱人正在做饭。我凑到她耳边说："晚上不能在家吃饭了。"她问："有现场？"我"唔"了一声。她早就习惯我吃着饭或是在节假日里说走就走，那都是再寻常不过的事了。只要是我工作上的事，她总是完全无条件地支持我，我特别感激她这一点。她问："你吃饭怎么办？"我说："我就带点儿走吧！"她一愣，随口问道："怎么带呀？这么多菜？"我笑说："你找一个大点儿的盒子，盛点儿红烧肉。"

她知道我爱吃红烧肉，转身找出一个塑料饭盒，舀了红烧肉。我说："太少了。"她有点儿讶异："你要把明天的都带上？"她又添了一些。我说："你找四双筷子，四个小碗，再拿上四个馒头。"听我这么说，她停住了，疑惑地看着我，问："你要去哪儿啊？"我说："我去太平间。"

她正对着我，睁大眼睛，一字一顿地问："你今天怎么啦？没事儿吧？"我没言声儿，去屋里转了一圈儿，回来对她说："今天我一连出了四个现场，其中有三个人都是没家的……""别往下说了，我知道了！"她打断了我的话。

我们夫妻之间特别默契，我说到这儿，她就明白我心里想什么了。她把我要的东西归置齐，我拎着就出了门。我刚迈出门，又返身回来，拿上一瓶二锅头，四个小酒杯，心里不知怎么，感觉酸酸的。

我父母住在旁边的一个单元，大年三十，都要吃年夜饭了，就算要去值班，我也得去露个面儿，打声招呼。

我拎着一大包东西进了父母家，我妈以为是带给他们的，伸手去接。我忙说："这不是给您拿的。"老太太愣了一下，说："你要去干吗呀？"我又把跟爱人说的话重复了一遍。

多年以来，干这份工作，我家里人都特别明白。这时，我爸走过来，轻轻拍了拍我的肩膀说："去吧。"我妈看着我，偷偷抹眼泪。从小父母就宠着我，他们明白，干这份工作要有一股子执着的劲儿，更知道他们的儿子心地特别善良。

天完全黑了，我走进医院太平间，太平间里值班的两个伙计见我来了，叫了声："卢哥，过年好！"我对他俩也说了声："过年好。"接着，我请他们帮我把今天送来的三个无名尸抬到平车上。两个人一愣，对视了一眼，又看到我手上的东西，好像明白了，赶紧打开冰柜，把尸体抬上三架平车。

在太平间，讲究摆放尸体时要头朝外，脚朝内，意思是，让他走出去，不再回来。我在告别厅里找了一面墙，把这三个人的平车并排放好，再找来一把椅子，坐在他们前面，放好四个小凳子，把带的东西全拿出来，把红烧肉、馒头分成四份，摆上筷子，又打开二锅头，倒了四小杯酒。

两个伙计进来看了一眼，没说话，退了出去。我就坐在墙角，端起酒杯对三个死者说："我今天陪你们过大年三十来了，吃吧，喝吧。"

我端的是八钱儿的小酒杯，没吃东西，就一口干了。没过一会儿，我就觉得有点儿上头，感觉昏昏沉沉的。

端着酒杯的时候，我请太平间的伙计用我的相机拍了两张照片，留个念想。照片里，我端着酒杯，站在三个死者面前，死者头前的小凳上摆着酒、肉和馒头。照片在我办公桌的玻璃板下压了八年。后来办公室装修，好多照片都找不到了，其中包括这两张照片。

告别厅里的灯光都是昏黄的，不那么明亮。这场景我也许是看惯了，倒觉得虽然守着死人，心里反而安宁。但是，肚子里的这口酒让我不好受，想吐又吐不出来，只好坐在那儿，脑袋靠着墙，只看到三个死者的后脑勺儿。我站起来，走到他们身边，挨个儿看看并分别祝福他们三个新年快乐。此时，我已经感觉到我的眼泪流出了眼眶。然后，我慢慢地坐在椅子上，看着他们三个人。接着，酒劲儿上来了，腿脚也不利索了，我居然坐在椅子上睡着了。

不知睡了多久，我被震耳欲聋的鞭炮声惊醒了，看看表，马上就到午夜十二点了。我进来的时候，才七点多，我这一觉睡了四个小时。今天，太累了。

我走到太平间门外，院子里的地上摆着长长的四挂鞭炮。可能是担心吵醒我，两个伙计把鞭炮摆好却没敢放。我说："你们赶紧放吧！"我起身时点了一支烟，抽了几口，然后点了一挂鞭。一阵噼里啪啦的响声后，一挂放完了，他俩点了另外三挂。

我该回家了。拿进太平间的东西不能拿回家，我告诉他们："我先走了，这些馒头、肉和酒你们都别动，要放到初八。"老北京讲究人死了要过"七"，这些东西供着，让他们过好"一七"，也就是"头七"，到初八再收。

我慢慢地往家走，感到特别疲惫，先到我爸妈那儿打了个招呼，家人们正在屋里乐滋滋地打牌。他们问我去哪儿啦，我说我出去了，答非所问。

回到自己家，我爱人也在陪岳母打牌。她一瞧我进门，赶紧把牌放下，走过来悄声说："你是不是冲个澡啊？"这是我家的规矩，只要参加了追悼会，去过殡仪馆、火葬场，回来必须先洗澡，好像是为了冲掉什么似的。我明白她的心思，什么都没提。

洗完澡，我倒头就睡，再睁开眼时，已经是大年初一早上八点多了。洗漱完毕，我就去了办公室。这么多年以来，这是我最难忘记的一段经历。陪死人一起过年，我的父母、前辈，甚至我师傅，都没有教过我这么做。

我办公桌玻璃板下压着的那两张在太平间给死者敬酒的照片，很多人看过都说："哎，这是三个死人啊，你能跟他们一块儿啊？"我没告诉他们，那天是大年三十。大年三十，阖家团圆，我也想父母、想爱人、想孩子，可我也不能抛弃那些死者，只能暂且把我的亲人放到一边儿。虽然没有陪家人过年，他们却没有埋怨我一句话。想到这些，我的心里又酸溜溜的了。

| 生命感言 |

在随时随地发生的死亡事件中，我经常遇到的逝者被称为“无名尸”。在一个大年三十先后遇到三具无名尸后，我选择了在太平间里陪伴他们一起过年。人的一生虽有各种不同际遇，但每个人都有生命尊严和被爱的需求，让这些身边没有亲人的人带着暖意离去是我一直以来的一份心意。

No.12

搂着房本死去的母亲

引言

老伴儿病逝后，还没有走出悲痛的她却要天天面对争抢房产的四个子女。寒透了心的她服下了一整瓶安眠药。她没有留下遗嘱，只留给子女一句话：我带着房本走了，你们别再吵了。

某年冬天的一天晚上，指挥中心布警、值班室通知，湖边上有一个小区，一栋楼中有一位老人死亡。我急忙穿好衣服下楼开车直奔现场。等我到达现场时，派出所的民警已经到了，他们引导我到楼房的二层。我们推门进屋，这是一套两居室的楼房，屋里站了五六个人，其中有死者的两个儿子和两个女儿，两个女儿正在哭泣。

根据尸体检验，死者是一位约七十五岁的女性，身高一米六左右，身体健康，体态偏瘦。死者脸朝上平躺在床上，怀里搂着一本红色的房产证。尸体没有发现异常现象，全身没有骨折，瞳孔已放大，鼻腔出血，从死者嘴里流出来的液体判断，她是中毒死亡。

验尸完毕后，我把尸体盖好，拿着房本走到中厅，对屋里的家属说："你们谁把房本收起来？"死者的大儿子走上前刚接过房本，突然另一名男子一把抢了过去。此时，一名 40 多岁的女子冲过来，打了抢房本的男子一巴掌，喊道："妈刚死，你们就开始抢房子！人没死的时候就抢，人死了还抢！"立刻，死者的四个子女有的哭，有的喊，乱成了一团。我注意到，桌上放了一个药瓶和一张字条，药瓶上写着“舒乐安定”，字条上写着：“我带着房本走了，你们别再吵了。妈妈留。”我和派出所的民警通知家属，将尸体暂存医院太平间。

第二天，我约老人的四个子女到我的办公室，详细了解了情况。老人的老伴儿已于一年前病逝，老两口一直住在这套两居室里，孩子们每逢周末都来看他们。因为老两口都不是退休工人，没有退休金，所以儿女们每人每月都给他们 800 元生活费。原本很幸福的生活，因为老头儿的去世，情况发生了变化。先是两个儿子提出要照顾母亲，搬到了老人家住；不久后，两个女儿也搬了回来。老人感觉很奇怪，便问他们：“你们都有家，为什么都住在我这里？”四个人谁也不正面回答老人的问话。老人觉得事情不对，但又不知道为什么。春节过后，儿女们同时停付了老人的生活费，理由是把事商定了再说，而且四个人还背着老人，发生了争吵。

事发的前两天，大儿子晚上回来喝多了，推门进屋，满身酒气，连站都站不稳，直接走到他弟弟面前说：“你我都做点儿准备，出点儿钱，把事定了。谁养妈，这房子就是谁的。妹妹们出嫁了，就别掺和房产的事了！”老人听到了他们的争吵，顿时明白了他们的来意，原来都是冲着房子来的。老人的两个女儿也不甘示弱，冲两个哥哥哭喊着：“房子人人有份，不能全归你们俩！”

听到儿女们吵架的声音，老人寒了心，望着老伴儿的遗像念叨：“老伴儿，我该和你一起走。你刚走不久，我就没人管了。他们都是冲着房子来的！”这时，大女儿进屋来问老人：“妈，我爸一走，没人做主了，您说是不是该有我们姐俩一份？”老人指着老伴儿的遗像说：“你们四个和你爸说吧……”

第二天晚上，两个女儿回来，推开门，发现老人已经死亡了。于是，她们报了警，并通知了两个儿子。之后，他们四个人坐在一起，大儿子说：“大家出钱，把老太太的后事办了。”他又指着弟弟说：“你要房就给我钱，你要钱就给我房。”根本就没把两个妹妹放在眼里。四个人在门厅里又吵了一架，谁也没注意到老人怀中的房产证。

以往我也接触过子女争房产的案例。一般都是老人死后，子女们关于遗留房产分配问题如果意见不统一，他们到法院走诉讼程序。而像这家子女这样的我还是第一次遇到。父亲去世母亲还在，他们就开始动房子的主意，而且还不避讳老人，对房子的渴求都超过了他们对亲生母亲的关心。这四个人因为房子而争吵深深地刺痛了母亲的心，老人望着老伴儿的遗像，得出一个结论：四个子女没有一个是孝顺父母的人。老人最终愤怒地抱着房本吃了一瓶镇静药。四个子女虽然留住了这套房子，但永远地失去了他们的母亲，他们将会受到亲朋好友、街坊邻居的指责，这种指责将会代代相传。

因为死者的死亡原因清楚，死亡形式简单，所以四个子女对老人的死亡定性均无异议，并急切地要求办理火化手续。但是，我没有同意马上给他们办理老人的火化手续。按照规定，服药死亡的人必须要做法医鉴定，否则公安机关不许出具火化证明和死亡证明。因为没有法医鉴定就没有死亡定性的依据，没有死亡依据就不能出具死亡证明，公安机关才不考虑家属分房的急切心情。

三天后，家属办理了法医鉴定手续；十二天后，我们宣布了法医鉴定结论；十五天后，死者尸体被火化。

| 生命感言 |

这是一起争夺房产引发的悲剧，死者是一名有两儿两女的母亲。生活中因为房产纠纷，兄弟姐妹反目成仇的事情很多，但像本案中，四个儿女当着老人的面争夺房产，给老人施加压力，最后逼着老人拿着房产证服药自杀的事情并不多见。这群为了争夺房产违背人伦、丧失人性的人，你们是否反思过为了房子，把亲生母亲逼上绝路，这个代价是不是太大了？

No.13

电焊大意爆炸丢性命

引言

一起安全责任事故，其结果是施工人员身亡、安全负责人被判刑。而这一结果的源头，就是不按程序办事、疏忽大意！

那年秋天，一处工地发生爆炸，造成一名男子死亡。接到指挥中心布警、值班室通知，我带着勘查箱开车急忙赶往事发现场。发生爆炸的现场坐落在那个工地的东北角，具体位置是在一个电焊棚子里。

死者趴伏在地上，男性，年龄四十多岁。他的面部被炸出撕裂伤，伤及右眼，右侧一半的牙齿都被崩掉了，胳膊和右侧前胸都有破裂伤，胸膛被炸破了。尸体周围摆放着铁皮、钢筋、电气焊机械什么的，有一个破桶被炸裂了一半。

据属地派出所民警向我介绍，死者是电焊工。这个工地开工有三个多月，工地想为工人们做一个洗澡的太阳能水箱，找了一个大铁桶，刷上黑油漆，打算做好后放到电焊棚子旁边一个房屋的房顶上。铁桶外面的黑油漆已经刷完了，需要在铁桶上焊两个节门，再接上进水、出水的两根水管。

电焊工动手开焊。焊好第一个节门后，他的作业班长提醒他，要他想着把焊好的节门拧到开的位置。不然，他焊第二个节门时，铁桶里面产生热量，热量聚集后会爆炸。电焊工回答作业班长说他已经把第一个焊好的节门拧开了。他开始操作焊第二个节门，哪知道刚焊了十来分钟，就听电焊工棚里一声巨响，铁桶炸了，那名电焊工被炸死了。

听完介绍，我走到铁桶旁进行检测，发现铁桶上的两个节门都关得紧紧的。我猜测这个电焊工在操作过程中粗心大意，或是忘了打开节门，或是把节门开关的方向弄反了。这应该是一起安全生产责任事故。

工地发生死亡事故后，按照施工单位的规定，谁管理谁负责，就是说你得先找出谁是管理者。作业班长首先被确定是这起事故的管理人，还牵连作业班长的上级——工长，以及工长上边的现场负责业务经理和安全经理。查找这个事故的责任，必须先要明确承担事故的责任人。作业班长是现场的直接指挥者、管理者，他应该对电焊工进行安全提醒，确保安全后才能施工。你提醒没提醒，在哪儿提醒的，谁提醒谁，要说出有张三在李四在，得有证人，得有动火证明。

我们找到作业班长，他很慌张，知道自己要承担责任。尽管他早上指定一名电焊工干这个活儿的时候进行过安全提示，工地上另外三个电焊工都在场，他们为作业班长作了证，说作业班长的确进行了安全提示。但是，作业班长的疏忽在于没能确保安全操作，他事先没有检查铁桶上那个必须要打开的节门到底有没有打开。

按照安全施工的严格规定，领导安排施工人员施工的时候要有一个安全交底，要让接受任务的对方在一份文书上签字，文书上写明今天要干什么活儿，干活儿的时间、地点，以及这个活儿怎么干，这叫安全交底。相关规定里有这么一条，管理人员必须要提示、提醒、确认安全。对照规定，这位作业班长虽然提示、提醒电焊工了，但他没确认安全。这些都有程序管着，你按照程序去查去找，漏洞就暴露出来了。

那位作业班长拿出来一份安全交底文书，但是，死者生前没有在这份安全交底文书上签字。也就是说，这一环节他们是口头进行的。要知道，发生了事故，口头交底是不管用的，必须按程序追责。事故受害者已经死了，作业班长说自己口头进行了安全交底，他找张安全交底文书悄悄填一份，这是不被认可的，这份安全交底文书找人代签字不被认可，必须要由本人亲自签字才能生效。因为你拿不出安全交底施工人的签字，这个管理责任你可躲不开。

按照我们的办案程序，到达发生死人事故现场，先要查找他的甲方、总包以及施工方，厘清这三方关系，弄清楚施工单位是什么建制和编制，是有组织的还是私招的。接着要清楚死者的身份是什么，有没有特种作业资格证。比如，你到事故现场，得先看死者属于什么工种，属于不属于特种作业，按国家有关规定，特种作业要持证上岗。

像这起安全生产责任事故，死者生前持有电焊工的资质证书。然而，尽管他是一个持证电焊工，专业技术具有一定水准，但是他本人在施工过程中疏忽了作业班长的安全提示和提醒。而作业班长光拿嘴进行安全提醒而没有彻底履行管理职责，关键是他没有安全确认，漏掉了安全管理最重要的一环。

工地施工发生事故具有普遍性。我们查的就是工地施工到底有没有严格按照安全管理规定程序去做。我知道，施工方执行安全管理有的单位严格，有的单位松懈，还有的单位根本就不当回事儿。

按照当年的规定，行政主管单位是区劳动局。我们马上通知了区劳动局。区劳动局来人听我们介绍完情况，大家共同再进行一次鉴定，找有关人员、证人了解爆炸发生的前后情况，确认是一起安全责任事故。我们依法将安排这项工作的现场负责人进行了刑事拘留，按照法律规定，造成经济损失 50 万元、一人死亡的，可以按照重大责任事故罪立案追究刑事责任。

随后，施工单位对家属进行了赔偿。

| 生命感言 |

施工过程中发生伤亡事故并不在少数。如果严格按照规程和流程去操作，很多伤亡事故就可避免。在这场事故中，施工人员和安全负责人在某个环节上的疏忽大意，最终导致前者付出生命的代价，而后者也必须为自己的疏忽大意承担刑事责任。本案给我最大的感触是，在大力倡导工匠精神的当下，各行各业的人其实都应该把工匠精神的精髓融入血液中，以此来谋得一份有尊严的生活并护佑自身的生命安全。

No.14

父亲为母亲合上眼睑

引言

接警、抵达抢救室、走近尸体，民警却发现死者竟然是自己的母亲。父亲镇定地为母亲轻轻地合上双眼，这一动作触动了民警的心。亲手为母亲验尸后，不变的是工作流程，改变的是民警的心态。

那天上午，部门晨会刚散，我接到指挥中心布警、值班室通知，一家医院急诊室报警，说有一位老太太被人用三轮车送来，送到医院时人已经死亡。

我和助手开车去了医院。那家医院设有抢救一室和抢救二室，接到送来的急救病人，医院先安排到抢救室里抢救，经急诊大夫确认患者病症后再送往观察室。那家医院我们常去，跟抢救室大夫和护士都认识。

车子开进医院大门，我们下车走进抢救室。推门瞬间，我看见屋里医生和护士正在对躺在病床上的人进行抢救，两名女大夫脸冲着门，还有两名“白大褂”后背冲着门。有人正在给患者做人工呼吸，有人双手摁压胸部。但让我一辈子忘不了的是，这四名大夫一边说说笑笑一边做着抢救动作。正对着我的那两名女大夫瞧见我推门进屋，马上停了手，说“警察来了”。背对着我的那两名“白大褂”也就停下了手。他们撤身向门外走，绕开我，其中一人跟我交代说“病床上躺着的人已经没有心跳了”，这就是临床宣布死亡了。

我应声说“好”，接着就把勘查箱放到地上。因为抢救室离太平间很近，我们就没叫民政局的工作人员过来。这时，抢救室里就剩下我和助手，还有派出所民警。助手从勘查箱里拿出两只手套戴上，开始照相。

助手拿着相机先走到病床前，按规定给死者头部、整身拍照，再从脚底往上照一张，但不搬动死者。他拍完照放下相机，我走到床前，开始验尸，按程序一般先从瞳孔检查。我第一眼看到侧脸躺着的人是一位老太太，上前把老太太的脸正过来，上手瞬间我突然心里一颤，这老太太怎么像我妈呀？我再定神仔细一看，哎哟，就是我妈。

母亲生了我们兄弟姐妹四个，把我们从小抚养大，在她临死的时候却无一子女在身边，死后还要公安局来验尸，谁想，来验尸的警察竟是她的亲生儿子！

我一把搂住母亲，失控地喊道：“妈，您看看我，您再看我一眼！”但是，辛劳一生的母亲再也没有任何反应了。

当时，我的脑袋里“嗡”的一下，眼睛看着我妈，脑子里却想着推门进屋时大夫们抢救时说说笑笑的场景，眼泪当时就流下来了。

助手站在旁边见我这样，赶紧抢上一步问：“师傅，您怎么了？”

“这——是我妈。”说完，我感觉自己有点儿站不住，身体在打晃。

“哎——哟。”助手大叫一声，赶过来一把搂住我的腰，用力扶住我，“师傅，您——”

我说了声“没事、没事”。此时，我算不上瘫软吧，但几乎就站不住了。我靠在母亲身旁，脑子里窜着好多念头，下一步怎么办啊？虽说我检查死者的经历太多太多，但哪儿经历过这个啊，眼前这可是我妈，我的亲妈啊！

我愣了好一会儿，抢救室的门突然开了。我回头一看，进来的人是我爸，后面跟进来的是我弟和我二姐，他们前后脚都赶到医院来了。我一看他们都进来了，连连冲他们摆了摆手，叫他们出去候着。他们知道我是干这个的，又都退了出去，守在门外。

我开始履行职责，检查吧。我看了看母亲的瞳孔，捏了捏四肢，反正就是工作那套例行的程序。我正检查着，我大姐推门进来了。我在兄弟姐妹里排行老三，大姐在家里比较厉害，不怕我，我不让她进来，她不听。大姐满眼是泪，捂着嘴过来。我检查完了，对身旁的大姐说：“叫他们进来吧。”

我母亲平日患有哮喘、糖尿病、心脏病，还有青光眼。出事这天早上，家里人都出了门，老太太一个人在家。她觉得身子不舒服，就走到窗台前推开窗户想透口气，接着就吐出一口血。这时，正好有位邻居骑着三轮车从我家楼下经过，抬头望见老太太趴在窗口很难受的样子，他关切地朝上喊了声：“卢大妈，您怎么啦？”他见老太太摆摆手就伏下身子不起了，也顾不得自己的事了，下了车，直奔我家，找两人把老太太抬上三轮车送医院抢救。

我们家挨着这家医院，出小区门往北就是，两分钟的路程。那是早上九点多钟的事，医院一看，送来的人已经死亡，这叫“来院已死”。医院急诊室直接通知派出所，派出所民警来看了，确认人已经死亡，就汇报给了指挥中心，指挥中心再通知治安中心值班室。我接到指派任务赶到医院时，已经十点多钟了。最后，医院诊断我母亲因肺心病死亡。

老太太一出事，我们街坊就急忙给我们家人打电话报信儿。我爸退休后被一家单位返聘了，接到信儿径直奔了医院。后来，我和家人专门为这事去感谢帮忙的街坊邻居和那位蹬三轮的人。

听我招呼家人可以进抢救室了，我爸、二姐、弟弟他们进屋走到床前。我爸挺镇定的，看到我母亲的眼睛半睁着，就把她的眼睛合上了。我不想当着他们的面儿掉眼泪，就给医院太平间打了一个电话，让他们过来一趟。人家带着尸袋过来，把我母亲装进尸袋，抬上推车，推到太平间安置好。

我这边还没出太平间的门呢，指挥中心通知又有现场了。来不及商量母亲的后事，我就又要去出现场了。家人都知道我这工作不能耽搁，特别理解。我拿上勘查箱，心情复杂地离开了。

这个出事现场离医院不太远，我下车一看，是一个平房院。这时，已近中午。我进院推开一扇屋门，看见躺在床上的也是一位老太太，当时眼泪就下来了。人家老太太死得挺平静，虽说也是病重身亡，但人家是死在家里床上。老太太儿子回来发现不好，人已经断了气，这才打了报警电话。人家家里有儿子、闺女、老伴儿守着。我妈呢？自己趴在窗台上死的，家里一个人都没有，还是被好心街坊用三轮车送到医院的。我又想到那些大夫边说笑边抢救，简直就是开玩笑似的干事儿，哪有一丁点儿尊重生命的意思。想到这儿，我心生怨恨。要是当时看不到抢救那一幕，我心里多少还平静点儿，尽管因为工作关系跟他们挺熟，但我对他们的印象一下子改变了。

我刚迈进这家的屋门，这家人就争先地向我讲述老太太去世前后的情况。等我进到屋里后，看到床上的老人又想起了我的母亲，眼泪一下子又流出来了。这家人见我眼泪汪汪的，都望着我，全想不起要说什么了。这家老太太的儿子站在我身旁，不知怎么张口，怕是在想：这个陌生警察见到别人老妈去世怎么这么伤心啊，是不是心太软啦。

干这行有个讲究：人的眼泪不能掉在死者身上，老话说这样对落泪的人不好。我尽量控制着内心复杂的情绪，我的助手知道是怎么回事，他也没吭声。我擦了擦脸上的泪，开始检验。我当时对这家老太太的感觉和心态，就如同给自己母亲验尸一样。

检验完毕，我把原来盖在老太太身上的布单盖好，退身出屋，坐在外屋那儿，拿出本准备记录，眼里还有泪水，我又擦了擦。死者的老伴儿走过来，握着我的手说："警察同志，您真是个好警察。"死者儿子过来跟我握了握手没言语，死者闺女也过来握了握我的手。其实，他们不知道我是怎么回事。我镇静片刻，约这家人第二天上午九点钟带上证件到我办公室去，最后说了声"这么着吧"。

我正要从椅子上起身，老太太儿子过来拉住我的手，问："您贵姓啊？"我说："我姓卢。"我当时不想再多说一句，我的助手接过我的话头，告诉这家人到我办公室走哪条道，怎么去。当我迈出这家门槛的时候，听见助手跟老太太的儿子说："我师傅的母亲两个小时前刚刚去世。"听到这句话后，我的眼泪"哗"地又涌出来了，幸好这时我的脸已经朝向门外。我头也不回地快步出院。

回到办公室，助手告诉我，那家人听助手说完那句话，都站到院里哭了。

第二天上午，这家人按时来到我办公室。要说平常人家来办火化手续什么的，都会问来问去。可这家人来了好几位，进门并没有问我办手续的事，而是先向我表示慰问。老太太的女儿特意带来一个精致袖珍小花圈，搁在我办公桌上。我说了声"谢谢"。

这次经历后不久，我去出一个小姑娘高坠的现场。小姑娘高空坠落后，她的一只眼球脱离眼眶，落入草丛。按说尸检完了，装袋运走，工作就算完成了。可我为了帮她找到摔丢的眼球，从半夜找到凌晨。这一晚上我歇歇停停，抽了大约 15 根香烟。为什么我要不惜力地这么干？我相信这跟我经历我母亲去世的那个心结有关联。

没有经历我母亲去世这件事之前，我出现场触及死者，只是履行职责，按程序进行，不想那么多，只关注查明死因，看看有没有问题。我母亲去世当天，我接着去平房院出了那个现场，再干我这份工作，我觉得自己的心态完全变了，从根本上改变了我工作时持有的心态，那就是要把死者当成自己的亲人一样去对待。

母亲去世后我再出现场，一方面我放慢了检验的速度，另一方面我不再像以前那样想着快点儿做完早点儿离开。我从内心里像对待亲人一样善待死者，特别留意对死者眼睛的处理。母亲死后，父亲为母亲合上眼睑的动作触动了我。我也学会了给死者合上眼睛，抚平眼睑。事实上，许多死者死后睁着眼睛或半睁着眼睛。我以前不管这些，后来，我总要帮合不上眼的死者把眼睛闭好。就这一个动作，死者家属看在眼里，感激在心。我由此得到的锦旗不下数十面，人家每次给我送的锦旗，局里都有登记，我那些年里总共接受了好几百面锦旗。

为母亲验尸，奠定了我工作质量提升的一个特别好的基础，教会我怎样去对待死去的人。

| 生命感言 |

亲手为母亲验尸，让我对失去亲人这件事有了痛切感受。从那一天开始，我对自己的工作有了更加深刻的认识、规划和更高的标准。为母亲验尸的经历，坚定了我“要用自己的双手安抚死者，宽慰生者，给他们以尊重”的信念。

No.15

找寻失落于灌木丛的眼球

引言

无论女孩生前如何娇美，高坠之后，也只能用面目全非、粉身碎骨来形容了。三九寒冬的凌晨，民警验尸后迟迟没有离去，只为找到女孩摔丢了的左眼。

三九寒冬，凌晨一点钟，我在睡梦中听到床头手机铃声震响，迷迷糊糊地接听到指挥中心布警、值班室下达的出警任务，一名女孩高坠身亡，速去查验。我怕惊醒家人，蹑手蹑脚地迅速穿好衣服，驱车前往出事地点。

夜空下的那栋高楼上没有多少窗户透出灯光，外面刮着五六级的西北风，四下漆黑一片，楼下影影绰绰站着几个人。我走近前才得知，其中一人是派出所民警，另外三人是死者的亲属和朋友。在这四人身后不远处的地上趴着一具尸体。这是一个年龄在二十岁上下的年轻女孩的躯体，头部摔得粉碎性骨折，脑浆溅落满地。我从勘查箱里找出一个塑料袋，将女孩的脑浆细心收敛，用手掂了掂，觉得似乎没有太多的遗漏。我将塑料袋放到尸体的头部旁边，再检查她全身，四肢均有骨折，左侧肋骨骨折更加严重，骨盆双侧粉碎性骨折，受创严重的还有后侧脊椎。死者头部左侧的眼球不见了。

我量了一下尸体所在的坠楼位置与楼房墙根的距离，根据经验估算出死者坠落的楼层范围。

检验完成，我心里形成了大致结论，起身走向旁边站着的那几个人，告诉他们，根据骨折部位及验尸的结果综合分析，这个女孩很可能是后背及后脑先着地，高坠的高度位置应该在某层至某层之间。我话音刚落，就听有人搭腔："您的判断非常正确，她家住在某层。"

于是，我与现场那四人一起乘电梯至某层，径直走进女孩家，走至女孩生前居住的房间。房间里布置得温馨又可爱，毫无疑问，住在这间屋子里的应该是一个非常热爱生活的女孩。屋里写字台上摆着一张放大的彩照，照片是女孩生前在海边穿着漂亮T恤拍摄的，秀美的长发被海风吹起，身材曲线极具女性魅力。照片旁放着一封遗书，我拿起来一看，这是写给她男朋友的。

这个女孩跟男友热恋了两年，男方突然提出分手，而此前两人已经发生了性关系。女孩认定自己彻底被男友蒙骗了，越想越觉得未来生活没有了任何希望和意义，悲愤无助，厌世绝望。遗书里还表达了她对父母的愧疚，最后落款是"凌晨1时绝笔于卧室"。

女孩的房间朝南的窗户向外敞开着，看起来，她就是从这扇窗户坠落的。我观察到床下有一双拖鞋，而此前我注意到死者在现场光着脚，没有穿鞋。综合方方面面观察得来的证据，可以认定这是一起自杀案件。

我按程序履行登记各个事项之后，安抚了死者父母。我又想起了女孩的那只眼球，于是，独自来到楼下。这时，已是凌晨3时许，正是夜里最冷的时刻。我又蹲在死者身旁，盯着那个已经完全失去轮廓的头颅，发现死者左眼眼眶内呈现出一个凹陷的洞，她左眼球遗失，右眼球尚在。

看着这个年轻女孩残破的躯体，我感到非常惋惜，觉得不应该让她带着身体的残缺就这样走了。我找来两把手电，在四周寻找她那只失落的左眼球，找来找去，腿脚都发麻了，但仍然没有找到。

我用双手将破碎的头颅进行复原，找来一个塑料袋，把之前收敛的脑浆与头骨装在一起，将她的躯体放入纸棺材里抬到旁边的运尸车上。寒风刺骨，我在楼门里避了避，一个小时后，我又去寻找那只眼球，仍然没有发现。

天蒙蒙亮，我觉得整个人全身上下都冻透了。可是，如果我带死者离开，她那遗失的眼球就永远也找不回来了。本来活着时是完完整整一个人，死后少了一只眼球，这个遗憾该有多大啊。我不想让她留下这个遗憾，一心要坚持找下去。

我正在猫腰细细找寻，突然有人走到我面前，说了一声：“您还没有走呀？”我抬眼一看，是死者的父亲，他以为我已经离开了。一大早，他出门要为即将到他家来的亲戚们买早点。得知我在为他死去的女儿找眼球，这男人扑通一声跪在我面前，哽咽着说：“我真没想到，我跟孩子母亲谢谢您，我们全家谢谢您，您真是一位好警察！”

您说巧不巧，就在死者父亲跟我说这几句话时，我突然瞅见旁边低矮灌木丛里有一个东西在寒风中抖动，我能肯定，那绝对不是树叶。我向旁边迈几步，走过去伸手一摸，拿到眼前一看，哎呀，这不正是死者遗失的眼球吗？那眼球已经冻得邦邦硬了。我赶快从车里找来一瓶矿泉水，拧开盖儿，用瓶里的水冲净那只眼球，将它擦净，然后来到尸体旁，小心地安放进死者的左眼眶中。

一切整理完毕，我低声叮嘱负责搬运尸体的师傅，可以将尸体拉走了。目送远去的运尸车，我抑制不住内心复杂的情感，眼里淌出了热泪。

| 生命感言 |

通过现场勘查，还原一个花季女孩“完整的自杀过程”之后，我却放不下她摔丢的那只眼球。在经过几个小时的寻找之后，我终于为逝者复原了一个完整的身体。我有责任为死者复原身体，但绝不赞同自杀者轻生的抉择。在我看来，人虽然有做出任何决定的选择权，但是自杀却是一种自私的举动。因为自己这一走，最对不起的人是养育自己的父母。

No.16 善心助人不该受指责

引言

好心的邻居在送来三块蜂窝煤的同时再三提醒“这可危险，您到时候可千万得把煤拿出屋”。不想，使用者对邻居的提醒并不上心，结果断送了三口人的性命。

春节前一周的那天早上，指挥中心布警、值班室通知，一个平房院有三人煤气中毒死亡，要求派人现场勘查。

我开车前去，走进现场，那里是一个平房小院，院里有南房四间，东房两间，北房四间，院里住着不到十户人家。由于案情重大，分局局长、副局长到了，属地派出所正所长、副所长到了，治安支队队长、街道办事处主任、街道综合治理办公室主任到了，社区主任、社区环保队领导也到了。

三名死者躺在小院最里面的一间东房屋里。我走到离门还有一米半远处，还没有拉开那扇虚掩着的门，就闻到从门缝里窜出的一股又臭又恶心的混合气味，呛得人脑仁发晕。别看人来了不少，但他们全都在南房那边候着，不会跟我站到门口来。我来之前，“120”急救中心的医生已经来过，他们入院进屋，给三名死者测试心电图，一看心电图全成了直线，留下诊断单子就离开了。

我进了屋，打开电灯，屋里很昏暗。小屋只有七八平方米，没什么像样的家具，像是临时凑合居住的地方。屋里弥漫着呕吐物和大小便失禁的混合臭气，地上趴着一个小男孩，靠墙的床上躺着一个老头儿和一个老太太。老头儿头朝里，老太太有下床姿势，头朝外，衣着还比较整齐。床旁边的小桌上摆着酒和菜，酒剩有半瓶，是五十六度的二锅头，桌上剩有两个馒头。靠门边放着一个黄色的旧搪瓷脸盆，脸盆里搁着三块大蜂窝煤。我进门时先用手摸了一下煤，煤块还稍稍有些热，估摸也就是三四个小时前才灭掉的。

有呕吐物，有大小便失禁现象，三名死者眼角膜充血严重，身上的尸斑鲜红。尽管还要抽取心血送毒化中心化验，但上述体征清晰地表明他们死于一氧化碳（煤气）中毒。

验完尸，大家都去居委会开调查会，听街道办事处、居委会、社区干部和邻居介绍这起重大意外死亡事故的成因。

三名死者中的老头儿是在社区搞卫生的老王，六十五岁左右，河北人，特勤快，能吃苦。他在这个社区已经干了满三年了，年年春节都不回家，因为每年春节都有放炮的和乱扔杂物的，垃圾太多，老王为了保持社区清洁，都会及时清理。为此，他总是过完春节才回老家。春节期间，老王把社区打扫得干干净净，赢得了街道主任、社区干部和居民的好评。居委会帮老王租间小平房，并出一半房租。

距春节没几天了，那天下午，老王的老伴儿带着孙子从老家过来了。老伴儿一直在家务农，小孙子十岁，小学放了寒假。老伴儿知道老王这个春节又不回家，便带上点儿年糕，顺便把孙子领到北京，一来看看爷爷，二来看看首都啥模样。老王挺高兴，说你们就在这儿陪我过春节吧，老伴儿答应了。老王高兴坏了，出门买了点儿熟食，其实他平常不大喝酒，就这次买了一瓶酒，又买了几个馒头。他跟老伴儿商量着，生火还得买炉子、买烟筒、买煤，屋子不大，糊糊窗户，凑合着就甭生火啦。

冬日天黑早，老王忙完该干的活儿，回屋洗完手，拿出熟食、菜、酒，三人吃着吃着，孙子说腿冷。老王才意识到，他和老伴儿不怕冷，小孙子可不经冻啊。老王想到门口有一个捡来的破脸盆，就去敲对门邻居刘大爷的屋门。

刘大爷是一个退休工人，北京人，和老伴儿带着一个儿子住在这小院的三间南房里。老王说："今天老伴儿带着孙子从老家来了，吃着饭，小孙子喊腿冷，麻烦您给我夹三块热煤，小孙子睡觉时就不冷了。”

老刘一听，说：“这可危险，您到时候可千万得把煤拿出屋。”

老王说：“放心，这我知道，睡觉前一定给拿出来。我这窗子到处露风，刚想糊还没糊呢，没事儿。”

老刘听他这么说，便说：“您等会儿，我先给您烧着。您要是现时把我炉子里的三块煤夹走，我这炉里的火就灭了。”

“好。”老王应了一声，就回屋继续喝小酒。过了一会儿，就听见老刘敲窗户，说：“煤得了。”

老王一拉门，把老刘端来烧得红红的三块蜂窝煤放进门口那个捡来的破脸盆里，乐滋滋地端进屋。小屋里立马升温。夜深时分，老刘不放心，看表已是晚上十一点多，他迈出家门去敲老王窗户，听着老王正跟老伴儿聊着呢。

“谁呀？”

“那个火盆不用了，想着拿出来啊。”

“您放心吧，我记着呢。”

午夜十二点多，老刘出门又去敲老王屋窗户，老王说：“您放心吧，放心吧。”凌晨一点多，老刘心里还是放不下，想着再去敲窗户，又怕街坊有意见，他隔着窗户小声叫着“老王、老王”。老王在屋里应声：“刘哥，您睡吧，放心吧，我还不睡呢。”

老刘回身进屋上床睡了。等他早上一睁眼，看见表针指着六点十分，天还没亮。老刘在床上本想舒展一会儿，突然想到老王那火盆不知拿没拿出屋，他起身站在窗户前拉开窗帘，揉揉眼睛，老王小东屋那门口分明没有破脸盆和那三块煤啊。

老刘的脑袋“嗡”的一下，他赶紧披衣冲出去，奔到老王门口连声喊“老王、老王”。甭管他怎么喊，这回没人应答了。老刘猛地推开门，看着眼前的惨景，看到屋内门边放着盛着三块蜂窝乏煤的破脸盆，他脑袋像是要炸开了，浑身瘫软，一步也迈不开。明明自家就在几步远，可他喊儿子喊了有一刻钟，连自己都听不见自己的声音。老刘的儿子发现老爸倚在墙上，就到老王门前往里这么一看，马上去拨打了“120”和“110”。

事后我找老刘询问，老刘说他一共去了三次，就为了三块煤，折腾得他都没睡好。出了人命关天的大事，老刘内心特别自责，痛苦至极。他回想昨夜的事情，老泪纵横，别说老伴儿、儿子埋怨他，他担心街坊邻居指责他，一切来得太突然，老刘觉得实在经受不了这场无妄之灾。

按照法律规定，老刘不应承担任何责任。他应老王的请求，出于邻里友情，提供给老王三块煤，但他三次专程上门提醒，尽到了自己的义务。我们都做过相关试验，一块十一个眼的蜂窝煤，能燃烧八小时才灭，老王把烧红的煤拿进小屋取暖，这三块煤可不是在炉子里头燃烧，屋里没有循环的条件，通风又差，燃烧的煤放在铁盆里，那就是让煤气四散挥发，窗户缝能露出的那点儿风，根本拔不出多少煤气。

为什么老王的小孙子死在地上了呢？根据多年出现场的经验，我很清楚，体力越强的人，肺活量呼吸越大的人，中煤气死得越早。煤气中毒的递进过程依次为头晕、恶心、呕吐、昏迷。小男孩感到恶心，他呕吐了，肯定要往床下爬，因为越接近地面，煤气浓度越低，人趴到地上要比床上、墙角里好受得多。

心血毒化检验结论显示，老王血液中的乙醇含量也达到了致死量。我分析，在七八平方米的小屋里，三块大蜂窝煤产生的一氧化碳浓度足以致人死亡，乙醇超标跟煤气中毒存在一定关联，因为一氧化碳中毒初期令人意识模糊，控制力差。而老王平常不喝酒，喝酒也会令人头晕，恰巧那天屋里有三块燃烧的煤，老王心情高兴，喝下过量的白酒。最后，我们做出结论，老王的死因是一氧化碳中毒。

老王是社区办事处的保洁员，跟办事处有着劳务关系。在后期处理上，街道办事处积极妥善地配合公安机关处理，死者的儿子、外甥女都来到北京，他们对街道办事处的后事处理很满意。

事发当天上午我向老刘及老刘的老伴儿和儿子询问事发过程，属于办案程序中的前期工作。按照程序，前期了解情况之后，第二天或第三天我需再去交代一下结论和处理情况。我想，这家人一定是忧心忡忡地等待结果，我决定尽快去安抚一下这家人。

拿到化验结果的当天下午两点多钟，我第二次出现在老刘家门口，这家人看到我的出现感到极大的精神压力。

老刘的老伴儿年近七旬，白发，面相善良，神情却有些恐慌。见我进了家门，老太太先说了点儿客套话，然后开始指责老伴儿，说他不该拿煤送给老王。虽说他上门提醒过老王，老王也答应了，但那也该看着他把煤拿出来再睡觉。老王说等会儿没事儿，你就不能再等他一会儿吗？

我心想这老太太真是明理的人。老刘的儿子说："警察同志，事情已经发生了，我爸是好意，没有恶意，但是造成了不好的后果，我们说了也不算。我爸这几天心理压力非常大。"

我想听老刘怎么说。他说："我呀，本来想着日后会病死，没想到我会给折磨死。这个事儿，你（指我）不让我死，我也会自个儿死，我活一天就内疚一天，我是真对不起老王。"停顿片刻，老刘接着说："你不让我死，我会替老王把他没干的活儿干喽。"

我心里挺感动的，这家人没有一个胡搅蛮缠的，出了这么大的事，没一个人推诿躲闪，老的小的都是明事理的人。老刘本是好意帮助别人，却不料想给自己找了一堆麻烦。这家人恰恰是我应该帮助的人，要是帮不了这样的人，我这工作就甭干了。当时，我想的是要用什么话去安慰他们，解除他们的心理负担。

我说："我今天来找你们，是经过汇报，向领导请示后，特意来安抚一下刘大爷的。因为你不是故意的，你是想帮助他们而且还提醒了他们，该做的你都做到了。"

老刘听了这些话，似乎没明白怎么回事，他瞅了老太太一眼。老太太脑子一点儿也不慢，她慢慢挪着身子，从椅子上起来，低头腾出一块地儿，说话就要跪下。我赶紧抢前一步，拦住老太太，扶住她。不用说，这事儿受刺激最深的是这个心里明明白白的老太太。

我握住老太太的手说："大妈，我今天是来告诉你们，这件不应该发生的事情虽然已经发生了，但不需要刘大爷承担任何责任。事情的发生确实有煤的因素，但是他已经多次提醒过老王，尽到了提醒义务。您埋怨刘大爷为什么最后不把煤盆拿出来，因为老王不是小孩儿，他是一个有完全行为能力的成年人，刘大爷不可能拉开门就把煤盆拿走，这不合情理。老王的死是由于用煤不当，没有按照规定安装使用炉火造成的，而且他还喝了大量的白酒。"

眼看这家人的眉头有了一些舒展，我大声地说："从今天开始，你们不要考虑这件事了。"宣布完，我问老刘："刘大爷，您听明白了吗？"

老刘有点儿恍惚，毕竟年龄大了，还没从懊丧悔恨的心绪中挣脱出来，他还在半信半疑地琢磨着，老太太赶紧捅捅老伴儿。这时，他儿子站起身，走过来紧紧握住我的手说："卢警官，我代表我父亲谢谢您，我们家一辈子都忘不了您。我父母能解脱出来，我感谢您；解脱不出来，我不埋怨您。我是他儿子，有我呢，您就放心吧。"

老刘儿子的这番话，说得我都想落泪了。起身离开前，我接过他们递给我的一根烟，先给老刘点上了。

走出刘家，走出小院，我回想着方才的情景，很庆幸自己尽早来找老刘这家人，要是等三天再登门，真不知道这家人还要遭受多么大的精神折磨。现在，老刘解脱了，老太太解脱了，他儿子解脱了，这家人都解脱了。

这是一件不幸的事，它用血的教训提醒大家：关爱生命，预防煤气中毒。

| 生命感言 |

几乎每一起非正常死亡事件，都会波及亲人和邻居。问题在于，逝者已离去，生者却无处可逃，他们当中一些人往往会因为"自己未能阻止死亡事件的发生"或"死亡事件与自己有一定关系"而陷入自责中不能自拔。在这起事件中，好心的邻居就陷入这种状态中。因此，我把自己的工作范围扩展至帮助生者。在这起案件中，我对死者邻居一家的帮助是"帮助值得帮助的人"。

No.17

叛逆少女自缢弃父母

引言

十六岁少女自缢而亡。警方尸检时发现，少女已有三个月的身孕。是谁“逼”死了花季少女？

某年国庆节入夜时分，外面下着小雨，指挥中心布警、值班室通知，某医院急诊室有一个女孩送到医院前已死亡，家属情绪过激。值班室要求现场组前去医院急诊室调查此事，勘查死因。

我正在办公室值班，接警后赶紧驱车前往那家医院。我一走进急诊室就问大夫送来的女孩在哪儿。大夫把我带到一张病床前，床上用白布单盖着一个人。大夫指着白布单下的人说，就是这个女孩，家属用车送来的，来院里一看，人已经没呼吸了。送她来的，有她的父亲、母亲、叔叔，家属要求我们给开张死亡证明。这个女孩被送到医院时，登记的是十六岁。大夫觉得，这么小的女孩死了，家属急于开死亡证明，有些蹊跷。因此，他并没有答应给来人开死亡证明，而是按规定通报给公安机关。

正说着，女孩的叔叔走过来，他看上去大约有四十岁。我刚要掀开盖在少女身上的白布单，她叔叔便上前阻止说“别动”。公安机关对非正常死亡或有疑问的死亡案件进行尸检，这是有法律规定的，家属没有任何权利阻止。

女孩叔叔的这一举动更让我觉得蹊跷。我站在门口，把警官证亮出来给他看，对他说：“这是我的工作，你没有权利阻止我。”他听我这么说，就退却了。

病床就在门旁，我站在门口挡住门，伸手撩开白布单一看，这个十六岁的女孩长得挺白净，双眼皮、大眼睛，上身穿着一件破破烂烂的T恤衫，这不是一件干干净净、利利索索的衣服，好像被人用力拉扯、抻拽过，皱皱巴巴的样子。

急诊室里一共有三张床，另外两张床上都躺着病人，还有陪床家属。因为无论病人和家属还是急诊大夫，在场的都是女性，所以，我可以在这里验尸。检查时，我发现女孩没穿内衣，T恤衫里光着身体。她的身体已经明显处于发育期，这么大的丫头怎么不穿个背心啥的呢？我再察看她的头部、颈部，发现她脖子上有道印儿。我的第一感觉是“这女孩是不是被人给害死的呀？”我用手稍稍抬起她的头，仔细观察她脖子上的那道印儿，形状呈马蹄形。只要是自缢，无论人年龄大小，索沟痕迹都是马蹄形。这道马蹄形痕迹应该是女孩自己自缢时勒的，可以确认是自缢。

我检查女孩的乳房，发现乳房凸起得特别明显，有妊娠痕迹；再查看她的腹部皮肤，那里因妊娠反应绷起一道纹来，有明显的怀孕特征，推算已有三个月左右的孕期。我可以肯定这女孩百分之百是怀孕了。我又联想到这女孩的母亲和叔叔都不让我接近这孩子，家人送她到医院就索要死亡证明想尽快火化，可见家人对这个孩子比较憎恨。

验完尸，我向医院借了一间医生办公室，把女孩的父亲和叔叔叫进屋，跟他们说：“尸体我检验完了，可以通知你们，这孩子怀孕了。”一听这话，女孩的父亲马上低下头，她叔叔那个狂劲儿也没了。

这时，女孩的母亲也进来了，对我说：“警察同志，我跟您说实话吧。这孩子呀，不听话，今年才十六岁，老跟不三不四的人在一起。我跟她爸说她、劝她，全不管用。三天前，她离家出走了，跟一些小伙子出去玩。第三天回来了，我炒个菜、炝个锅，她就吐；炒点儿肉，她看见了，也吐。我和她爸好好地问了问，她最后承认怀孕了。我和她爸问她那男的是谁，她就是不说。我们把她叔叔叫来，三人把她绑起来打了一顿。你说，这孩子才十六岁，这事要是传出去，我们当家长的脸往哪儿搁啊！我们打了她也后悔，怎么也是自己亲生的孩子。可是，你再问她什么，她就更不说了。今天做晚饭前，我和她爸出去买了点儿东西。等我们回来，见她弄根绳儿自缢了。给我们气得，才养到十六岁，可我们也有责任，确实打她了。最后，我们商量商量，弄辆三轮车推到医院来了。我们想让医生开张死亡证明，早点儿处理了尸体，免得传出去让人笑话。”

你说，他们想得多简单、多无知啊，一点儿法律意识都没有！

我向家属解释，从女孩尸体特征来看，符合自缢死亡的特征，应定性为自杀，与你们没关系。但是，这孩子怀了孕，到底是谁让她怀了孕，你们也没查出男方是谁。你们用的方式不对，如果不逼不打，她兴许还能慢慢告诉你们，兴许能找到那个男的做个了结。你们采取这种粗暴方式，只能逼她走上绝路。

说到这儿，三个人全坐在那儿掉眼泪。女孩妈妈说：“警察同志，全晚啦，您帮帮我们吧，按老家的习俗，像这样死的人，连骨灰都不许往老家带，你说我们怎么办啊？”

我说：“这样吧，尸体我们先拉走，法医鉴定就不做了，做鉴定的话，一是经济上要花钱，二是时间上要拖后。明天上午你们到我办公室来，咱们再讨论下一步怎么办。”

民政局的工作人员把尸体装袋抬上车，运到太平间，家属在医院交完费用后离开。

第二天上午九点，女孩的父母和叔叔一行三人走进我办公室，首先对头一天阻止我检验尸体的做法表示歉意。我对他们说：“一个女孩死亡，你家属如果拒绝公安机关检验尸体，无形当中就等于告诉我们，这里边有事儿。你们本想早点儿开张死亡证明去火化，省得这事传出去打脸，可你们的做法适得其反。要知道处理这种事，做法简单粗暴，最终会导致意想不到的结果。当然，你们不是有意让自己孩子去死，做法没有触及刑法。我成全你们，把证明材料给你们开了。”

没用半小时，我把女孩的死亡证明、尸体火化手续、户口注销证明全给办了。

办完这些，我说这里边还有一个难事，三个人都愣住了，看着我。我说：

“你们考虑过明天火化完了，她的骨灰怎么办吗？”

这三人的神情顿时有些崩溃。的确，按他们老家习俗，骨灰根本不能带回去。于是，我建议他们把女孩的骨灰存在殡仪馆骨灰堂。

女孩的父亲看看妻子，再扭头对我说：“卢警官，我们谢谢你。”女孩的叔叔也说：“咱们就把骨灰存在骨灰堂吧，每年来交点儿钱，怎么也是咱们养的孩子。这样就不用往老家带了，就当她嫁出去了。”

女孩的父母点了点头。那位父亲诚心诚意地对我说了一句特别简朴的话：“卢警官，好人。”他一边说一边点头。我说“不用谢”。这三人告别后走出办公室。

这件事让人揪心，恐怕没有谁能深刻体会这个女孩父母经受的痛苦与矛盾。

| 生命感言 |

我的工作对象又是一名花季少女。仔细观察烙在她脖子上致命的“马蹄形”印痕，我确定其死亡符合自缢特征。再查，我发现了女孩身体上怀孕的特征。顺着这个线索，我把女孩自缢的原因查了个水落石出：在面对发生在女儿身上的所谓“丢人现眼”的事情时，父母简单粗暴的处理方式引发了严重后果。虽然他们有错在身，我还是在不违反原则的情况下，去体谅他们并保护他们的自尊、尊重他们的隐私。我坚信，这是遭遇重大创伤性事件后所需要的关怀之一。

No.18 游泳班教练追悔莫及

引言

五岁女孩溺毙于游泳培训班，粗心的教练竟成为北京市因“重大责任事故”入刑的第一人。

入秋的一天下午，指挥中心布警、值班室通知，在一家游泳馆的培训班里，有一个五岁的小女孩溺水死亡。

在开车去体育馆的路上，我边开边想，这么小的小孩在游泳池里溺水死亡，这孩子可是未成年啊，应该有监护人在身边，应该有游泳教练看护着，怎么就出了意外呢？这孩子的父母得有多伤心啊？

车到游泳馆门口，我看见小女孩的亲属来了三十多人，个个情绪激愤。我心说麻烦大了，下车走向门口。“嗨，警察来啦！”大声喧哗的人群中有骂大街的，还有甩片儿汤话（指在旁边说风凉话、敲边鼓）的，“公安局能不向着游泳馆吗”。你听听，这不明显是在利用对立情绪，甩过来这些话来挑事儿吗？

我还没了解情况，没开始调查，也不知道怎么出的事，更不知道谁该负责任，这些人就跟你扯这个吧、那个吧。我看见有派出所两位民警在这儿维持秩序，没理会这些人。

我走进游泳馆办公室，看见有一个三十来岁的男人低头坐在椅子上，前躬着身子抽闷烟，神情落魄。屋里站着两名经理打扮的人，一米八几的个头，估计都是专业运动员出身，高高大大。我跟两名经理亮明身份，请他们介绍介绍情况，讲讲事情经过。

原来，这家游泳馆开办了少儿游泳培训班，培训一期的教学计划是安排十五个课时，每个课时一个半小时，培训结束后要考试，要求参加培训班的小学员们不借助任何浮游器材，在二十五米的标准泳池里一口气游四个来回，完成二百米距离就及格了。

溺水死亡的这个小女孩，来游泳馆参加培训班已经上过十一节课，这次是第十二节课。她已经不用在后背和胳膊上绑浮力板，能够自主地漂在水面上划水向前。

今天来上课的一共有十五个小学员。进馆以后，家长照例要帮各自的孩子脱衣服换泳装。教练把换好泳装的孩子们带到游泳池边授课，然后让孩子们下水练习，教练在泳池边指导，看看这个手臂姿势正不正确，看看那个要用腿加力打水。

一个半小时下来，培训课结束，教练先去冲澡。他冲了两下儿就出去了，接着是小学员们冲澡。家长进来帮着各自孩子冲澡。这时，有位母亲找不到自己女儿，她开始嘀咕“哎，我女儿呢”。她叫着女儿的小名儿，叫来叫去没有人应声。找不到女儿的母亲开始大声喊叫，气氛变得紧张起来，别的家长帮她四处找，还是没找到。教练听到哭喊，赶紧跑进泳池那边寻人。结果，他刚站到泳池边上，就见池底下躺着一个一动不动的小女孩。教练赶紧扑进水下，三下两下就把小女孩抓过来举出水面。上岸再看，那小女孩已经没有生命迹象了。

要说，这个泳池就这么十五个小孩子，没有别的培训班的小学员，都在靠近池边的泳道练习；这里也没有那么嘈杂吵闹，一眼就能顾得过来。这教练怎么就这么大意呢？小学员一个个出泳池时，他也不点点人头吗？哪怕冲澡时，他也该再点点人数啊！少了一个人他竟然无知无觉，那个活泼的小生命就这样葬送了。

小女孩的母亲瘫倒在办公室里哭得死去活来，孩子的父亲接到电话驱车赶来游泳馆。

了解了过程后，我提出要去看孩子。两位经理引我去泳池，我和派出所民警来到游泳池边，一块白布单盖着那个小小的躯体，“120”急救中心的医生已经来看过，下了诊断结论。我蹲下身，把那块白布掀开，小女孩胖乎乎的，圆圆的小脸，皮肤挺白的，但面色已经发紫，这是她在水下窒息造成的。

我掀开小女孩的眼皮看看她的眼睛，眼球鼓得特别厉害，两眼眼底充血，眼角膜泛红，瞳孔和眼角膜明显符合溺水特征。我掰开小女孩的嘴，她口腔里的黏膜没有了，嘴里粘有一些杂质，是泳池水里的杂质。我轻轻翻动小女孩的身体，她嘴角淌出一点儿血色的液体，这不是血，是胃内容物，孩子呛水后从嘴里流出来的东西。

我再摸摸小女孩的头、手、四肢，她全身没有骨折。我看了“120”大夫留下的诊断单，人家写着溺水死亡，死因很清楚。

接下来，我让游泳馆负责人找了一个大会议室，让他们备好茶水，把小女孩几十号亲属都请去。这时，小女孩的父亲赶来了，他冲到游泳池边上，抱着孩子哭得泣不成声。随后，他冲过去“啪、啪”给了教练几个嘴巴，那教练纹丝不动。其实，两人外在体貌的对比很明显，教练是运动员出身，膀大腰圆，小女孩的父亲又瘦又小。说实话，他打教练一拳，还不顶人家动一根手指力气大呢。

小女孩的父亲抡了教练几巴掌，看对方坐在那儿没动弹，本来就悲痛欲绝没了气力，眼下他更没心气儿再打下去了。他就是打死那个教练，也救不回女儿的命啊！他被人搀着上了四楼会议室。我赶紧让民政局的工作人员把小女孩裹好，从女更衣室出门，运至医院太平间。要是有谁再提出想看看孩子，那就去医院吧。要是不把孩子拉走，这事态一定是越闹越厉害，到后边就没法儿控制了。

我主持开会，原则是谁的事谁讲。你要是不讲过程，人家就会以这个为理由闹。我先请游泳馆负责人讲一下事故发生的过程，再把教练叫过来，让他讲讲当时发现孩子、从水里捞起孩子的过程。游泳馆负责人和教练介绍情况时，在场的人都听着，没有人闹。

两个人介绍完这些，我说了说对这家游泳馆资质的验证，告知在座的人们这家游泳馆合法办班，教练也有资质，培训班额定人数没有违规。但是，教练到底有没有过失，有什么性质的过失，现在还不能认定。只要出现有人死亡的情况，必须先要经过公安机关进行法医鉴定，再经过详细的案情调查才能下定论。我最后告诉大家，法医鉴定的期限是五天。

我这边刚讲完，突然有人说："您介绍的这些我们听明白了，但是我们的孩子不能动，让游泳馆给个说法。"我马上回应："人死了，对尸体处置的权力归公安机关，不归你，尸体要尽快做法医鉴定。"随后，我问刚刚讲话的人："你是孩子的什么人？"他说他是孩子的表哥。我说："我得警告你，从现在起，我们只听直系亲属的，这事要以孩子父母的话为准。"

有人提出，孩子的父母不能回家，回家一见到孩子的鞋、衣服、玩具以及日常用品，这种刺激他们受不了。经过协商，孩子的父母和亲属住进一家宾馆，由游泳馆支付费用。依照规定，接待标准是直系亲属六个人。我们给增加到八个人。为什么？考虑到孩子意外死亡对母亲伤害太大，要找两个女同志陪着。包括我们和游泳馆的负责人在内，总共开了七间客房，所有人在那家宾馆住了整整七天。

我每天上午跟小女孩的家属坐到一起聊情况，一起等着做完法医鉴定，结束案发调查，还商定好出事后第八天火化。最终，双方敲定赔偿款数额，涉事教练要被起诉判刑，游泳馆与孩子的父母达成协议，火化结案。我记得这是 1997 年《刑法》修订以后，公安机关从检察院接管重大责任事故立案和查处权的第一起入刑案例。

小女孩火化那天，小女孩父母双方的亲属去了好几十号人。我也去了，为了保证火化顺利，按我们的工作职责来说，这属于监督火化。怎么监督？凡是人死在单位与单位有争议的，在火化过程中容易引起殴斗的，即火化时容易造成二次治安隐患如拿着骨灰盒满处乱洒骨灰的，我们必须及时制止，根据事态严重程度，通知属地派出所出车出人，安排警力。时隔几年后，我们治安部门又有了新规定，特殊案件监督火化，火化后必须要将家属送往车站或机场。

我去监督火化，还有一个重点是要保护单位的人，教练已经被抓了，但是火化现场还有单位领导呢。在等待取骨灰的近两个小时里，有亲属闹了好几次，但孩子父母没有任何反应，那些人闹着闹着就没劲儿再闹了。

| 生命感言 |

游泳馆溺亡，也是常见的意外死亡事故中的一种。面对这个溺毙于游泳馆的五岁小女孩的死亡事故，我的工作不是查清“符合水下窒息死亡特征”那么简单。在通过大量工作平息事态后，一个令人感慨的结局也出现了：因为疏忽大意导致一个花朵般生命凋零的游泳教练，成了北京市“重大责任事故罪”入刑第一人。

No.19

过量服药害死亲生儿子

引言

年仅十岁的男孩中毒身亡，而这致命的毒药竟然是用来治病的中药。药方并没有错，错就错在男孩母亲的无知！

春意盎然的晴暖日子，鲜花盛开。我接到指挥中心布警，告知一平房里有一名男孩死亡，让现场组前去甄别。

我将警车驶入出事地点的那条胡同，远远望见有个院门外停着警车，站着民警。我停好车，走上前，那是个小院，院里全是平房，住着七八户人家。一进院，我就听到院内北房里传出女人的哭声。我推开门，见屋里摆设杂乱，一看就知道屋里居住的人是临时居住。再向里迈几步，我看见床上躺着一个小小的身躯，盖着一条毛巾被，一个女人守在床边哭着。女人身旁站着两个男人，一个是这女人的哥哥，另一个是这女人离异的前夫。床上的死者是她与前夫生育的儿子。我走到女人身旁，亮明身份，劝她止住哭声。

我在现场了解到的情况是，这女人是外地人，与丈夫离异后带着儿子来到北京，在这小院里租住已有半年。她做小买卖，托人把孩子送进附近学校读四年级。

这女人有三十七八岁，圆圆脸，皮肤挺黑，一看就是一个吃苦劳作的人。

她告诉我，儿子这几天老发烧，已经三天没去上学了。她带着儿子在一家医院找中医大夫开了中药。因为担心药效慢，她又带儿子去另一家中医院开药。她指着屋里方桌上的两个玻璃杯，说儿子就是喝了杯子里熬好的中药。我仔细看了看桌上那两个玻璃杯，一个杯子挺干净，另一个杯子里还剩点药根儿，深棕色的，桌子上还放着五六包中药及两张药方。我把药包和药方拿到眼前看了看，分别是两家医院开出的。

据这女人讲述，她带着儿子从医院回来后，将从两家医院开出的中药里各拿出一包，掺在一起熬制，也就是说药锅里有两副不同医生开的中药。熬完一锅再熬一锅，她儿子喝下先熬出来的中药之后，说肚子不舒服。她自认为中药药性慢，让孩子忍一忍。过了两个小时，她又让孩子把第二锅熬制的中药喝了。那孩子喝完药开始呕吐，这位母亲竟然没想到带孩子去医院看看。男孩接连吐了四次之后不吐了，开始昏睡。睡过去一个多小时后，她过去想叫醒儿子起身喝点儿水，再一看，儿子已经没气儿了，这可把她吓得没了魂儿。她赶紧给孩子他爸打电话，她前夫也在北京打工。她又给孩子的舅舅打电话。这两人很快就赶来了，他们一看孩子没救了，打了“110”报警。

我开始验尸，男孩长着一张尖脸儿，不胖，眼角膜充血，瞳孔放大，嘴唇发紫，鼻腔出血，耳朵眼儿里也出血，明显符合中毒迹象。您想想，熬了四包中药掺在一起让孩子喝，那药劲儿得多大啊！谁不知道中药不能混熬，也不能混喝？只能说这位母亲实在太无知，药是她亲手熬、亲手喂的，结果酿成亲生儿子的死亡。

这女人向我讲述时悔恨交加，她说这个孩子从来不发烧不得病，这是头一回。我做笔录听她懊悔万分地说：“我该死，我自个儿生的孩子让我自个儿给药死了。”但是她反复强调她确实不知道一个人不能同时混着喝下这么多药，只是恨儿子发烧老不消退。她反复念叨是她亲手害死了儿子。

孩子父亲站在一旁不停地唉声叹气，他相信前妻不会害死孩子，只能说她无知，太无知。

孩子尸体抬走装车时，那女人像疯了一样，死死抱住孩子不肯放手。我们五六个人足足劝说了四十多分钟，那情景真是挺让人伤感的。

之后，我把案子移交给刑警。这个女人应该按照过失致人死亡罪被立案追究。最终，这个女人受到了刑事处罚。

| 生命感言 |

因药物过敏或中毒引发死亡的案件时有发生，有的责任在于医方，有的责任在于患方。这起药物中毒案件的责任者，就是让儿子服用过量且混合的中药导致儿子死亡的母亲。无知的母亲把儿子送上绝路、把自己送进牢房的悲剧提醒我们：治病这样的事情一定要交给专业的医生。生病后，既不要多吃药，更不能乱吃药。

No.20 妻子难以启齿的隐情

引言

丈夫大白天猝死在床上，妻子对死因却三缄其口。这种违背生活规律的事件背后藏着怎样的隐情？

春意盎然、柳绿花红时节的一个下午，指挥中心布警、值班室通知，一个居民区里有一名男子死在家中床上，需要甄别。

一听到“甄别”二字，我就知道，势必是现场比较复杂的案件。也就是说，虽然有派出所民警到现场初查，但民警没看出那人是怎么死的。一般来说，即便是有“120”急救中心的医生先到了现场，也已经确认有人死亡，但按照规定，这种情形必须交由公安机关来人确定死因，“120”是不得随意介入人已死亡的案件的。

开车去现场的路上，我想着，大下午的，一个大男人死在床上，还真有点儿不大正常。确切点儿说，只要有违背正常生活规律的事发生，那就叫不正常，到现场甄别时，我就得加小心了。

所谓居民区肯定是指平房，现场在一个平房院子东屋套间的里屋。我走进套间外屋时，屋里站着两个女的一个男的，分别是死者的爱人、死者的哥哥和嫂子。

派出所民警把我介绍给屋里的三个人，我问人（指死者）在哪儿呢？他们说在里屋。我让死者的哥哥陪我一起进屋。里屋并不大，十三四平方米的样子。屋里双人床上躺着一个人，盖着一张白布单。我撩开白布单，俯身近看，闭眼躺着的这名男子三十多岁，圆圆的脸，体态中等，死在床上的他没穿内裤。我注意到这张床上有两个枕头、一条被子。从枕头上的压痕判断，两个枕头刚刚有人枕过，床上铺的床单也皱皱巴巴的，想必有两个人一起睡过不久，这些都不用问了。

如果这个没穿内裤死在床上的男子有过性行为，若因性窒息死亡，势必会呈现特有的迹象和特征。我戴上手套，先看看死者瞳孔，瞳孔已经放大、左右瞳孔对等；我又摸了摸死者的头，他头部没有外伤，四肢也没有骨折；我在检查他生殖器时发现有残留的精液，我用镊子夹起棉球，轻轻沾了沾死者残留的精液，装入塑料袋封好。要说死者是已婚男人，又是在自家床上，是不是与外人在家发生性关系，这恐怕要问死者的爱人了。

做完验尸工作，我把死者的爱人和嫂子叫进里屋，我对死者的妻子说："我已经检完尸体了，你能讲讲你丈夫临死前的情况吗？"我一进门时就先问过她，这是第二次问她。她还是像第一次我问她时的那个神情，瞧了瞧我，低头不语。我进屋后就没听见她说过什么话，判断不出来这个女人是什么样性格的人。

死者妻子的表现有点儿让我起急，你丈夫一个大活人，大下午的，怎么就死在家里的床上了？你这当老婆的真是什么也不知道，还是知道什么不想说？

事态僵住了，我得改变一种谈话方式。老话说"站着不成坐着，坐着不成躺着"。反正我有各种方式，怎么也得把实情给问出来。看她一句不想说的样子，我得适当地给她点儿压力。

"这样吧，先把人装车拉走，"我跟死者的哥哥说，"这事我得调查清楚，麻烦你们跟我去趟公安局。"民政局的工作人员进来把尸体装进尸袋，抬出小院上了灵车，死者的哥哥帮着一起抬。目送灵车开走了，我让他们锁好家门跟我出来，我发动那辆"大屁股吉普"，拉着这三个人去分局。在车上我一句话没说，故意给他们制造一种严厉的气氛。

这三个人进到我办公室里，环顾四下，看到桌上摆的都是跟死亡有关的照片、书籍、文件，神色慌张，心里压抑。我让他们坐下，给每人都倒了一杯水，不紧不慢地先冲死者爱人问了一声：“你现在能跟我讲讲事情的经过了吗？”这可是我第三次问她同样的问题了。她瞧瞧我，想说，下意识地扫了死者的哥哥一眼，我留意到她那眼神，马上对死者的哥哥说：“您先到外面等一等。”

我那办公室门外边就是楼道，楼道里有凳子，是专门为接待家属设置的。死者的哥哥出了办公室，屋里就剩妯娌俩。这时，死者的妻子才开口说了实情。原来，她丈夫比她大三岁，两人结婚以后，丈夫满足不了她的性要求，两人为这事总是吵架。每次吵完架，看着丈夫真是着急的样子，她又觉得对不起丈夫。那些日子里，她丈夫也想改变自己的状态，四处求医找药。后来，不知道他从哪儿找到中药吃了，突然就像变了一个人似的，性欲比原来强出好几倍，亢奋异常，甚至让妻子不堪其扰，折腾得不行，她入夜想好好睡个觉都不成。她猜想丈夫可能有补偿自己先前不行的意思。

结婚两年，妻子已经做过五次流产手术了，但两人一直没要孩子。她是这么想的，眼下丈夫不是正常状态，即便怀了孕，也不敢保证怀上的是个健康的宝贝。总做流产手术也不能解决问题，可丈夫这样儿，她又实在经不住如此折腾，便去找母亲商量。母亲建议她去医院戴个节育环，怎么说也是夫妻，又不是外人，戴上环，她就不用害怕怀孕了。

她继续说，戴上节育环之后，她对于怀孕的恐慌劲儿没有了，但丈夫更变本加厉了，每天都要发生性关系，有时她中午回家取个东西，丈夫若在家也要她屈从，这种状况持续了半个多月。出事那天下午两点多钟，她回家，丈夫在家，她推脱不了，大下午的就上了床。事情正在进行着，丈夫突然不动了，她拍了他一巴掌，推了他几下，丈夫都没有反应，后来他身子往旁边一歪。她起身发现不好，连拍带叫再掐人中，怎么都不行。她赶快穿衣下床，叫来丈夫的哥哥和嫂子。哥嫂进家，怎么问她，她都不说。后来，死者哥哥打了“110”，派出所警察来家里问她到底发生了什么情况，她也没说。

她刚说完，她嫂子叹了一口气说：“就这事儿啊。”接着就扒拉了她一下，跟她说：“这跟你有什么责任，有什么关系，你怕什么呀？人都死了，你还不实事求是地说。”

嫂子说完，起身推开办公室的门喊她丈夫：“来来，你过来。”这时，死者的妻子满脸通红。嫂子把丈夫叫进办公室就说：“我跟你说你弟弟怎么回事，你弟媳结婚两年做了五次流产，还让人活不活啊？人家为了满足你弟弟，自己上医院戴了个环儿，结果你弟弟疯了似的，晚上也不让人睡觉，白天也不让人上班，就干那点儿破事，累死在床上了。”

我就在那儿坐着，看着死者的嫂子跟她丈夫讲这番话。死者的哥哥是一个那老实巴交的人，听到老婆把他弟弟与弟媳妇之间的这种事在外人面前公开，脸都不知往哪儿放了，看他那样子，真恨不得找个地缝儿钻进去。他不敢看他老婆，也不敢看他弟妹，结果一转身拉门出去了。我就听到他在楼道里呜咽着哭了起来。

死者毕竟是他的亲弟弟，人死了五六个小时，他一直没弄懂弟弟的死因，也不知道究竟发生了什么事，直到他老婆告知他弟弟的真正死因，他如五雷轰顶，一时接受不了这个现实。

看着眼前发生的这一切，我心里也很有感触。死者已近乎病态，他的死是自己造成的，他的妻子不应受到任何指责和谴责。

我建议三个人不再为死者做法医鉴定了，尽快开证明火化尸体，早点儿让死者的妻子解脱出来。这也算是我在无形当中对死者妻子提供一种人道主义上的帮助吧。这个案件处理得很快，前后不出三天，我就把案件了结了。

| 生命感言 |

一个男人大白天死在床上，这种违背生活规律的事件背后往往藏着隐情或隐私。在查明死因之后，我能做的是让逝者尽快安息的同时，让他周围的生者尽快解脱。话虽如此，这起案件在我心中激起的感慨却非常多，最大的感触是性心理健康也是我们每个正常人必须重视的日常生活事务。如果不重视解决已经存在的问题，轻则影响家庭和睦，重则影响健康——在这起极端的事件中，当事人为之付出了生命的代价。

No.21

他不是值得我爱的人

引言

未婚先孕的女孩跳河自杀，她在遗书中写道：“我为他怀了孕，他不是值得我爱的人。”原来，一段感情背后，另有隐情。

某年八月的一天早上，天气很热，我接到指挥中心布警、值班室通知，故宫筒子河有人跳河死亡。我带着徒弟开车出发，车到地方停好，我看见筒子河西北角围着一堆人，人们探身张望，还向河里指指点点。先到现场的派出所民警分散开人群，带我们径直来到河边围墙前。民警向河里指了一下，说：“早上有人晨练时发现河里有具尸体。”

我探身向下方的河面望去，河里飘着一个人，背朝上，穿件深色衣服，像是西服，细腰，像是女的。从高处向下看，人趴在水里，看不大真切。我们上车，把车开到筒子河对面紧挨着故宫大墙的河内侧，通过跟故宫办公室联系，找到了故宫的巡河队，借了一条捞垃圾的船，请他们帮忙打捞尸体。我带着徒弟跟民政局运送尸体的两个工作人员上了船，巡河队的人把船开到飘着的那具尸体跟前。

尸体离筒子河西北角只有几米远，我们把趴在河里的那个人翻了个身，一看是个女孩，顶多二十三四岁，脸被水泡得煞白……我们把她抬上岸，抬进民政局开来的灵车上。民政局的工作人员负责搬运死者，给死者脱衣、穿衣。如若需要解剖验尸，他们就要把死者衣服脱了，把尸体冲洗干净、摆好了，这些前期准备工作由他们做。

我开始验尸。这个女孩西服里边穿着一件白衬衫，是那种职业装。她衣服右兜里揣着工牌，写着单位名称。她像是服务员或酒店领班什么的，脚上穿着高跟黑皮鞋。她头部、四肢、前胸和后背都没有骨折；生前有妊娠反应，怀了孕；双侧瞳孔对等，证明她生前精神状态良好；身上没有什么外伤、针眼儿。若有针眼，是接近死亡时间扎的，则针眼应该是红色的；若扎得时间久了，人死后针眼是黑的，因为扎完后血液凝固变黑了。

检查有没有针眼儿是要查死者生前有没有过注射行为，注射位置在哪儿，比如手腕、手臂、脚腕、腹部等部位有针眼儿，要考虑食用毒品的可能，必须给死者做毒物化验。

我在死者的口腔看到她的咽部有少量水中杂物，证明她是生前入水。人活着入水，溺死之前是有呼吸的。临死之前在水中要挣扎，挣扎时咽部有活动，就会有水中杂物吸附。相反，如果死者口腔里没有水中杂物，而且出现一层黏膜，就说明死者临死之前没有呼吸、没有挣扎，这就要考虑人是死后被扔到水里的。

尸体检验大约用了四十分钟，我可以断定她是生前入水，溺水死亡，但不能确定她是不是自己跳河的。由于不知确切年龄和身份，我暂时没考虑做法医鉴定。我们根据她衣兜里的工牌，让派出所查找附近单位。

下午两点，我们来到一家酒楼，通知经理和大堂经理去医院太平间认尸。我注意到那个大堂经理认尸回来后精神状态异常，哭过、目光呆滞、犯愣、精神萎靡。这个大堂经理是一个年轻的小伙子，个头高高的，大约二十六七岁，外地人。同事之间若不亲密、关系一般，知道同事死了，应该不会出现这神情。我猜测这个大堂经理跟死者可能存在亲密关系，再往深里想，我猜想死者的死亡原因一定和大堂经理有关系。

清理死者遗物是我工作的既定程序，目的有两个：一是找线索，二是确定死因。

酒楼经理带我走进死者生前住过的宿舍，我特意让那个大堂经理跟着我。

那间宿舍是酒楼地下一层的一间屋子，屋里有三张上下铺，六名女服务员同住。屋里摆着一张写字台，挨着写字台的下铺就是死者的床，床边挂着一些衣物。大堂经理给我指点哪些是死者的遗物，清楚准确。我让他出屋在门外等着，叫一名女服务员在屋里看着。我们清理遗物要有见证人，不然说不清楚。

那张写字台只有两个抽屉，其中一个抽屉上面挂着两把钥匙。我拉开那个抽屉，抽屉里明显被清理过，里面摆放着一张叠好的信纸。我把信纸打开一看，第一行就是“对不起了，妈妈”，一看就是遗书。

这封遗书的大致内容是：对不起了，妈妈，您看到这封信的时候，我已经离开您了。我本不应走这条道，可不走这条道也没脸见您。我为他怀了孕，他不是值得我爱的人。他爱我的同时又爱上别人，给我的小孩当了爸爸之后，又给别人的小孩当了爸爸。这样的人我哪能嫁给他？可是我不嫁他又怀孕了，我怎么活着？

这封遗书提示我两条线索：一是有一个“他”，这个男的是谁？二是还有一个跟她一样状况的女的。她死了，另一个“她”会不会死？

我看完，把这张信纸叠起来。这份遗书恐怕此前谁也没看到，因为遗书是她在死前刚写完的，她写完可能还没人拉开抽屉看过。眼下，遗书的内容只有我知道。

之前验尸，我已判断是自杀，现在死亡原因也有了。但是，这女孩的自杀可不是简单的自杀，由于那个“他”的存在，“他”的做法导致她的死亡，也影响到另一个“她”。我得尽快找到另一个“她”，千万不要再发生同样的事。我习惯工作时带上一个小笔记本，我把遗书夹进小笔记本里，只有在场的那个女服务员看到了，门外的大堂经理没看到。

抽屉里还有死者的存折、银行卡，有个信封里装着五六封死者生前与母亲的通信，全都叠得整整齐齐的。读那些信件，能看出这女孩学历不高，却属于那种爱写心里话的女孩，行文挺流畅，但字体不太工整。查完抽屉，我用抽屉上挂着的钥匙把抽屉锁上，等女孩家人来后把钥匙交给家人，那里面都是女孩的遗物，要交还给家人。

我走到宿舍门口，让候在门外的那个大堂经理赶快通知酒楼的法定代表人，他一脸茫然“噢噢噢”地连声应着，转身离开。我想的是，家属若来，一定会责问酒楼负责人，责问与死者有密切关系的大堂经理，单从酒楼管理来说，这里有人死亡，酒楼即便没责任，也有义务接待人家的家属啊。

大堂经理跑来告诉我，酒楼法定代表人马上就到。我说好，你找个包间，我要跟你了解一下情况。我和徒弟在酒楼的一个包间里询问这位大堂经理，并做了笔录。

“这个酒楼大堂有几个经理？”

“三个。”

他说死者算一个，另一个也是女的。我猜想另外这位女经理也许就是遗书提到的那个“她”。我问另一位女经理在哪儿，他说她下午两点来酒楼上班。

我问：“你们俩认识几年啦？”

我是指他跟死者。我开门见山地问这句话是经过思考的，死者生前都跟他怀了孕，我就甭跟他绕什么圈子了。他很快回答“一年多一点儿”。这一回答证实他跟死者有密切关系。

“你和另一位女经理交朋友几年啦？”我继续问。

他听完一愣，呆呆地瞧着我。我说：“我什么都知道，什么都了解了。你必须配合我，不然你会有很大麻烦的。”这时，他的额头开始冒汗，心虚啦。我又来了一句：“咱们谈另一个女经理的时候，用不用当你面儿把她请来啊？”他连说“不用、不用”，接着就结结巴巴地说起来。

他说他在一年半前调到酒楼来时认识了死者，死者是南方人，一米六七的个头，来酒楼当经理已有两三年了。他比她大三四岁，一到这儿他就喜欢上了她。他职务比她高，有点儿小职权。他单独给她配餐，在生活上给予照顾，给她买衣服、买戒指，休息时约她一起出去玩。大约半年前的一天上午，他去了她的宿舍。酒楼的女服务员两班倒，执行早晚班制度，宿舍里其他女服务员都不在，没别人，他跟她第一次发生关系。从此，她跟他更亲密了。

三个月前，酒楼新调来一个女孩也做经理，个头一米七，也是南方人。新经理外观和气质明显更加上乘。没几天新经理就主动约他出去吃饭。这两个女经理性格正相反，后来者主动积极，挺会来事儿，他俩经常在外吃饭，上旅馆开房发生了性关系。

十天前，原经理告诉他没来例假，他让她去医院查一下，医院检验说她怀孕一个月了。几天后，他约她晚上出去想要安慰安慰她。没想到新经理纠缠他要一起出去。新经理本来该上早班，非要倒班调到晚班，他摆脱不了，只好弃约，随新经理而去，找借口骗原经理说有别的事，再约见面。

他和新经理钻进筒子河边的小树林，新经理拿出一张化验单，说自己怀孕了。她去医院检查竟然没告诉他。他看完化验单随手装进衣兜，疑心她是不是想诈他。两人聊完了，他把她送回酒楼。

这两个女经理的宿舍不在同一间屋里，他把新经理送回宿舍，刚回到自己独自一屋的宿舍，原经理推门进来，情绪激动地骂得他丈二和尚摸不着头脑，给他骂蒙了。他说："你怀孕我知道，是我让你去医院做检查的。我正想跟你商量下一步怎么办呢。"但她最后一句骂得他完全没了脾气，她骂他臭不要脸，说刚才在筒子河小树林看到他和新经理在一起。他不敢再吭声了。她又骂了一通，摔门离去。

第二天中午，这个大堂经理吃完午饭回宿舍，想起昨天换下来的裤子没洗，今天洗了吧。他记得新经理的医院妊娠化验单还揣在裤兜里，伸手去掏裤兜，哎呀，那张化验单怎么没啦？他脑子飞快地转着，他跟原经理的关系在酒楼是公开的，同事都知道，她常来为他洗衣服，难道是她来为他洗裤子，掏兜时看到那张化验单了？结果她把裤子扔在这儿没洗，赌气拿走化验单了？

这么一想，他觉得事情不妙。这时候新经理又约他出去，他脑子里乱成一锅粥。当天从下午到晚上，他哪儿也没去，躲开原经理也躲开新经理。

第三天早上，他一上班就听说筒子河里死了人，河里飘着个女的，他没往别地儿多想。九点钟不到，派出所民警进酒楼，恰巧他在大堂当班。民警拿着死者工牌询问酒楼里有谁戴这个工牌，他一看就知道是谁的，脑袋"嗡"的一下，就知道坏事啦。他心情复杂地告诉民警这个工牌是酒楼原经理的。

警察刚走，新经理又来问他怀孕怎么办，他说原经理跳河了，没想到对方不屑地来了句："干吗跳河啊？不是因为你就行。"她不是不知道原经理跟大堂经理有着恋人关系，想的就是要公开抢走人家的男朋友。

我听大堂经理说了这么多，情况清楚了。这时，酒楼法定代表人赶到了。这是一位五十多岁的男人，是从一家事业单位提前退休后下海的，多年经营有方。我告诉他：“你要稳控住那个大堂经理，他已经跟死者生前发生过性关系，致使对方有了身孕。等死者家属来了，你应该跟人家讲清楚来龙去脉，理解不理解是人家的事，解释清楚就是你酒楼不可推卸的责任。”我还要他密切关注那位新经理，我说她现在也怀着孕呢。酒楼法定代表人一听这些，当时目光呆滞，紧皱眉头，精神压力骤然加大。他掏出电话赶紧联系，谁谁快点儿来，再大的事儿也得全都放下，他这儿有天大的事求助。

我具体说了三条：一是通知死者家属到北京，家属一落地赶紧跟我联系；二是不要让那个大堂经理辞职，不要批评他，别造成恐慌；三是别限制他和新经理接触，给他俩空间，要显得一切正常。

这次在现场工作的时间特别长，从上午八九点钟到现场，到下午四点多钟才结束。经验告诉我，越看似简单的案情越容易出大问题。就说这起跳河自杀案件吧，你真要精心了解透了，这里面藏着多种危险。

从工作程序来看，只要死者家属来了，公安机关首先接待家属，得向人家介绍发现死者的经过，介绍调查过程，宣告死亡定性。亲人突然死了，谁家家属能无动于衷，免不了情绪激动。咱首先要安抚好来人的情绪，让人相信咱，关键在于有些事实不一定如实告诉对方。若告诉对方一些事实，还要告诉他应该怎么办，给对方指出道儿来。千万要避免激化矛盾，弄不好收不了场。为什么有的地方一死人，没谈几句就情绪对立了呢？家属又哭又闹，甚至动手打起来，就因为公安机关没做好安抚工作。

死者父母都来了。父亲五十多岁，在外地行政部门工作，素质比较高，挺机警的。他言语不多，好像在思考问题。母亲在外地一家医院当出纳，素质也不错，只是悲痛过度。还来了一个舅舅，在外地搞运输，见识广，时不时地说点儿横话和硬话。

我对来人掌握的原则是，只介绍过程，把死者怀孕的事稍带介绍了。为什么，这是她死因的要点。死者生前与酒楼大堂经理谈恋爱，她母亲是知道的。你当家长的既然知道，就有责任提醒女儿注意不要吃亏上当。我把大堂经理让新经理怀孕的事回避掉，没提这事儿。死者生前交友不慎失身，我不去评价这到底对不对。为什么他父亲保持沉默？他心里肯定愧疚，女儿没结婚就轻易跟男性上床，肚子搞大了，自己觉得跟父母没法交代，寻了死。

对我来说，最困难是提不提遗书。若宣布死者有遗书，按规定，家人有权利索取遗书复印件。但死者遗书里提到了大堂经理跟新经理的事，死者父母到底知不知道还有这个隐情？

我让死者母亲回想女儿跳河自杀前三天她们之间有没有通过电话，都说了些什么。这位母亲回忆说，女儿第一天只说心里烦，后悔不应该这么早谈恋爱；第二天，说坏人太多，碰不见好人；第三天，也就是临死前一天，说人活着没劲儿，说自己将来要是办了对不起父母的事，就不打算活着了。

我听完后问这位母亲，你现在认为你女儿是怎么死的。她说："验尸结果也出来了，女儿跟我说她遇到坏人了。女孩子说碰到坏人无非就是吃亏上当，我相信您跟我说的话。"

您想想，真让她看了女儿的遗书，那不就把这矛盾激化了吗？我劝她说，养闺女不容易，你们弄清楚了就早点儿办火化手续，人还是入土为安好。她同意我的建议，她去说服丈夫。

接着，我把那个大堂经理约来，告诉他："人死是可怕的事。你记住，你没结婚呢，把人家姑娘肚子弄大了，造成她怀孕是你推不掉的责任。她是带着你的孩子死的。我告诉你，家属认可她的死亡，我给你隐瞒了你跟别的女孩的事。如不隐瞒，这家人真要找到你问原因，能有完吗？何况你跟别的女孩还有怀孕的事！"

这场风波他的确是主角，但他也是没结婚的孩子，在许可的范围内咱们帮他一把，别把他毁了。遗书的事不牵扯案情，那属于个人隐私，没必要从我这儿宣布他跟另一个女孩有私情。

我对这个大堂经理说："我不认可你对两个女孩的行为，只是告知你面临的处境。你要跟你父母说出实情，拿出一部分钱来，从感情上说，这是给人家家长的补偿，不是赔偿。你明白，人家父母养这么大个女儿不容易。"

这个大堂经理跟家里要了几万块钱交给死者父母。死者父母明白，这份钱给与不给都不属于我该管的事，也知道没人自愿从兜里拿出这么多钱来。最后，死者的父亲站起来跟我握握手，整个儿心意就全表达了。

我又找酒楼法定代表人，说虽然出事是因为个人感情，但人家干的是你酒楼的经理，是你的员工，没功劳也有苦劳。她死了，你是她的领导，你得出点儿钱表示表示。这个法定代表人也拿出了相当数量的钱交给死者的父母。经过多次、多方协调，此事终于解决了。

| 生命感言 |

跳河自杀是常见的自杀方式之一。本案中的年轻女孩之所以用这种决绝的方式为生命画上句号，是因为怀孕并陷入感情纠葛中难以厘清眼前的一团乱麻。未婚先孕这样的事情在当今虽然不再罕见，但是当这样的事情酿成悲剧后，我们才会发现独自在外面讨生活的年轻女孩普遍缺乏怀孕和生育方面的常识和应对能力。如果这位女孩掌握避孕常识和手段，也许就不会发生这桩白发人送黑发人的悲剧了。

No.22

博士生无奈婆媳龃龉

引言

他是名牌大学的博士生，他是年薪三十万元的高级雇员，他是工作能力超强的佼佼者。然而，他却没有一个“安静”的家。在一次婆媳大战之后，夹在中间的他，选择了自杀！

一天下午，指挥中心布警、值班室通知，在一幢小区入住的一户业主中一名男子死亡，要求主管民警前去甄别。

我带着勘查箱赶赴现场。远远望去，河那边有一处高档住宅小区，院门豪华，院内环境优美，十几栋高层楼宇矗立着，小区面积很大。我开车进院，在院里绕了老远，才看到一栋楼下停着警车，肯定是属地派出所民警先到了。警车旁站着一名派出所民警和一名保安。民警向我做了简单介绍，他用手指了指身后那栋楼，说楼里有个男的死了，是一家公司的高级雇员，死者的母亲和妻子在家。

我们一同来到六层，推门进屋。这是一套三居室，看样子装修时间不长。屋里有两拨人，一拨儿人围着一位老太太；另一拨儿人围着一名三十岁左右的年轻女子。派出所民警把我介绍给屋里人，我问尸体在哪儿，有人说在小屋里。

小屋是这套三居室最小的一间屋子，进屋时我留意到，从屋里的家具和摆设来看，虽然屋里有一张床，但这里不像是夫妻俩居住的卧室。床上躺着一个盖着布单的人。我上前用手拎起布单一角，慢慢掀开，看到一个年轻男子，三十多岁，面部偏瘦，肤色又暗又黄，生前恐怕精神状态不佳。单子掀开瞬间，我鼻腔里就冲入一股强烈的气味儿，不难判断，这气味儿是杀虫药剂的味道，我曾经多次在自杀现场闻到过。

“120”急救中心的医生已经来过，确认人已经死亡，需要我调查清楚人为何死亡。我让派出所民警去问问门厅里待着的人都是谁，挨个登记来人的姓名、性别、跟死者什么关系，我好判断来人对了解案情有没有价值。如果来人只是出于亲情赶来，不能提供更多的有用信息，就劝告他们不要滞留在此。跟派出所民警交代完，我凑近尸体开始检验。从死者的体位来看，他死时应该不是眼前的位置，他死后被人翻动过。由于药物与食道黏膜发生过化学反应，被人翻动时，他嘴里有异物吐出来，吐出体外的东西遗落在床上，散发出着浓烈呛鼻的药味儿。

我检查完瞳孔、躯体、四肢、头部，没有发现什么异样。我轻轻给死者盖上单子，前前后后用了近一个小时。疑难案件的尸检时间比这要长得多，要花费几个小时，甚至更长时间。

我完成尸检后转身出屋，走进客厅，派出所民警告诉我刚才被围着的老太太是死者的母亲，年轻女子是死者的妻子。

死者母亲是一位退休教师，白发，年龄应该不到七十岁，衣着朴素，面容消瘦，精神萎靡，神情十分压抑，她的表情又痛苦又悔恨。再看死者妻子，圆脸，偏胖，精神状态与死者截然相反，似乎是那种经常与人发生争执的人，用老百姓的话说比较“事儿”。她表情痛苦，却看不出悔恨。相比之下，婆媳俩的神情反差极大。

作为儿子和丈夫，他竟然在自己家中当着母亲和妻子的面服毒自杀。不论这名男子怀有怎样的悲愤和绝望，我在究查原因时势必不可让死者母亲和妻子当面对质。我决定把调查重点先锁定在死者妻子身上。

我告知在场的人，尸体要送往指定医院的太平间收管。由于死者服毒，必须要做心血检测，我吩咐屋里的人四处找找，或卫生间或床下，看看有没有抛弃的药瓶。果然，我们在小屋床下的角落里找到一个塑料空瓶，瓶子外表贴有标签，标签上写着“乐果喷洒药液”。我把那个塑料瓶拿过来装进塑料袋，让死者母亲看了看，又让死者妻子看了看。老太太看到时就失声痛哭；妻子看完低下头没有言语。当时屋里有一男一女，他们说自己是死者的表哥和表嫂，我让他俩坐上民政局开来运尸体的灵车，陪死者去了医院太平间。

我看到死者妻子身边站着两个女的，问她们是什么人。一个说是死者妻子的嫂子，另一个说是死者妻子的姐姐。老太太身边也站着个女的，她说自己是老太太的外甥女。

我跟老太太说：“您儿子的尸体，我们先存放起来。眼下看来，他是服药身亡，不是被谁打死的。我们找您儿媳了解一下情况，让她跟我去一趟公安局，一会儿就让她回来。”

死者妻子跟我到公安局办公室，她那份笔录我整整花了两个多小时。

死者妻子告诉我，她是京郊土生土长的农村人，父母都是农民。她与丈夫经朋友介绍相识。她丈夫是独生子，在大学攻读的是计算机高端技术，名牌大学博士生毕业，进公司当高级雇员，年薪三十万元。他工作能力超强，周围没人比得过他，他是这一行业里的佼佼者。丈夫认识她之前从来没有谈过恋爱，她是丈夫第一个谈完恋爱即结婚的女人，结婚时丈夫二十六岁。

依这女人对丈夫的评价，他天生就是一个钻进书里的人。他的生活几乎全是在读书、想着书里的事，对个人生活问题没有任何挑剔。他见到了她，相识半年就结婚了。由于丈夫的父亲在国家某部委上班，家里住房面积宽裕，加之丈夫的父亲早年去世，新婚的小两口没有买房，跟婆婆住在一起。

在婚后半年时间里，婆婆不止一次问儿媳妇为什么不怀孕、不要小孩，反复地说自己年岁大了，他们应该早点儿要小孩，要了小孩，她还可以替他们看着。半年以后，老太太开始跟她儿子说，你们不能要小孩，要了小孩，儿媳妇也看不了。儿子问原因，老太太就说儿媳妇懒，不会做家务，不会伺候老人。

由于死者妻子没有正式工作，干的都是临时工，少不了白天经常跟婆婆待在家里，常常就做饭、收拾屋子的琐事跟老太太发生矛盾。她认为是婆婆嫌弃她是农村孩子。婆婆跟街坊和家里来人聊天时，总会提到儿媳妇没文化、没学历，又不会干活儿，只能生孩子。“所以，我坚决不能给儿媳妇当保姆。

这是我婆婆亲口说的”。

这女人告诉我，她经常把她白天听到婆婆说她的那些话转述给丈夫。她丈夫有时会突然拿一瓶酒，喝完后躺下就睡，对他妈半个字都不提。可他越不提他妈，她就越生气。可以说两个人结婚三年，有两年半都在争吵之中，没争吵的那半年就是他们结婚后的前半年，那时他妈总催他们生孩子，没什么抱怨，半年以后就全变了。她说丈夫总是不言声，窝囊废，就知道喝闷酒。

她说她了解丈夫，丈夫脑子里装得全是网络的事，一听到家里这些琐事就烦，烦得直咬嘴唇，自个儿都能咬出血来。要不，他就是喝酒。她把酒瓶里的酒倒出来换成水，他就再买一瓶藏起来喝，这种状态持续了两年多。

出事前一天，丈夫的表姐来家里串门，在婆婆那屋里聊家常。婆婆又叨叨起她不会干活儿，不会做饭，不会照顾人。她抄起手机走到虚掩的门边，悄悄把她婆婆说她的那些话录下来。最让她怒不可遏的是，婆婆原来还说她就会生孩子，这回说她连孩子都不一定会生，还说儿子找这么一个媳妇干吗。听到这儿，她举着手机推门闯进去。看到她怒气冲冲的样子，老太太当时就愣了，表姐也愣了。她进屋后就质问老太太：“凭什么说我连孩子都不会生。不生孩子是你儿子的原因，他天天又抽烟又喝酒，这孩子能要吗？你把这些罪过和责任都推到我身上！”她越说越来气，随口喊了声：“你这个老东西！”当时，丈夫的表姐起身上前要打她，她跑回屋关上了门。

她说想来想去，这日子没法过了，她跟婆婆已经到了撕破脸的地步。可是，她又舍不得丈夫。丈夫是知识分子，事业有成，虽然自己嫁给了他，却没有工作，若离开丈夫失去这个家，她怎么办？最让她烦心是，她“不留神儿”骂了婆婆，这事要想缓解，很难呀。

当天晚上，丈夫下班回家，她把白天用手机录下来的对话放给丈夫听。丈夫听得挺认真，尤其听到他母亲说儿媳连孩子也不一定会生的时候，使劲儿攥着拳头。接下来，他听到妻子推门进屋，听到妻子质问他妈生不了孩子是谁的责任。这时他低下了头，紧跟着就听到了妻子骂出口的那句“你这个老东西”。

她说自己本来想把这一段骂婆婆的录音删掉，又想着删掉这一段录音不公平，让他听全了。她本来是打算向丈夫承认错误的，但是没想到，丈夫听到这儿看了她一眼，一把把手机夺过去，死命地摔到地下。那手机被摔得粉碎粉碎的。“我蒙了，哭着喊着上前跟他打了起来。”她说。

毕竟是农村长大的，她有把子力气。两人在推搡扭打中，她把丈夫的脸和手都挠破了。一见丈夫脸上淌出血来，她赶紧找块毛巾递给丈夫。丈夫穿上衣服摔门而去，这时已经夜里十一点半。她本想换上衣服追出门去找他，可犹豫了片刻，想到以前吵架，丈夫也有夜里出走的情况，她就没有追出去，坐在家里熬着，慢慢困了。大约到凌晨三点来钟，她就睡着了。

第二天的早上，丈夫七点多钟进了家门。他给母亲和妻子各买了一份一模一样的早点，有丸子汤之类的，分别送进她们各自的屋。然后他退进小屋，关上了屋门。小屋就是我检验尸体的那个屋子，那不是他和妻子住的卧室。

她看到丈夫买来的早点，一开始赌气没吃。过了不久，她饿了，就吃了。那时，已经上午九点多了，她听到婆婆走出屋，还听到扔塑料袋和盛丸子汤那个塑料碗的动静，她断定婆婆已经吃完早点了。在这段时间里，她丈夫再没有从小屋里出来过。

她和婆婆都在各自的房间待着。直到中午十一点，她走出自己的屋子，想为昨天骂婆婆的事去向丈夫道个歉。她推开小屋门，闻到屋里有一股强烈的药味儿，这种味儿她曾经在农村家中的果园里闻到过，知道是杀虫用的“乐果”的味儿。她断定出大事了，急忙跑到床边摇动躺着不动的丈夫，见丈夫嘴里吐出好多黏稠的白沫儿。她摸了摸丈夫的鼻子，人已经没气儿了，再摸摸他的脸，已经凉了。她“哇”的一声大哭起来。她婆婆闻声急急忙忙地跑过来，看到儿子满嘴白沫儿的样子，老太太扑上前搂住儿子，哽咽地说：“儿啊，没想到你比妈走得早啊！是我不对，我就不应该答应你结婚啊，你先走啦……”

听到婆婆说起这些，她退出小屋，先打了“120”，再给丈夫的表哥、表姐打电话，又打了“110”。打完这些电话，她就呆坐在一旁，派出所警察很快就到了。表哥、表姐也全来了。

我问她：“你打那屋出来以后，你婆婆呢？”

她说：“我婆婆一直跪在床边抱着我丈夫，直到我丈夫的表哥来了，才把她搀回屋。”

听完她这番揪心的叙述，我深感婆媳之间的关系对整个家庭来说多么重要。这家剑拔弩张的婆媳关系，生生逼死了业绩出众的博士生。博士生自杀造成这个家庭亲情的彻底破裂，博士生用自己的死，给母亲和妻子各画了一个醒目的惊叹号。

法医鉴定很明确，男子死于“乐果”中毒。这是我办理过的、众多的案件中少有的一起我想管却管不了的案件，我没办法帮助任何一方。后来，我给死者表姐打过一个电话，问事情进行得怎么样了。她只是说婆婆和儿媳在财产分配问题上不顺利，去法院了。

| 生命感言 |

婆媳关系是一个关系新生家庭是否顺利成长的大问题，如若处理不好，鸡飞狗跳是家常便饭，酿成严重后果的也不在少数。在这起案件中，令人惋惜的是，剑拔弩张的婆媳关系将一个事业有为的博士逼得掉下了死亡的悬崖。导致这一悲剧发生的婆媳二人，她们身上的问题有大有小，但在我看来，彼此如果能多站在对方的角度想一想或者有良好的沟通能力，这样的悲剧或可避免。

No.23

精神病母亲刺死女儿

引言

小女孩的胳膊和双手被捆在椅子背后，全身挨了几十刀，在痛苦的喊叫中死去。是谁对这个未成年的女孩下如此狠手？

某年夏天的一个下午，办公桌上的电话铃响起，指挥中心布警、值班室通知，有一个小女孩被人拿刀杀死。我心生诧异，严格来说，这类事情不该我们去，应该通知刑警，为什么通知我去呢？

执行出警命令不能辩解，我二话不说赶往现场。车进胡同，径直开到一个平房院子的院门外，眼见院门口停着好几辆警车。我下车后见到好多熟面孔，原来刑警也来了，我们常见面的。再加上派出所的人，来了不少警察，毕竟这是一件杀人案。

进院一看，这是一个大杂院，有南房三间、西房两间、北房三间，院里的邻居们躲得远远的，神情惊恐地向出人命的那家屋里张望着，小声议论着。我问现场在哪儿，刑警队的人冲我一努嘴，朝南房一扬下巴，示意那里就是命案现场。

我点了下头，推开南房的门往里一看，屋里站着两名刑警。我环视屋内，眼前呈现寻常人家的摆设，有床、柜子、写字台，床边摆着一个木椅子，一个八九岁的小女孩被绑在椅子上，双手被绳子捆在椅子背后。这个小女孩已经死了，她的脸上、胸口上、肚子上全都有伤口，伤口还在淌血。我没再往屋里走就退了出来。

退到院里，我问院里站着的刑警：“这是谁干的呀？”刑警又冲南房东侧那间房一努嘴。我走过去推门一看，屋里有三个人，中间坐着一个女的。这女的有三十多岁，容貌一般，头发蓬乱，手上、衣服上粘着血迹。她身旁一边站着一名刑警，其中一名刑警正在向她问话，拿笔在纸上写着什么。

我一进屋，那女的就冲着我乐，一边乐，一边点头。这人的精神状况太不正常，她对现场那惨烈的情景似乎无知无觉。

刑警队的人已经率先了解了这起杀人案件的基本情况：那个精神不正常的女子是小女孩的亲生母亲，是精神病院常年在册的重症精神病患者。小女孩的监护人是她父亲，上学送、放学接，都是她父亲在照顾着。今天小女孩生病了，没上学，她父亲出门给她买药。不想，买药时她父亲碰到一个熟人，多说了几句话，就这么一会儿的工夫，等他回来一推开门，就看到了女儿的惨状，此时孩子已经没救了。他情绪失控地把妻子暴打了一顿，打完后报了“110”，然后扭住妻子等警察到来。屋里的一切都保持原状没动。

小女孩的父亲三十五六岁，在一家单位当司机。由于妻子患上阵发性精神分裂症，闹得他工作也干不好，长年请事假，每月只能领一小部分生活费，主要在家看护妻子和孩子。他妻子有一个哥哥，经常把这个疯妹妹接去待上个十天半个月的，就是为了缓解他的精神压力和辛劳，让他能上上班，挣点儿工资补贴家用。有时候这个大舅哥还给些钱接济一下。

女儿惨死，当父亲的痛不欲生，捶胸顿足，后悔不迭。以往出门办事的时候，他都是把妻子捆上，不让她乱走乱动，一直等到他回来再解绑。今天，他既没像往常那样捆好妻子，又在外面遇到熟人聊了不少时间，更是疏忽了女儿生病在家。

这男人把妻子看病的所有病例全都翻腾出来交给警察，说她病了有五六年了，从来没发生过像今天这种残暴的行为举止。虽然他也保持着相当强的警惕性，但是他以为已经很熟悉她这些年的病态规律了，哪料到会发生这么惨绝人寰的事啊。

出事后，这个当父亲的心疼孩子，同时又一个劲儿地解释他妻子患的这个病，说她是精神病人，不是因为别的原因杀死孩子。我看他真是痛苦不堪，这件事给这个家庭造成的现实惨状，让我们这些了解案情的人都有些受不了了。尽管这女的有精神病，有病历证明，但根据程序还是必须得经过法医鉴定，她得经历公安机关的收押过程。

验尸时，我看到小女孩有一张瘦瘦的脸，她的胳膊和双手全被捆在椅子背后，两腿也被捆起来。她上身穿着一件红衣服，下身是一条裤子，身上全是血，地上也全是血。她张着嘴，临死时还喊着，她是在痛苦的喊叫中死去的。她右侧脸蛋儿上有刀伤，血流得挺多的。小女孩全身挨了几十刀，致死原因是失血性休克死亡。刀伤太多了，这孩子死得真是太惨了。

事后，我了解到，事发时院子里的其他人都上班去了。孩子爸回家推开门时看到妻子手里还拿着刀呢。

我协助法医做完尸检，又痛心又惋惜。这起命案让人特别纠结，精神病人造成的这种惨况是谁也不愿意看到的啊。

| 生命感言 |

精神病人肇事引发的惨案时有发生。令人无比痛心的是，在这起惨案中，肇事者是有病在身的母亲，死者是她的亲生女儿，这家男主人的痛苦远远超出我们的想象。遗憾的是，因为是无可奈何的人做了无可奈何的事，我因无法对男主人提供更多的帮助而有一种“无力感”。通过这起惨案，我只能给大家提个醒，家中有精神疾病患者的，家人的心里时刻都得绷着一根弦儿。

No.24

惹不起流言蜚语自杀

引言

自认为无愧于心的采购员没能经得住同事们的“唾沫星子”，领导的漠视加重了他的心理负担。于是，他决定以死证清白。

寒冬，夜幕降临，大雪纷飞，指挥中心布警、值班室通知，有一个男人在单位办公室大柜子里自缢了。我的助手都是来分局实习的大学生，他们晚上不上班。接到出现场任务，我自己一个人去了。

人在大柜子里自缢并不鲜见，门把手上都能自缢，按说只要离地十厘米，就能自缢。

我带着民政局的工作人员来到现场。那是一家单位供应科的办公室，大柜子里吊着一个男人，死者面向里，背朝外，身高有一米六七的样子。我和民政局的工作人员把他的身体调转过来，铰断绳子，摘下尸体后，把死者放在一个长沙发上。

环顾这间办公室，屋里有四张桌子、三个大柜子，柜子里没有东西。

从死者面相来看，这男子四十多岁；从他的身体状况来看，属于健康良好，应该没有什么疾病。勒绳在死者脖颈上留下了马蹄形索沟，自缢特征特别明显。据我判断，他死亡已有四个多小时，我看到死者体表的尸僵已经开始缓解。一般来说，人死后两小时出现尸僵，再过两小时后尸僵缓解。我们到现场已经接近当晚八点，我猜想他是下班前自缢的。

死者是这样被发现的：供应科里的值班人员要外出，到柜子前拉开柜门想换衣服，不知怎么拉错柜门，发现柜子里吊着一个人，吓坏了，赶紧通知单位领导，然后拨打了“110”报警，又打了“120”。“120”的大夫下车来看了看，根本没动手。这时，派出所民警也来了，找到发现死者的人进行询问登记后，向指挥中心汇报情况。

我仔细察看那柜子，柜子挺大，里面有个翻倒的小木凳。不难想象，死者钻进大柜子里，先站到小木凳上，用绳子套好脖子，从里面拽上柜门，再用脚蹬翻小木凳，人就死在柜子里了。

我正在验尸，听到门口有哭声，原来是死者的妻子来了。她跟丈夫在同一个单位，陪她来的还有死者的姐姐、姐夫和妹妹。他们五六个人守坐在门外边呜呜地哭，派出所民警告诉他们警察正在屋里验尸，请他们不要影响警察的工作。

验尸时，我从死者兜里掏出一张写有字迹的纸。死者生前在这张纸上简短地写道：“尊敬的领导，我以我的生命保证，我在工作当中没有犯任何经济错误，我以死向大家表示我的清白，但是我对不起我的爱人，永别了。”

这显然是一张登记用的小纸页，纸上的字迹是用铅笔写的。看完，我就把这纸页夹进记录本，揣进兜里。这个人的死因是由于工作上遇到同事的议论。他是不是犯有错误、对与不对，这不是我管的事。我只想了解这事是怎么发生的，能不能造成他死亡，对他的精神压力有多大，能不能对应他的死亡结果。

结束验尸工作时，天已经黑了下来。我要找一下单位领导，不仅要找单位“一把手”，考虑到采购属于行政部门，还要找主管行政的单位负责人。不久，单位的几位主要领导全到了。我把尸体收拾好了以后，照完相，让家属看了看死者，然后让民政局的工作人员把尸体抬上车拉往医院的太平间，请单位领导找了一间会议室，把家属一并请进会议室。

我先介绍了检验尸体的情况，告诉大家，从检验的情况来看，死者颈部的索沟痕迹是自缢形成的，我们确定死者死因是自缢身亡。既然人在单位自缢，我请单位领导就他们了解的情况说一说这个人为什么不想活了，为什么在单位寻死。其实，我让单位领导介绍情况主要是为了让家属听个明白，便于此事的后事处理。

原来，死者生前常年负责单位用品的采买。最近，他购回一批货物，不仅价格偏贵，单位人员在使用过程中发现明显存在质量问题，于是有非议传入他耳中，说他肯定接受了对方厂家的贿赂。为此，他找行政主管领导郑重地谈过三次话，详尽地解释这批货的来源及采购过程，但单位里对他诋毁的风声却愈演愈烈。

行政主管领导说，死者临死前找了他三次，说他采买了一批货物质量不好，价钱还特别贵，科室有不利于他的传闻，不知道他怎么听到了，他产生了思想压力。我们一方面做他思想工作，另一方面找了保卫部门与厂家联系，查实情况。这位主管领导认定死者平时工作表现一直不错，人品也很好，工作态度积极，相信他在这方面不会出问题。

在我听来，这些话明显是客套话。当时我问了一句，他找你这个主管领导三次解释，你明确表示组织上对他的认可和信任了吗？我想的是，你们当领导的，真要是充分肯定他的工作和人品，他至于想不开去自杀吗？

单位“一把手”当时回答说：“我们的调查还没有结论，等有了结论会正式向他宣布的。”

“好，”我接着这位领导的话说，“自打他第一次找你们，你们就知道这是个事，知道这个人有很大的精神压力。结果他找了你们三次，你们不给他一个明确的答复。第四次他改变方式，不找你们了。为什么呢？因为第一次、第二次、第三次都没解决问题，他思想上的压力没有减轻，你说这个责任在谁？”

主管领导不言语了，单位“一把手”马上接过话头冲主管领导说：“这件事的发生是不应该的，你们的工作应该做细。”我一瞧，单位“一把手”把这事定了性，我便点到为止，不再继续追问了。

我介绍完验尸的情况，问领导们有没有异议。在场的家属说有异议，家属质问他们的亲人为什么会死在单位。我说：“这事你们不用说，这也是公安机关要查明的事。今天通知你们来，见完尸体了。第一，他是单位的人，死在单位这儿了，他不是别人害的，也不是他工作时死在办公桌上……”

我还没说完，家属打断了我的话，嚷嚷起来：“我们的人活得好好的，这不成！”

我连说“停、停、停”，“现在公安机关的调查还没有结论，等调查以后再说。今天不用你们签字，我们明天做法医鉴定，你们回去先等这个鉴定结果，别的甭谈。”我看得清楚，这话头要是家属说下去，待会儿兴许他们能把这些领导给揍了。

我一番话暂时稳住事态，赶紧让单位找车，先把家属一一送回家。家属走后，单位领导过来握着我的手说：“哎呀，老卢啊，你真给我们解围了。”

“解围不解围另说，”我说，“你们有责任没有？”

领导说：我们有责任，我们一定配合好公安机关的工作。

第二天，家属来人找我，想问明白死者这样死了，单位到底要承担什么责任。我说死者已经不是小孩了，年龄超过十八周岁，他要独立承担民事责任。他决定放弃自己的生命，这是他自己决定的，也是他自己执行的，你能说全都是单位的责任吗？当然，他所在的单位不能说一点儿责任都没有，最起码应该吸取教训，如果继续放任，将来还会不会有别的人仿效这种做法呢？如果单位支付了高额赔偿，谁敢保证还有没有人想不开了也在单位自缢，这单位领导还干不干啦？

干咱这差事儿的，既要为家属做主，也得替单位着想，找到现实处置的平衡点。单位问我给死者家属赔多少钱合适，我说这得看具体情况，家里条件差的就多给点儿，家里条件好的就点到为止。双方达不成赔偿意向就去法院。

当年北京市工伤赔偿有标准，职工自残或者自杀的不得认定为工伤或者视同工伤。我跟家属说，死者自杀能算工伤吗？就算单位有一半责任，他自己也有一半责任啊！单位找来，我又跟单位的人说，你们工作没做好导致人家想不开，一次、两次、三次，你们要是及时解决了他的思想问题，他能死吗？人死在你们单位，你们单位就有管理责任。死者家中还有一个女儿，才十几岁呀。

在我的建议和调解下，单位领导同意从经济上拿出一部分钱给予死者家属，作为生活补偿，一次性了结此事。家属同意后，签字办妥手续，第二天火化。

我为这起案件的妥善处理付出了很多精力和心血，得到了家属和单位的感谢。我工作这些年经历不少案件，要说能让死者家属受益，单位也受益，这的确不是一件容易的事。

| 生命感言 |

在柜子里自缢是多种自缢形式之一。在理顺这起柜子里自缢案件怎么发生的逻辑关系的过程中，我觉得放弃生命虽然是一种不负责任的做法——尤其是对自己的父母、妻儿来说，但死者却对自己的事情有自主决定权。如果说自主决定放弃生命是内因，那单位同事的流言蜚语和领导的麻木不仁就是外因。因此，在善后问题上，我必须找到自身责任和单位责任的平衡点。唯有这样，死者才能因身后事的平息而入土为安。

No.25

三岁男童跌出八楼窗台

引言

因为奶奶的看护疏忽，三岁男童从八楼坠落，尸体惨不忍睹。在认定死因后，民警用“没有谁的不对”劝慰男童父母：要善待伤心自责的老人。

指挥中心布警、值班室通知，一个三岁的小男孩从八楼上掉下来，让我出现场。我在去现场的路上想，三岁小孩从八楼掉在地上，这现场能好得了吗？

我开车进了出事的小区，那小区有四座塔楼，都是二十多层，院门口有穿保安服的物业人员值守。从院门外看，这个小区像是一家大单位的宿舍，院里挺整洁的。

三号楼楼门口站着一堆人，离这堆人不远处有块花布单，下面盖着的应该是那个从楼上掉下来的小孩吧？我走上前，派出所的一位民警迎上前向我介绍，说八楼有个三岁的小男孩从窗户上掉下来，小男孩本是由爷爷、奶奶看着的。听楼下有人喊家里有快递，爷爷就下楼去取，奶奶跟小孙子坐在床上。爷爷下楼后半天没上来，奶奶左等右等不见爷爷回来，不放心。她见小孙子坐在床上吃棒棒糖，就跟小孙子说：“你别动啊，我看看你爷爷去。”她下楼去找。出楼门一看，老头儿正跟快递员聊天呢，她嗔怪说：“你还不上去，这么半天让人不放心。”

刚说完这话，就听楼上小孙子喊奶奶。老太太寻声抬头一望，只见小孙子站在自家窗台上。那可是八楼啊，她当时吓得一屁股坐到地上。老头儿也抬头一看，傻了，不知所措。片刻间，站在窗台上的小孙子突然身子前倾，一迈腿，就从那么高的楼上摔了下来。小孙子坠落的地方就在离老太太几步远的草坪绿化带里。老太太往前一扑，抱起小孙子痛哭失声。事情就这么个过程。

老头儿和老太太多年前双双从单位退休，二老膝下有一个儿子，在一家企业里当个小头头。儿子与儿媳在同一单位，结婚五年，就这么一个孩子，三岁。

小男孩从八楼上摔下来时，右侧用胳膊垫着摔到草坪绿化带里，所以右侧身体损伤严重，左侧稍好。男孩的脑袋基本上摔成两半儿，胳膊和腿摔成两截儿，腰摔折了，胸部摔碎了。小男孩坠落地点距老头儿和老太太在楼下站立的位置不过五米。不幸发生时，老头儿和老太太亲眼目睹，二老精神受到的刺激真是旁人难以想象的。

出事后，邻居们都跑过来，有打“120”的，有打“110”的。老太太过于悲伤，坐在地上起不了身；老头儿还能行走，也能对话。我让老头儿陪我上楼，坐电梯到八楼家里，用钥匙打开房门。出事的卧室南向，南面有窗，一张双人床紧挨着窗台，床单上有明显的小孩脚印走向窗台。纱窗向内敞着，玻璃窗往外开着。老头儿进屋是拿钥匙开的房门，这家里没有别人。

看了卧室内的格局，我用相机拍下屋内摆设，尤其是那张双人床、床单上小孩子走过的印痕和敞开的纱窗、玻璃窗。然后我退出屋，关上门，告诉老头儿要让他儿子回来看看。我登记完老头儿、老太太的姓名、住址和需要填写的情况，下楼让民政局的工作人员把不幸丧命的小孩子抱上车送医院太平间。

装车时，老太太早已哭干了眼泪，死死地抱着孙子不撒手，我劝了半个多小时才从老太太怀里把那个浑身是血的孩子抱上车。我把电话、通信地址留给小男孩的爷爷，接着给老太太儿子打了电话。我说：“你孩子出事了，你叫上你爱人一块儿赶紧回来。”一听这话，那个当父亲的愣了好一会儿说不出话来，接着就在电话那头哭了。我说：“你们别着急，路上注意安全，我给你爸妈留下电话，你有事找我。”

很快，小男孩的父母到我办公室来了。小男孩的父亲三十来岁，见到我，他欲言又止。孩子没了，他想弄清楚但又畏怯，无论查清楚自己父亲和母亲他俩谁有责任都不行。我看出他的心思，帮他分析说“谁也没责任”，劝慰小夫妻俩善待两位老人。真要论责任，老人能没责任吗？但是，那可是他的父母啊。孩子妈妈一个劲儿地哭，内心的悲伤难以控制。她想跟我说什么，我劝住她，这时候不能让她说，要是任由她说，恐怕越说越麻烦。

我领着小男孩的父母去太平间认尸，这是我们的一套程序，我的工作重点是安抚小男孩的父母，劝他们不要责怪老人。快递员有责任吗？没有责任。爷爷奶奶有责任吗？没有责任。小男孩更没有责任。小男孩爸爸认可了我的这一说法。

我这样劝慰小夫妻俩：爷爷的年龄大了，见着快递员小伙子，愿意多聊聊，本是人之常情。聊天时，他肯定想着家里有老太太在看着孩子，没问题。老太太觉得不就是下楼取个东西吗，用得着花那么长时间吗？是不是出什么事了？都说老伴儿老来是个伴儿，超过老太太心理预判的正常时限，她当然不放心，这很正常。她看孩子坐在床上，告诉孩子别乱动，然后出家门下楼离开。但是，三岁小孩子正是好动多动、对大人的话似懂非懂的年龄，小孩子一看爷爷没在，奶奶走了，自己坐着的床紧挨窗户。他听见爷爷和奶奶在楼下说话，可不是得上窗台向楼下看。小孩子哪有什么危险意识，他拉开纱窗，推开玻璃窗，站到窗台上喊着爷爷、奶奶。

这桩不幸坠楼事件的发生从宽容的角度只能说“没有谁的不对”，但事实上，是做奶奶的有些大意和疏忽。

生命感言

幼童坠亡案例时有发生。和本案一样，多数坠亡案件的发生与老人疏忽大意有关。从法律的角度来讲，祖辈并没有带孙辈的义务，但是中国的长辈在照料孙辈这件事情上大都愿意奉献牺牲。因为孙辈在祖辈心中是非常重要的，所以当孙辈在自己手中发生问题时，他们该多么悲伤和自责。正因如此，在办理这起不难认定死因的案件时，我的工作重心是劝慰亡童父母不要责怪老人。

No.26

他成了分离养育的牺牲品

引言

二十岁的英俊小伙儿在一家招待所服药自杀，伤害他的不是别人，而是父母十二年分离养育致其“难融入”的心理重压。

某年冬日上午九点左右，一家招待所二楼的客房里有一人死亡。我接到指挥中心布警、值班室通知，带上勘查箱开车到了事发现场。在招待所院里停好车，派出所民警把我领到楼上那个房间门外。

推门进客房时，我扫视了一下周围环境。这是我的职业习惯，进屋时特别留意所有生活细节。如果说死亡现场只有一个人，不能光听别人怎么说，我得通过自己的观察，确认现场到底是不是只有一个人，还是另有其他人来过。

判断之一，看床铺。这是一个标准间，有两张床铺。看床上，死者是一个年轻男子，他躺在一张床上，身高有一米七，这张床明显被人动过。另一张床应该没人动过。判断之二，看卫生间的洗漱台。洗漱台上摆放的一次性洗漱用品只用了一套。判断之三，看卫生间的纸篓。纸篓里废纸的消耗量不像两个人用的。这三点连在一起，可以判断屋里就死者一个人待过。

我检查屋里有没有私人物品，发现放电视机的桌上撂着一个黑色小方包，包里有身份证。看身份证，这名年轻男子刚满 20 岁。在包里我还发现了一封信，打开一看，是遗书。他十有八九是自杀，我马上用鼻子四处嗅，没有嗅到敌敌畏、有机磷的味道。没有这些味道，死者又不是自缢、割腕，身上没有任何血迹，那他很可能就是吃药自杀。

我随后在电视机后面发现两个药瓶，一瓶是安眠酮，另一瓶是舒乐安定。这两种药都是处方药，这么一整瓶，药量足以致人死亡，不托人是买不出来的，或者是从黑市买来的。我晃晃瓶子，里面还都有点儿药片。我知道，像舒乐安定这种药，服用多片，人就昏厥了，大量服用的话，洗胃都来不及了。大量服用这个药，人的胃里有反应，会吐。等到服用者想吐时，药效已经在全身血液里释放发挥，用老百姓的话说，就是等你想吐的时候，已经中毒太深，再怎么折腾也晚了，往好处说，即使保住命也成植物人了。如果自杀者此时后悔，又想活命，他喊都喊不出来。

“120”急救中心的车已经来过，一看人死在客房里。按规定，遇到这种情形，除公安来人勘查之外，任何人不能介入。“120”的医生见床上躺着的人已经死亡，没耽搁就离开了。

我把遗书夹进我的工作本里，先不看，这也是我的职业习惯。我总是先从现场逐步勘查的事实中印证预判，然后再用遗书内容加以证实。比如，电视机后摆着的两瓶药证实了我先前作出的“服药自杀”的预判是正确的，那时我还没验尸呢。这套作法屡试不爽，很见效，让我每每都有一种工作的自豪感。

开始验尸。我翻开死者眼皮，看到他的瞳孔放大对等，证明死者脑子是健全的。我从勘查箱里拿出一把压尺。压尺就是咱们上医院看口腔科时大夫用的木头做的压着舌头的那个片片，那叫压舌板，也叫压尺。我用压尺撬开死者的嘴，他口腔里全是白沫儿。我把死者身上的衣服都脱了，检查他胳膊、腿等，什么外伤都没有。这是一个挺干净的小伙子，可惜了，我一边查验，一边想着，一边记着。给死者照完相后，我让民政局的工作人员把死者装进尸袋，抬下楼装车拉去太平间。

半个多小时后，我完成现场的全部工作，让招待所负责人在封条上盖了公章，把封条贴在这间客房门上。我让负责人又找一间客房，我走进这间客房后打开工作本，拿出夹在本里的那封遗书。

死者从小跟爷爷奶奶在上海居住。他 12 岁时，父母将他转来北京上学。父亲在北京一家银行工作，母亲在北京一家医院工作。他有一个妹妹，一直跟父母在北京长大。

来到北京时，他的普通话很差，无论吃住、生活习惯均不适应，经常在家跟妹妹发生冲突。每当他与妹妹发生矛盾时，父母总是说他比妹妹大，哥哥应该让着妹妹。父母一味地向着妹妹，他丝毫感受不到父母对他的爱。相比在上海的爷爷奶奶的关爱，他确信父母一点儿也不爱他。他来北京后一直心情压抑，无以排解，没有任何朋友可说心里话。

高中毕业后，他找了一个临时上班的单位。单位的人说这小伙子挺聪明的，工作上任劳任怨。刚刚参加工作不久，他却毫不犹豫地选择结束自己的生命。

从时间上判断，这封遗书应该是死者自杀前一天晚上写好的。他写好这封遗书后，到这家招待所开的房，然后服下了这些药。“120”的医生来时，这个年轻人已经全身僵硬了。

在遗书的最后部分，我看到他写有他父亲的电话。我打电话通知他父亲，他父亲来得挺快。我揭开那间客房的封条，让他父亲进屋看看室内的情况，又拿出遗书给他父亲看。他父亲什么都没说，沉默了片刻，只说了一句：“卢警官，您看后边怎么办吧。”我说孩子母亲还没来呢，他说孩子母亲的工作由他来做。

这个年轻人猝然离世，让他的父母非常悲痛。他们情绪的平复需要一个过程。

死者的母亲初次见我，说了一些不着边儿的话，说她儿子是一个特别聪明的孩子，不可能自己吃药，不相信这孩子会自杀。死者的父亲劝慰妻子说：“这是事实，承认了吧。”他还说：“不赖孩子，赖就赖咱俩，儿子要是一开始就跟着咱们，什么事儿都没有了。”

要说这位父亲的素质还是比较高的，我听他这么说，觉得最起码接近事实。像这夫妻俩一样将两个孩子分两地抚养的家庭并不少见。这家的两个孩子，儿子在上海长大，女儿在北京长大，不要说语言差异大，环境差异更是明显，社会和家庭的人际关系很不一样，硬要融合到一起，很难。别说孩子，就是两地分居多年的夫妻突然到一起过日子，相互之间也少不了诸多方面的冲突，相互适应需要相当一段互谅互让的磨合期。大人尚且如此，更不要说成长期的孩子了。

话又说回来，你能说做父母的错了吗？能说夫妻俩让爷爷奶奶抚养儿子就错了吗？不能。但事实上，这孩子成了父母未经心养育的牺牲品。

很快，这位母亲的情绪在自责心理下凸显出来，不断念叨着“不赖孩子，全赖我，全赖我”。死者的父亲问我要不要把死者的妹妹叫过来，我说不用了，女孩子就别掺和这事了。就算真有需要，我也不愿意让妹妹过来，毕竟是她的亲哥哥，不能让她受这个刺激。

第三天，死者的父母来我办公室办手续。我给他们开了火化证明，孩子很快就火化了。

| 生命感言 |

有些孩子，因为从小与父母分离而形成“成长之痛”。对这种肉眼看不见、只能靠心灵去触摸的伤痛，父母要有足够的认识，以免酿成无法挽回的悲剧。在本案中，如果父母能早日感知到儿子回到并不熟悉的家中后那份脆弱并给予恰当的关爱，而不是简单粗暴地以一句“你是哥哥，要让着妹妹”来化解兄妹之间的冲突，悲剧有可能会避免。

No.27

从死者身位寻出蹊跷

引言

一名无法证明身份的男子猝死在树下，寻找尸源成为工作重心。通过尸体位置，民警发现了蹊跷。

一大早，一位遛弯儿的老头儿看到一家单位院门附近有一个人背靠大树瘫坐，近前一瞅，疑心这人死了，就打“110”报警了。我先派手下的一名民警去了现场。民警向我汇报说，死者是一名年轻男子，已经没有呼吸。男子身穿便服，没有任何身份证件，也没有被打痕迹，像是猝死。那家单位大院离我的办公室不远，是一个部级单位的宿舍院，我听完汇报就赶了过去。

死者身上没有任何证件，无法证明他的身份，难道真成了无名尸？

干我们这行，寻找尸源是特别重要的一步。我察看周边环境，发现死者尸体所在的位置与单位院门只隔一条马路，也就有六七米远，虽然不是正对着大门，但结合院门值守保安的站位，死者生前要是从别处走过来坐在树下，应该会被当班保安看到。

我去大院门口找到正在岗上值勤的保安，问他和他同事有没有看到这人走过来坐到树下，那保安回答说没人看到。我又问保安怎么值守这个院门，回答是“三班倒，24 小时值班，制度规定院门岗位白天晚上都有人”。

我怎么琢磨怎么觉得不对劲儿，我对先到现场勘查的民警说：“那个人如果走到大门斜对面的大树下站住，然后坐下，应该是院门值岗的保安先看到，轮不到早晨遛弯儿的老头儿报警。再说，这里的门岗24小时有人值守，要说没有保安看见这事儿，除非当班的人脱岗不在，他们有脱岗失职之责。这里面一定有蹊跷。”

我问站在院门的一个保安：“谁是你们的头儿？”对方回答说他们班长没在，我说叫他来。不一会儿，保安班长来了，他看上去二十五六岁，长得挺胖，是个外地人。他来到我面前，我觉得他神情有点儿异样。我问话时，他眼神不敢直视我，这引起了我的疑心。我问他这院里的保安有几个人，他说连他一共五个人。

我又从单位另叫了一名民警过来，让他守着那班长，让那班长站在一边儿等着，不给他说话机会。我当着班长的面问岗位上值守的那个保安：“宿舍在哪儿？”那保安回答：“就在进楼后的一楼往右一拐。”我与最先到现场的那名民警进楼走进保安住宿的那间宿舍，宿舍里安放着三张双层床，上下铺六个铺位都有被褥，除了三张铺位上睡着正在休息的保安外，另三张铺位都有人睡过的痕迹。

我把三张床铺上睡着的人全叫了起来，问他们班长睡哪张床，三个人同时用手一指，说“在那儿”；再问值班保安睡哪张床，三个人又同时一指，说“上边那张床”。这不就空出一张床铺吗？我看那床铺上有枕头、被褥，还有衣服，就问他们这是谁的床？这次三个人都不言语了。我确信问题就在这儿，猜测那名死在院门外的人就是睡在这张床上的人。

我叫随行的民警把屋里的三名保安带到我办公室去了解情况，便转身再去找那位保安班长。我开口就给他一句：“该说实话了吧？”他低头不吭声，我告诉看管他的民警：“把他带回办公室。”

我办公室中间是个厅，两头有两间屋。我们一进屋，那三个保安正在厅里坐着呢。我让民警把保安班长带进我那屋里，让他坐下；接着吩咐另一名民警去厅里把刚才那三个保安说的话记下来。这时，我见保安班长有点儿哆嗦，我不理他。

我在厅里待了一会儿，半个小时后，我一回屋就冲着保安班长说：“你胆儿太大了，连公安局都敢骗！”那保安班长浑身一抖，“哧愣”一下子从椅子上弹起身，紧着给我鞠躬，连声说“我错了，错了啊”。

我对他说：“坐下，说实话吧。”

他开始讲述经过。原来，这个保安班有六个人，死者确实是班里的一名保安。出事这天，轮到死者休假，他跑到南城找老乡喝酒，直到半夜才回来。他在院门外就吐了不少，磕磕绊绊地进屋，爬上自己的上铺躺下便睡。后半夜，倒班保安下岗回屋，见他胳膊伸出铺位向下耷拉着，想帮他把胳膊掖回被窝儿，哪想那胳膊死硬死硬的，折不回去。同事觉得不对劲儿，赶紧把班长叫了起来。班长起身一看，上铺那人已经死啦。

事已至此，你当班长的报警不完事儿了吗？他不，他偏要小聪明。他的想法是这人别死在我们屋里呀！他把这几个人都叫起来，把那人抬下来，抬到院门外那棵大树后边那么一靠。我问他为什么把死者搁在院门外不远处呢？保安班长说，他想的是值岗的人能照看着点儿，天一亮，路人看到了就会报警了。

我对保安班长说：“你这是聪明反被聪明误！你把他搁在那个位置，别人想想就能猜出你说了瞎话，你们值班的人怎么会看不到啊？”

保安班长吞吞吐吐全说了，我将情况汇报给了单位领导，领导决定找他们单位负责人谈谈。保安公司的几个经理全来了，我们把这事的调查过程和他们说了。这事是保安班长安排的，虽然做法不妥，但他不犯法。执法机关处理不了他，但是，他服务的单位是行政机关，可以处罚他。后来，保安班长被单位开除了，丢了饭碗。

当然，单位怎么处罚是单位的事，问题是保安公司得把发现死者的过程跟死者家属介绍。家属听了有没有意见，会不会情绪激动，那就由保安公司调解处理了。

为死者做完法医鉴定后，我们的工作到此结束。让我欣慰的是，死者不是无名尸，我们帮死者找到了家。

为什么我坚持要查找尸源？这可是人命关天的事。死者身上没有任何证明身份的证件，按照国家的法律规定，人死亡后身上没有证件的叫无名尸，公安机关负责将无名尸存放在指定医院的太平间 40 天，然后由民政局出钱火化，公安局再把无名尸骨灰保存在太平间三个月。

我经手无名尸体时特别用心，我不想潦草地把死者一烧，刻板地执行制度。他可是个人呀，他也是父母养大的呀。我总这么想，只要能找到家属，无论家属怎么处理，死者就算是有个着落了，身后事有人操办了。

| 生命感言 |

在疑似无名尸面前，我所做的最重要的工作不是查明死因，而是寻找尸源。因为查明死因对我来说并不难，而把一个意外身亡者当无名尸处理，我的良心过意不去。在这起案件中，因为心中有份责任和信念，我找到了尸源，也查明了一件不当处置意外事件的荒唐事。不管是否因为无知而导致其作出错误决定，那位保安班长都为之付出了丢掉饭碗的代价。

No.28

丈夫染性病愧对妻子

引言

妻子带着女儿从娘家回来，发现丈夫已经在家中的暖气管上自缢身亡。为什么丈夫会走上这条绝路？

某天晚上，指挥中心布警、值班室通知，在某小区有一名男子自缢，要求民警立即现场处置。我在家里接到通知，带着勘查箱赶往现场。

派出所民警在院门外等着我，带我走进小区里面的一个平房院。院子里东房门口站着不少人，人们窃窃私语。我们推门进屋。屋里站起两个男的，据他们自我介绍，一个是死者的大哥，另一个是死者的表弟。

这家分里外屋，我听见里屋有女人小声的抽泣声。死者的大哥带我们进了里屋，我看见床上躺着一个人，盖着布单儿。接警通报说是一名男子自缢，但我在这儿看到的是人已经平躺在床上。在我没到之前，有人把自缢的人摘了下来。我问谁摘的，死者的大哥说他上手摘的。

我近前掀开布单儿，俯身细瞧，死者三十多岁，身高一米七左右，颈部索沟呈现出深紫色的马蹄形印痕，尸斑已经出来了，检查头部、四肢、胸部、腹部，没有发现其他致命伤。自缢结论成立。通过看死者手指指纹，我判断死者不是体力劳动者。

在里屋抽泣的女人是死者妻子，三十多岁。她告诉我，丈夫在一家单位当司机，她是一个工厂的车工，两人有一个三岁的女儿，平常就这一家三口一起过日子。一周前的一天，丈夫回家吃晚饭时喝了点儿酒，入夜上床，趁女儿睡了，两人过了夫妻生活。第二天早上起来，她觉得下身不舒服，便一再追问丈夫昨天去哪儿了，丈夫回答说是去外面洗澡了。听到这话，她一愣，问丈夫除去洗澡还干吗了，他说就是搓了个澡，没干别的。她说："那地方那么脏，你就不干坏事也会染上病，不让你去你老去，今天我觉得我不舒服。"丈夫听她好一翻数落，说着说着就低头不言语了。她凭直觉猜测丈夫真可能干了坏事。下午六点来钟，她准备做饭，丈夫跟她说了声"我真对不起你"。说完这句话，人就出了门，直到晚上十一点才回来。她又问丈夫去哪儿了，在哪吃的饭，丈夫说又去洗澡了。"嗯，你怎么又去了？"她很生气。丈夫说："我去找人。"她见丈夫情绪特别不对，就没再追问找什么人。当天晚上，她下身的麻烦忍无可忍，病情特别明显。晚上睡觉时，她拿了床被子自己盖，没跟丈夫一起睡。

第三天一早起床，她逼着丈夫陪她去医院，进医院挂了性病专科的号，两人化验诊断结果全得了淋病。医生为他俩开了三天的针。这三天的针打完后，丈夫整天不说话，问什么也不言语。妻子又急又恨，用一上午时间就把家里的衣服、被褥都洗了，将平日用的毛巾什么的也都扔掉，然后带着女儿去了娘家。等她傍晚回来推门一看，丈夫在里屋的暖气管子上自缢了。

她第一时间给丈夫的大哥打了电话。大哥带着表弟匆匆赶来，进家门就把吊着的弟弟摘下来，可摘下来时人已经硬了。没办法，大哥只好打"110"报警。

死者的大哥一直听弟媳讲述，始终没说一句话，等她都说完了，大哥突然冲着死者吼了一声："你自找的，该！"然后就推门出屋上院子里去了。

我做完登记，跟死者妻子说："你得跟我去趟分局，做一下正式调查笔录。"这样，她和死者的大哥、表弟一同上车，来到我的办公室。我把该做的工作全部做完，向来人征求意见，问尸体要不要做法医鉴定。死者的大哥说人是他摘下来的，他对弟弟的死因没有什么疑义，死者的妻子也说没有疑义。既然家属无疑义，公安机关就可以出具火化证明，以便尽快处理尸体。

原本一个生活正常的工薪家庭，丈夫去洗澡染上性病，引出这么惨痛的后果，这恐怕是丈夫生前根本没有预想到的吧。

| 生命感言 |

不少以自杀的方式了断生命的逝者，是以生命为代价惩罚那个“犯了错误的自己”。这种悲剧结果的出现，一方面是因为他们像本案的当事人一样走了弯路却不懂回头；另一方面则是因为亲人没有为其提供改错的机会。对犯错者来说，来自亲人的责骂和打击无异于雪上加霜，这样的情况往往扼杀了他们改错的希望甚至是活下去的勇气。

No.29 陪伴父亲至临终时刻

引言

在医院太平间里，民警被情绪激动的死者家属强塞进成殓尸体的冰柜。就在冰柜抽屉即将关闭的瞬间，民警死里逃生……面对痛失亲人的家属，民警选择了原谅。

那年夏天，我父亲患直肠癌晚期，肝转移，住进医院。我与两个姐姐和弟弟轮流到病房照顾。那天轮到我去照看，父亲已经十一天未进食，我坐在病床前守着极度虚弱的父亲。

下午三点来钟，我手机响了，是父亲所住医院的太平间负责人打来的。这家医院的太平间是我们公安局的定点太平间，用于存放非正常死亡尸体和无名尸体。这位负责人与我很熟，他急切地告诉我，太平间里来了许多死者家属，正大哭大闹，求我去劝阻那些闹事者。

我穿好警服走出病房，乘电梯下楼，拐入楼下太平间。太平间里有二十多个人，正闹哄哄地把一具尸体抬到太平间运送尸体的手推平车上，盛放尸体的那个冰柜抽屉敞开着。我知道这具尸体是一个年轻建筑工人，在工地劳作时被高处掉落的板子砸中身亡。

死者家属一见穿警服的我到场，情绪激动，他们要求公安机关尽快找到扔板子的凶手，为死者偿命。我一边安抚家属，一边告知案件正在调查中，希望他们能耐心等待。

我正集中精力劝解家属，身体突然失去平衡，被身边几个男子举了起来。这些人不顾我挣扎，把我抬到敞开的冰柜抽屉前，先将我两只脚、两条腿顺进抽屉，再加力把我整个人往抽屉里塞。我意识到这些人想把我关进冰柜，这会活活冻死人啊！

我拼尽全力抵抗，有人使劲掰我手指、扳我胳膊。猛然间，我右手虎口一下子卡在冰柜接缝处，皮破血溅。殷红的鲜血汩汩窜出，似乎警醒了那些人的理智，他们惊呆了，停下手。我用没有受伤的左手将几乎合严的抽屉一点点推开，从冰柜里爬出来拨打“110”求援。那些人吓得跑出太平间，只剩下为数不多的几个人，其中有死者的母亲。

很快，三名民警开车赶到现场。此时，死者母亲跪在我面前，抱着我的双腿哭着说：“警察同志，您原谅他们吧，他们都是孩子。”派出所民警到场训斥说：“你们把他装进冰柜，冻死他，你们谁也跑不了！你给他弄到冰柜里，谁为你们孩子找工地、处理后事啊？”

我低头看着跪在我面前哭泣的那位母亲，又看了看平车上躺着的死者，恻隐之心油然而生。我干这行特别理解失去亲人的痛苦。既然蛮力起哄的人都跑没影儿了，我这里不会再有什么危险。我请三位同事先离开，让他们相信我能处理好这里发生的事。我扶起死者母亲，说：“先把您的孩子安放到冰柜里吧。我们正在调查他到底是怎么死的，有了结果会很快通知您，您放心。”

提起我遇险，那可多了去了。比如，有一次，我到工地处理非正常死亡，死者的老乡在那里聚集了好几十人。我总得把尸体拉走啊，可那边过来七八个人，怒气冲冲地喊：“谁敢拉！”我赶紧劝说啊，这大热天的，尸体搁在这儿也不行呀。对方根本不听，任你说破大天儿，就是不让拉走尸体。最后，装车这道命令还得我下啊，我从派出所调来民警和保安，下令“装”。你就瞧吧，对方上来就揪扯我，我身上警服、警衔什么的全被扯了，还有敢动手打的。这边有人动手打我，那边有人揪着我赔礼道歉，一帮人有唱红脸的，有唱白脸的，这可是有组织、有计划、安排好了演的一出戏。我又能怎么着？其实，将心比心，我能理解那些人一时冲动做出的过激行为。

要说最危险的，是监督火化，什么事都可能发生。有一次我差点儿被人砍死。郊区有一个小伙子在一家单位当保洁员，不小心从六楼高坠身亡，死者家属跟单位谈赔偿，折腾来折腾去，赔偿协议双方签了字，但家属强硬提出单位负责人必须出席追悼会，必须在追悼会上向死者鞠躬。单位负责人的身高、体型和劲头儿跟我很像。考虑到协议签订过程中家属态度十分敌对，我与单位商议了一个安全方案，由我假扮那位负责人出席追悼会并向死者鞠躬。单位特意给我做了一身西服。我去时开了两辆车，带了四名民警。我先在会场外候着，追悼会开始后，我从外面走到前面鞠躬。虽说那场合去了许多死者亲属和朋友，但是没有多少人认识我，我也就是当个替身。

哪料到，我走到死者身前刚要鞠躬，后边人群里窜出一个人，挥起大柴刀冲我砍来。庆幸的是，那人用劲儿太猛，一下子砍偏了，他没攥住刀把儿，大柴刀“咣当”一声掉到大理石地面上，把所有人吓了一跳。你说多悬哪，甭说砍我脑袋，就算砍到我后背上，也得要了我的命啊。这是我经历的最危险的一次，挥刀砍我那人后来被公安机关移交检察院公诉，给他判了刑。

做我这份工作要理解死者家属，我是为死者服务的，如果不理解他们，很难做好这份工作。我这几十年，的确受到不少委屈，但我不抱怨，不记恨那些打骂过我的人们，我用真诚之心为每一位死者妥善处理好后事，最终都得到了家属们的理解、尊重和爱戴，这是我人生最大的财富。

平息了太平间发生的事，我独自去了医院急诊室，请医院大夫处理右手伤口，缝针、裹纱布，脖子吊着绷带回到父亲病房。我看到接替我的两个姐姐已经守在病房里，她俩见到我这副模样都很惊讶。

我扭头看看躺在病床上的父亲，只见他正专注地盯着我，嘴唇微微颤抖了两下，却没发出声音。我走到父亲床边，俯下身凑近他。父亲想抬起右手，却没有一丝气力。我知道父亲担心我出了什么事，便把受伤经过简单地告诉了他。听完我的讲述，父亲轻轻眨动了几下眼睛，嘴唇翕动着，还是没说出话来。

我安慰父亲说：“人心都是肉长的，我理解他们。我不疼，真的。”父亲听到这句话，眼角慢慢溢出了泪水。我用没有受伤的左手帮父亲擦拭眼泪。父亲知道，自从我干上了这份工作，免不了一次次被情绪冲动的死者家属打骂。算上这次，死者家属把我塞进太平间冰柜已经是第三次了。

父亲脸色苍白地望着我，嘴唇颤动，像是叮嘱我、安慰我，眼里闪着泪花。我装作平静、无所谓的样子，心里有点儿酸。两个姐姐没有劝我离开，我们都知道父亲在世的时间不多了，希望多陪伴在他身边，三个人默默地守着。

夜晚来临，时针抵近 8 点 30 分，疲倦袭来，我轻轻打了一个哈欠，抬眼看看父亲，发现他嘴唇动了动，脑袋突然歪向左边。我马上俯身前凑，仔细观察，发现父亲已经停止了呼吸。我们呼唤医生和护士进行抢救，老人家却离开了我们，享年 76 岁。父亲在生命的最后时刻看到我受伤，想嘱咐我什么话却未能说出口，这是我心里难以忘怀的痛楚。但可以慰藉的是，我作为儿子，在父亲离开人世的最后时刻，与姐姐共同陪伴在他身边，没让父亲走时觉得孤独。

| 生命感言 |

我在日常工作中经常面对的一群人，是失去理智的死者家属。不仅曾经被打、被骂、被砍，甚至被装进太平间里冷冻尸体的冰柜中。虽然为此曾多次遭遇生命危险，我却不记恨那些伤害过我的人。因为这份工作做得久了，我非常理解失去亲人的痛苦，知道生离死别是一种什么样的滋味。因而，在为死者服务好的同时，我也殷切希望每个人都珍惜只有一次的生命。

No.30

负心汉愧疚痛哭

引言

女孩遇到负心汉，未结婚便带着肚子里的孩子走上绝路。要让负心汉诚心认错，民警有妙招。

春暖花开的时节，指挥中心布警、值班室通知，一个小区二号塔楼有人高坠身亡，指派我前去甄别。我开车去了现场。

正是中午时分，车进小区，小区里整洁干净，院内是一家单位的宿舍区。我看见二号塔楼那里有一群人围着，相互议论着。

我把车停好，上前察看，地上躺着一个年轻女性，年龄在二十五岁左右，由于没有家属在场，我需要先判断一下她坠落的位置和高度。她的躯体损坏程度非常严重，我们把这具尸体抬到车里进行全身检查。尽管她头部已呈粉碎状，但她的前脸还能看出些许轮廓。她前胸和后背均出现严重的骨折，摔坏的表皮露出骨头。她的右腿从大腿根断裂，与身体分离。通过检查，我判断，这位女士坠落时应该是后背着地，着地时后背的位置略有偏右。

围观的人群中有一个五十多岁的男人，据他回忆，他买完菜走到二号塔楼楼下时，抬头看到某层楼窗台上蹲着一个姑娘。只见那姑娘向前一跃，整个人头朝上、脚朝下，就这么从楼上直直地摔下来，可把他给吓坏了。人从楼上摔下来，她手里拿着的一个信封也落在一旁。尸体旁确实有一个信封，我捡起来一看，信封上写了四个字：“再见吧，你。”我把这个信封夹进随身带的工作本里，问了问在场的人，有没有谁认识这个姑娘。有人说，她是从某层楼跳下来的，你去某层楼看看。

我和派出所民警乘坐电梯上到某层楼，敲敲这家门，敲敲那家门，问问知不知道有个女孩坠楼，这女孩是谁家的。前两家人开门都说不知道，我问到第三家的时候，开门的老太太突然惊慌了，立马跑到楼道电梯旁的窗户往楼下看，一看楼下围了那么多人，情不自禁地喊了声“妈呀”。她返身跑进家门，连声喊着“她爸、她爸”。这时，门内出来一个六十多岁的老头儿。老太太嗓音颤抖地说：“孩子可能掉到楼下去了。”老头儿满脸狐疑地说：“不会吧，早上还好好的，怎么会掉下去了呢？”老头儿连忙问我：“您是为这事来的吗？”老头儿没等我回答，扭头跟老太太哀叹着说：“唉，她想死，咱也拦不住。”老头又对我说：“您进屋吧，我跟您说。”

我和派出所民警走进这家屋里，老头儿和老太太告诉我们，他们的女儿今年 27 岁，是一家单位的会计。两年前，女儿认识了一个小伙子，小伙子在单位给领导开车。两人搞对象，关系挺好，那小伙子偶尔也来家住。小伙子来了吃就吃、喝就喝、住就住，每次来家都和女儿住在一间房里。老两口还跟女儿和小伙子一起去过两次北戴河，每次去都是小伙子开车，二老以为女儿的婚事已经确定，没想别的。

一个月前，女儿和小伙子在家里大吵一顿，两人吵完架就都出了门。老头儿和老太太在女儿屋里看到四张照片，是小伙子跟另外一个女孩在外边玩时照的照片。老两口猜测是小伙子跟女儿的感情出了问题，好像在外边又交异性朋友了。自打女儿与小伙子吵完架以后，小伙子就再没到家里来过。老两口放心不下，问女儿为什么小伙子再也不来了，女儿随口就说：“他死了，别提他了。”女儿情绪特别低落，一直没能缓过来。最近几天，女儿老是恶心呕吐，老太太问女儿怎么了，女儿说她可能怀孕了。

老太太说不行就去找找小伙子，女儿说不用，她有自己的解决方式。她发现小伙子另有新欢后恨得不得了。老太太就此打住，没再逼着女儿纠缠对方。五天前，女儿上医院检查，大夫一化验，说她确实怀孕了。老太太劝女儿打胎，做人工流产。女儿不同意，想用怀孕逼着小伙子跟外边结交的那个女孩分手。

这两天，女儿还是吐得厉害，等到今天早上吃早点时，女儿喝了牛奶，吃了面包，跟老太太说："我的事你们甭管了，别惦记我这事儿了，过好你们两人的日子就行了。"老太太问她胎儿怎么办，她又说了句"您别管了"，接着就出了家门。

"出门以后，我们以为她去上班了，这几天她也没好好上班。您来敲门时，我们不知道她出事了。但是这个事我们也管不了。"老太太说。

听老两口讲完这番话，我把夹在工作本里的那个信封打开，拿出一张信纸，纸上写着："你对不起我，我把青春、处女全给了你，你却玩弄我、欺骗我。我本想跟你结婚，谁知道你选择的结婚对象不是我。我拍下了你跟别的女孩的照片，你却大胆地承认了，可见这个事实是存在的。我不可能跟你结婚了。我告诉你，我怀孕了，你不信。你信也罢，不信也罢，我让你把我和你的孩子一起火化了。再见了。对不起，我的父母。"

我调查完，登记完，回到办公室，从死者留下的联系本上查出那个负心小伙子的电话，把他约到办公室来。小伙子没结过婚，据他说，死者是他结交的第四个女朋友，他跟这四个女朋友都发生过性关系。我问他被死者发现的照片上的那个女孩算不算四个女朋友之一，他说不算，那是他刚认识的。

这个小伙子在我面前神情坦然，丝毫没有自责的感觉。我心想，这个小伙子怎能这么无所谓，真是可恨。我告诉他，这么大的事得通知他所在的单位，让他的领导来。他马上跟我说："这不是在单位发生的事，有必要叫领导吗？"

我说有必要，就冲他这句话，我是非把他的领导找到办公室来，非把这事闹大不可。他不告诉我他单位的电话。我通知保安看着他，根本就不能放他走。我自己查"114"查号台，花了四十多分钟，终于打通了他单位的电话，以公安局的名义通知他单位领导马上到我这儿来。通知这小伙子单位领导来公安局的理由是：他涉嫌了一起命案，他与死者生前发生过性关系，并致死者怀孕，死者肚子里有他的孩子，我怕他过分悲伤发生意外，将此情况通报单位领导，由单位领导将此人接回单位。

当晚七点半，小伙子单位的三位领导赶来，其中有“一把手”。我说这件事是人命关天的大事：首先，小伙子是你单位职工；其次，他的恋爱对象死了，他非常伤心，情绪不稳定。他是给领导开车的，万一出了事，危及领导安全。我们公安机关本着负责的原则通知你们来，以我的能力控制不了他，从今天开始，把他交给你们，等他情绪正常了再通知我。

我跟单位领导讲这些话的时候，那小伙子不在场。领导们一听我这么说，神情紧张。领导知道小伙子交女朋友两年了，如今他的女朋友死了，他情绪肯定会受影响，此时小伙子跟我说什么话，单位领导都会认为他不正常。此前，我已经对小伙子做完笔录，也让他看了遗书。我让保安把小伙子带进来，小伙子一看自己单位大领导都来了，低下了头。

我说：“从今天开始把你交给单位，我这是为你好。”这句话其实只有他明白，单位的领导听不明白。小伙子还犟嘴说“这事跟单位没关系”，单位领导厉声呵斥他说“你别废话了”，小伙子不言语了。

我把死者写的遗书复印一份，给小伙子单位领导看。领导这才明白，说：“你怎么还有一个女朋友呢？闹了半天，她的死是因为你啊！”

别瞧我平时办案子挺仁慈的，但是遇见这样的负心人，我心里憋着气儿呢。我好多话不能明说，憋在心里。你说，你吃人家、喝人家，玩着、乐着，想甩就把人家女孩甩了，人家女孩可是真心诚意的啊！我真就是要为死者出口气。

单位领导把小伙子领走以后，死者的舅舅来到我办公室，说人死了，是不是该处理后事了。我说您先等等，法医鉴定还没出来呢。其实，我还想等那小伙子的态度，他必须从内心里觉得对不住死者。

第五天，单位领导领着小伙子来到我办公室，向我汇报这几天他们都做了什么。他们告诉我，单位找两人看着那小伙子，不让他回家，把他父母请来，把情况介绍了。他父母一听就骂他，因为他父母认识死者，就差结婚了。这些前前后后发生的事促使小伙子内心有了忏悔之意，他想通过我联系死者的父母，当面赔礼道歉。怎么知道他有诚意呢？他说他要给死者买块墓地，在墓地的碑上把自己名字刻上。咱们都知道，墓碑上如果刻着两口子的名字，死了的人姓名描金，活着的人姓名不描金。他还说，“将来我死了，跟她埋在一起”。

我一听，哎，这可以用来说服死者的父母。我答应第二天让他单位领导带他来，我把死者父母也约来。

第二天，人都到齐了。单位领导跟死者父母表态，承认自己员工没有教育好、管理好，给二老带来麻烦了。说完了，女孩父母和女孩舅舅的情绪都比较平稳。

我对小伙子说：“该你了。”小伙子开口说话之前，先给老两口跪下了，“咚、咚、咚”磕仨头，然后说：“爸妈，我早就应该这么叫了，是我耽误了，先把这个补上。她的后事都由我来办，我给她买最好的墓地、最好的骨灰盒，你们甭管了。”

老两口说了句：“有用吗？”

这小伙子接着说：“我订了块墓地，订了块墓碑。”他拿出张照片，照片上是他已经买好的墓地上立着墓碑。墓碑一边描金的，刻有死者的名字；另一边刻着小伙子的名字，没有描金。照片看得清清楚楚。他说：“我俩活着没结成婚，等我死了，我也要埋在她这儿。”

老两口一直绷着脸，听到这句话，两人都忍不住落了泪。沉寂了一会儿，老太太站起身，走到小伙子身边，胡噜胡噜他的脑袋，什么话也没说。她跟老头儿说：“咱们走吧，交给孩子办吧。”听了这句话，小伙子一下子放声大哭。

您想啊，这老两口一贯是老太太做主，她那句“交给孩子办吧”是啥意思，就是认可他，把他当成自己的孩子了。死者的父母要走，我把二老叫住了，告诉他们得由他们办火化证明手续，这小伙子没结婚，他没有权利从我们这儿办手续。我让单位领导带着小伙子先走，留下老两口把手续办了。老两口办完手续签完字，出门以后把死亡证明、火化证明都给了那小伙子。

这事之后，我的助手说：“我从您这儿能学到很多东西啊！”我告诉助手，要是碰上刁蛮的人，要有理有方地处置，我的最终目的是让他回归善良本性。其实，刚接触那小伙子时，我很生气。尤其像我这个性格，他先前真把我给气得够呛。可话又说回来，尽管那小伙子一开始耍赖、态度刁蛮，但是他对我没有伤害，他是对死者、对死者的父母不敬，我就想要在我的权力范围之内教育教育他，后来的结果达到了我教育的目的。

我回家跟我爱人讲了这件事的全部过程，她说：“你是不是把他当成儿子了？”我说这什么意思啊，她说：“要是咱们孩子做错了，你也得这么教育他，也得让他这么办。”这说明她认可我这么做。

我工作中会面对形形色色的人，从我的工作范围和经历来说，什么人都见过，有的人不配合我，对这些人我还真得动脑子，光有工作热情不行，光想办好事也不行。配合我的人，我尽可能地去全力帮助他；不配合我的人，我为了良心放正，把这事办全办正，也得教给他去怎么做，让他知道怎么做是对的、是正确的。

| 生命感言 |

怀孕的姑娘因为负心郎自杀的案例并不少见。和这起姑娘带着身孕自杀的案件一样，负心郎往往表现出令人气愤的一面。我之所以把这件事在小范围公开，就是为了唤醒涉案负心郎沉睡的人性，从而让他懂得姑娘为何失去了宝贵的生命，让他懂得去承担责任。这份责任里，包含对逝者年迈父母的心灵抚慰。

No.31

情陷两性无奈舍命

引言

他爱着妻子，也爱着男友。在两性之间，他陷入选择的绝境。最终，他选择了放弃生命。

冬日的一个下午，指挥中心布警、值班室通知，某小区一名男子死亡，虽指明出事具体地点，却没说人是怎么死的。

我开车驶入一个小区，小区里有六栋建筑年代久远的六层砖楼，派出所民警已经在某栋楼的楼门口等着我了。我跟着派出所民警走到某层一户人家的房门外，还没推门就隐隐听到屋里有人抽泣。

我们进门，经门厅走到卧室门口，看见一名男子平躺在床上，床前有三人分别坐在各自的小凳上。经介绍，这三人分别是死者的妻子、哥哥和弟弟。我看到死者妻子面无表情，她没有眼泪，也不与人搭话。死者的哥哥见我亮明身份，拿出一份遗书。

遗书是死者留给妻子的，遗书上写着："爱妻，我走了。为了我还是你的丈夫，我快快地死去，好保留咱们这层关系，我不愿意也不想只是你的前夫。我深深地爱着你，也深深地爱着小赵。我和小赵相互是真爱，很幸福，和他的性生活超过咱俩。为了让你幸福，我先走了。丈夫。"

看完遗书，我问小赵是谁，怎么回事？死者的哥哥“唉”了一声，没再吭气儿。我扭头问死者妻子，她也没言声。

我开始检验尸体，确定尸体没有遭受任何外伤，符合中毒迹象。我执意询问死者妻子，她才说了事情的原委：死者29岁，北京人，四年前与妻子结婚，婚后感情尚可，但是没有生育子女。两个月前国庆节放假，妻子要回娘家，丈夫推说要加班，没跟妻子一道去丈母娘家。妻子快到娘家时突然想起落下一件重要的东西，就立即返回家里。她开门进家，眼前的情景令她目瞪口呆，简直不敢相信自己的眼睛。在自家的双人床上，丈夫竟与一个赤裸裸的男子搂在一起。她浑身一软，跌坐在地上大哭起来。床上二人见此情景，匆忙穿上衣服。丈夫慌里慌张地把床上的那个男人送出门，返身回来劝慰妻子。可是无论如何妻子都无法认同丈夫，简直要发疯。无论丈夫怎样劝慰她，她一眼都不看丈夫，拒绝跟他说一句话。僵持良久，丈夫沉默半晌后，说自己错了，会跟那男人断了，恳请妻子原谅。

回想当时悲愤的心情，死者妻子说自己觉得丈夫既可恨又可怜，自己成天跟他睡在一起，却不知道他竟爱的是一个男人。她想来想去，一时心软，暂时答应原谅丈夫，但自此拒绝丈夫触碰她任何地方。

几天后，两人吃饭时，丈夫告诉她已经和那个小赵谈分手了，但对方不同意，恳求他保持密切关系，一如过去地来往，但可以暂时不发生性关系。

听到丈夫这番讲述，妻子感到最后的幻想彻底破灭了。她对丈夫说：“有他没我，有我没他，不然就离婚。”经过几日辗转反侧的痛苦煎熬，妻子坚定地要与丈夫离婚。

三天前，妻子郑重地告诉丈夫离婚的决定。丈夫听完，什么话也没说，一连三天早出晚归，不吃不喝，再也不与她搭话，直至结束了自己的生命。

通过验尸，我发现死者中毒迹象明显，并在床下发现了半瓶敌敌畏和半瓶雪碧。后来，死者经法医检验机构做了心血鉴定，他属于有机磷中毒，喝敌敌畏致死。他的死亡起因是同性恋，被妻子发现后摆脱不了对方，听妻子说出“有我没他，有他没我”那句话，对妻子还存有爱意的他选择了自杀。

死者对妻子还是有感情的，若妻子当时肯原谅他，也许他就能活下去了。死者妻子跟我这么说：“我要不这么跟他说，他可能还死不了。”这女人自言自语地念叨："还不如跟他离了婚，也别让他死啊！"这两口子有感情，可是，从做妻子的角度想想，在这件事情上，她也承受了相当大的精神压力。

据死者妻子回忆，丈夫生前平时说话有时娘娘腔。她发现丈夫对她的内裤、胸罩等女人的内衣特别感兴趣，还以为是男性好色的心理驱使。她好几次看见丈夫拿着她的内衣内裤在那儿比划，但是没穿，她很是不解。丈夫死后，她才把曾经看到的丈夫的一些怪异癖好联想到一起。结婚前，她根本没发现也没察觉；结婚四年，丈夫的癖好只是偶然败露。

死者是一家单位的售货员，卖日杂的。那个小赵跟他在同一个单位。所以，小赵不会轻易地离开他。这么多年，因为同性恋导致的死亡案件就这么一起。由于当年同性恋还是一个比较敏感的话题，我不好下结论是对还是错，所以，我没有去找小赵。

死者哥哥对弟弟的这种做法非常气愤，认为弟媳人挺好的。三天后，死者妻子和死者的哥哥就为死者办妥火化手续，将尸体很快火化了。

| 生命感言 |

服毒自杀也是一种常见的自杀方式。在这起案件中，年轻男子因为对妻子和同性恋人都难以割舍而走上绝路。不得不说的是，感情是一股流动的能量，它在正常情况下能给我们带来幸福，在极端情况下会造成毁灭。对任何感情，我们都不应鄙视，而是应不断地去加深认识。

No.32

饭菜打包送进太平间

引言

老人猝死在饭桌前，桌子上摆着他最爱吃的菜，他却没能吃上一口。民警心生怜悯，决定将饭菜打包，让它们与老人一同上路。

入冬的一天上午，指挥中心布警、值班室通知，某小区有一名男子死亡，却没说怎么死的。

按照指挥中心给出的具体地址，我开车前往现场。那是胡同里一个不大的平房院，院里的格局是两间东房、两间北房、一间南房，院子里住着三四户人家。进了院门，我看到东房门口站着两名民警和两个穿便服的人，猜着东房那儿就是现场。

我走到东房门外那四个人跟前，派出所民警先向我介绍，穿便服的年轻人是死者的儿子，看样子才二十多岁；另一位穿便服的中年人，是死者的弟弟，四十多岁。据派出所民警介绍，死者年龄六十岁，生前是一名退休教师，老伴儿去世多年，他独自在这院里居住。死者的儿子告诉我，父亲身体挺好，连血压都不高。他平常每周探望父亲两次，看看缺啥少啥，就去给买点儿。今天早上，儿子从院门外路过，想着进父亲屋里取东西，和往常一样，他进门前叫一嗓子“爸”。见没人答应，儿子推门进屋，发现父亲坐在饭桌旁垂着头，桌上放着一盘鸡蛋炒西红柿和一盘炒青菜，还有半碗米饭，筷子已经掉到桌面上。

儿子连喊几声，父亲居然动都不动，儿子赶紧近前一瞧，再上手摸摸，老人家的身体都硬了。见这情景，儿子慌忙拨打“120”电话。过了十来分钟，“120”的车就开到胡同里来，从车上下来的大夫给老人做心电图，那波纹已经成了直直的横线，表明没有生命迹象了。大夫遗憾地告诉他，老人患的是心脏猝死。

我赶到院里时，“120”的车和大夫已经离开了。了解完情况，我进屋，跟年轻人一起把死者抬到床上躺平。死者长方脸，身高一米六几，面相端正，脸上没有什么痕迹，瞳孔已经放大。他上身穿着棉毛衫，外面套个毛背心；下身穿着棉毛裤，再套个毛裤；脚上穿着一双厚的、深色的毛袜子。死者胸前贴有做心电图的胶粘，那是“120”大夫忘了撤掉的。屋里有个书柜，书柜里书比较多，墙上挂着字画，一看住在这屋里的人就是个文化人。

我检查了死者的瞳孔、牙齿、四肢和指甲盖，他嘴唇和指甲盖呈半紫色，牙龈颜色偏重，眼角膜充血，这与心脏猝死症状比较符合。我还留意了屋里的摆设，桌面和抽屉等处没有翻动的痕迹，炉子安置在外屋，烟筒走向及风斗安装得比较合理，虽然炉盖盖着，看得出是早上添完煤以后刚刚盖起来，屋里没有煤气。

检查完尸体，我征求死者儿子意见，能不能做个尸检，确认死者是患病死亡。死者的儿子和死者的弟弟都同意了。我建议赶紧把尸体送到医院太平间，因为屋里温度高。我把这些都交代清楚，给尸体照完相，让民政局的工作人员把尸体装进尸袋抬出院外上车送往太平间。

在尸体抬出屋门的瞬间，我不经意地扭头望见桌上那盘鸡蛋炒西红柿和那盘炒青菜，还有那半碗米饭，尤其是那双落在桌面上的筷子，心里头顿时产生了一种特别难过的感觉。死者正是我父辈的年龄，自己炒好了菜，饭也盛上了，都弄好了，正要吃饭的时候突然发病死了，临死前连口饭都没吃上，真是挺不幸的。

尽管我不是死者的亲属，但多年来我已经把死者当成亲人，心里特别不好受。这时，我冒出了一个念头。我把死者的儿子叫过来，说：“你父亲这么大岁数了，临死之前，自己炒的菜、盛的饭都没吃进嘴。我想你把老人做得的饭菜打个包，跟死者一起带到太平间，看火化时能不能一起带走。”

我刚刚说完，那年轻人突然上前一步，紧紧攥住我的双手，激动得上下一个劲儿地抖，说：“谢谢卢警官，谢谢卢警官，您替我爸、替我想得真周到。”死者的弟弟走过来，拍拍我肩膀说：“好样儿的，我代表我们家里人谢谢您。”

我叫死者的儿子找来几个小盒，把饭菜分别装好，再装进一个袋子。我拎进起这个袋子跟民政局的工作人员叮嘱说：“这个袋子要存进尸柜，火化时一定要把这个袋子带到火葬场。”交代完这些，死者的儿子、弟弟和街坊邻居，还有派出所的两个民警都冲我竖起了大拇指。

街坊邻居一直守在院里，搭运尸体时人家都过来帮一把。南屋一位老太太从我进院到我走，一直不停地安慰死者的儿子。死者的儿子挺悲伤，但还是有控制力，像个内向的人。我离开时，院里街坊都跟我握手致谢，说：“警察太好了，太好了，想得真周到。”

开车回到办公室，我想起那袋子饭菜，心里平静了些。为死者办了一件他没办成的事，为家属办了一件想不到的事，我觉得干这项工作能做到这些，心里挺宽慰的。

事后我了解得知，死者儿子是出租车司机。死者就一个弟弟，弟弟在建筑部门上班。儿子说母亲去世得早，母亲刚去世的头几年，父亲很沉闷，儿子一周来看望四五趟。父亲退休一个人过，他不抽烟、不喝酒，最爱吃鸡蛋炒西红柿，每天只吃两顿饭，上午一顿，下午一顿。近两年，父亲心情刚刚开朗一点儿。看到父亲心情好了一些，能够自己照料自己了，儿子来的次数就少了，一周也就来两趟。今天来取东西，是路过，并不是特意，他根本就没想到父亲会猝然离世。

老人突发疾病，他做好的饭和菜都摆放在桌上，筷子落在饭碗旁，那就是他连一口饭都没吃呢，让人看了揪心。类似这种情况若老伴儿在，或者家里有别人，就不一样了。这些情景让我觉得他很可怜，想给他补上。这么多年，我就唯独这么一次，将饭菜打包带进太平间，以后就再也没有过。因为现场环境和条件不具备。

| 生命感言 |

心源性猝死属于多发性事件，这种情况随时随地都可能发生。本案中的逝者猝然离世，发生在吃饭的过程中。由于对老人儿子的震惊和痛苦感同身受，所以我为老人做了那件“带着没来得及吃的饭上路”的事情。在二十多年的“查明死因”工作中，我深切地体味到的一点是你把逝者和家属当成亲人，你的工作就会赢得家属的赞赏和认可。

No.33

妻子携儿溺毙护城河

引言

护城河里浮现女尸。民警打捞尸体时，竟然从女子手腕拴着的绳子另一头拉出一具男童尸体。

那是一天的中午时分，我接到指挥中心布警、值班室通知，有人发现护城河里浮着一具女尸。仅仅 20 分钟，我驾车来到护城河出事地点。

北京多年前整修过护城河，两岸是直上直下的水泥堤壁，水深好几米。我在车上就远远望见出事现场围观群众人头攒动。

护城河里漂着一具尸体，从穿着看是女性打扮。我带着民政局的工作人员找来一条船，下河去捞人。我们把这具尸体捞上船时，看到她右手腕上系着一根小细绳，顺着小细绳拽了几米，没想到，竟然露出一只小手。我们继续往出拽，从水里拽出一个小男孩的尸体，顶多五六岁。小男孩穿着小背心、小裤衩，死后张着嘴，嘴里有草，那样子真是惨。这个小男孩被从河里捞出水面时，岸边围观的群众有人惊讶地喊了起来。

我当时一见这个小男孩浮出水面，心里一惊，这起死亡案件肯定不寻常，马上通知刑警前来协助处理。我们把两具死尸从船上抬到了岸上，人群里的惊讶声稍稍平息了一些，大家都探头看着，不知道接下来会发生什么事。突然，人群里传出一阵特别凄惨的嚎叫，一个男人喊着“老婆、老婆”，“儿子、儿子”。他扒开人群扑上前，不顾一切地冲到两具尸体旁，一只手抱起死亡的女子，另一只手抱起死亡的小男孩。这时，围观群众中有人流下了眼泪。

这名男子大约四十岁，情绪非常激动。他面部黝黑，皮肤粗糙，看上去像是常年风里来雨里去、在露天干活儿的那种人。

我走到这名男子身边劝慰他，同时指挥民政局的工作人员将两具尸体装车拉去太平间。可那男子紧紧拥着两具尸体不松手。没多一会儿，刑警来了。两具尸体装进袋子被抬上车之后，我们把这名男子带到车上询问。他对我们说：“我媳妇死了，还搭上了我儿子的性命。全赖我，我要知道是这样的话，我……”他特别愧疚，他知道是由于他与第三者的婚外非正常关系导致如此恶果。

他坦白地告诉我，有一个年轻的女老乡，与他关系不错，两人私下老来往。四五天前的晚上，他俩约会时，被他妻子抓了个现行。详细情况原本是这样的：这男人是外地人，妻子跟他同村，儿子六岁，两人结伴在某单位打工。男人是个搬运工，经常加班；妻子的活儿比较清闲，平常只干半天，下午带孩子，打理家务。丈夫不久前认识了一个来自家乡的年轻女子，总以加班当借口，频频与那年轻女子约会。只要他“加完班”回家，就会跟妻子打架。

出事前二十天，由于夫妻俩在一家单位，丈夫的风流韵事传到妻子耳中。四五天前，妻子偷偷尾随丈夫，将他和那年轻女子逮了个正着。妻子冲到他面前给了他一个大耳光，回家几天都没再跟他说一句话。

出事前一天的晚上，妻子不声不响带着儿子出了门，晚上 11 点多了还没回家。这男人急了，到处找都没找着。赶上今天休息不上班，他东找西找，不知怎么地找到河边，看河岸那边围着很多人，他挤在人群外边站了一会儿，瞅着里边有警察，突然听人说一个女的死了，还带着孩子。他觉得事情不妙，心急火燎地扒开人群挤到前面，定睛一看，地上躺着的正是他妻子和儿子。

我工作这些年遇到过抱着孩子高坠的，像这种把自己和孩子捆着一块儿跳河的，还真是头一回遇到。不难猜想，做妻子的想不开了，为报复丈夫出轨，不仅自己赴死，还带上两人生育的儿子。

我听来听去，那男人话中更多的是怨恨妻子，养儿子不容易，养这么大没想到让妻子带着给弄死了，他说："我不对，你也不该把儿子弄死啊！"

刑警了解到这些情况后，决定把案子交给我们办理。这女人既自杀又杀人，可我们只能按非正常死亡处理。

这个案件处理时遇到很多麻烦。女方来了几个兄弟，先把那男人暴打一顿，让他把第三者交出来；接着来找我，让我帮着把第三者找出来。我没答应，我们没有权力处理人家感情的纠纷，我们只是给女方亲属介绍了尸检、死亡定性以及打捞过程。

这事持续折腾了有十来天，可能有中间人说和，等女方亲属来我办公室办理相关手续时，死者丈夫与女方亲属好像什么事儿都没有了，显得挺平和。他们是不是私下达成什么协议让双方都满意了，我并不知情。当然，这些不是我职责范围内的事。静下来想想，只能说这个当母亲的女人真够狠的，对年幼儿子下手不留活路；而她丈夫呢，这恶果毕竟是由他而引发的，他只能自食其果了。

| 生命感言 |

投河自杀事件并不少见，但是母亲携带幼儿投河的事情却极为罕见。一个母亲之所以走得这么决绝，是因为她对移情别恋的丈夫已心如死灰。面对这起婚外情引发的极端事件，我只能对那位丈夫说："当你结婚生子后，你的感情就应该保持专一。"对那位已经离世的妻子，我想说的是："当生活中出现问题时，要学会化解。"千言万语一句话，这种用生命了断纷争的做法，代价实在太大了。

No.34

抱骨灰盒“惊醒”生者

引言

老夫妻的一次拌嘴，让老太太自缢、老头儿到达精神崩溃的边缘。为了在精神上解救生者，民警穿上警服，抱起了骨灰盒。

入秋的一个周末，下午三四点钟，指挥中心布警、值班室通知，一个胡同里有一位老太太自缢身亡，具体原因不详。那胡同离我办公室不远，我赶紧拎上勘查箱去了现场。

我到出事的胡同那家院门时，派出所的民警已到。进院门之前，我留意到那个院门建造得很别致，院门是一个小方门，门外带门墩儿。我迈进门槛，眼前是一个标准的四合院，有东房、西房、南房、北房，院子东侧有个套院，我从二道门穿过去，没想到里头还有第三层院落。径直走进这第三层院子，我才看到北房中间的门框上吊着一个老太太，近旁已经站了八九个人。

那个老太太面朝里、背朝外。我目测她的身高一米五左右。老太太穿着深灰色、洗得有些发白的一身衣服。我上前伸手把老太太的身体转过来，看面相，估计她接近七十岁。这时，有个中年男人上前对我说他是老太太的儿子，今天他母亲跟他父亲因为孙子做功课的事拌了几句嘴。老头儿一生气出了门，过了大约半个小时回家，发现老太太自缢了。

老头儿见老太太自缢了，挺倔强，进屋后侧身躺在床上再不言语，既没打“120”和“110”电话，也不招呼邻居。这家儿子接到邻居电话，跑回来一看母亲这样子，又哭又叫，连声喊父亲，没人应声。等儿子进屋一看，父亲淡定地躺在床上。不用说，老两口肯定又吵架了。儿子知道，父母经常拌嘴吵架，可怎么也想不到这回吵出了人命，母亲想不开寻了短见。

我走到床边，想跟老头儿聊聊，他回了一句：“让我儿子跟您说。”看来，他儿子跟我在屋外说的话，老头儿全听见了。看样子，我只能以老头儿儿子说的为主了。我简单了解了一下这家的情况：这家的老头儿是退休工人，老太太是家庭妇女，二人生育五个孩子，两个闺女、三个儿子。五个子女中有两个在外地、三个在北京。出事后，在北京的这三个子女都赶过来了。

我把这些情况都了解后，征求家属意见，问他们要不要做法医鉴定。家属都说不用了，说母亲这么大年龄，还是快点儿火化好，入土为安。我告诉家属：“明天上午到我办公室去拿火化证明，要带上母亲的户口本和办理人的身份证。”

第二天上午，这家人在北京的三个子女都到了我办公室，没来那两个子女按规定各写了一份委托书，他们二人可以不到场。我开具了火化证明，来的这三个人拿着走了。

第三天中午，老太太的儿子告诉我，他们决定明天再火化。我说明天可就是第四天了，北京讲究三五七。这家儿子说主要是因为要等他舅舅，舅舅人在新疆，最快也得等到第四天才能赶到。他舅舅不来，他们不敢办火化。

没想到，接下来，这家儿子又跟我咨询了一件事。原来，他父亲已经三天没起床了，床边放着一个尿盆，老头儿就撒了两泡尿，喝了一点儿水，愣是一口饭不吃。“明天我们要将我母亲火化，我父亲这些天没吃饭，他要是知道火化，会不会对他打击太大，会发生什么事儿吗？”老太太的儿子说，“您干这么多年，您看像我父亲这样会不会出什么危险？”我说：“这样吧，我有一个解决办法。明天上午火化完，你直接到我办公室来。然后，我替你安排。”他说：“那好，那好。谢谢，谢谢。”

第四天上午十一点多钟，这家儿子敲我办公室门，说“我们回来了”。我问：“大妈的骨灰呢？”他说在车里呢。我脱了警用T恤，把警服换上，戴上帽子，锁好门下楼。出院一看，门口围了得有三十多人。这些人全是亲属，他们刚从火葬场回来。我穿得整整齐齐出来站在众人面前，看门口有辆车，我就问那家儿子：“老太太在这辆车上呢？”他说就这辆车。

我走到车前一看，副驾驶座上摆着一个骨灰盒，系着红布。他们不知道我要干什么，那家儿子急忙把轿车后门打开，那意思想让我坐后边。你想啊，副驾驶座上放着的骨灰盒是他母亲，按习俗他当儿子的要在前边抱着。

他没想到的是，我把车后门关上，打开副驾驶座的门，立正站好，恭恭敬敬地把骨灰盒往胸前一抱，迈腿上车，端端正正地坐到副驾驶座上。旁边的人都有些惊疑。尽管那家儿子不明白我为什么这么做，但他没吭声，拉开后门坐进车里。他们从火葬场来的时候，是他抱着骨灰盒来的。

我这个举动做得特别坦然，我就是想，解铃还须系铃人，老太太想不开自缢这事儿，老头儿肯定受刺激，僵在那儿了，这在医学上说就是到了精神崩溃的边缘，属于抑郁症初期，用老太太的骨灰刺激他一下，兴许能让他清醒过来。

我最初干这行时，师傅说过，人遇到突发的特别吃惊的事，思维会瞬间停顿。用老百姓的白话说就是“呆了”“惊着了”。这个“呆”会持续很长时间回不过神儿来，必须用一种办法刺激他，刺激的力度甚至比当初受刺激的力度还要大得多。这样，被惊呆的人才能醒过来了。若醒不过来，人就会落下病根儿。所以，工作中只要遇过这种情况，我总是想着怎么去帮人解脱。

我抱着骨灰盒上了车，车开走了，后面跟着十辆八辆的。车到胡同院门口，我下车时，这家儿子过来跟我说“我来”，他的意思是他抱骨灰盒。我说“不用，我来”。我抱着骨灰盒走进院子，前边有人引路，身后跟着一队亲属。我走的时候特别加小心，若是绊着磕了，那可就闹笑话了。这三层院子一路都有邻居看着这场景，人人露出惊讶的神情。明明应该是这家儿子抱着骨灰盒啊，怎么来个警察抱着呢？

我想好了，我要用这种方式去刺激老头儿，但这些想法不用跟人讲，我按自己的方式这么去办就得了。

我们一行人走到了那家门口，也就是老太太自缢的那个屋门前。我特意向屋里探头看了一眼，老头儿仍然背朝外、面向里在床上躺着。你就说这老头儿有多倔，人若有正常心态是不会这样的。

老头儿躺着的床头有一个旧式五屉柜，我进屋坐到他的床上，叫了声“大爷”。我边说边把骨灰盒上面红布系着的那个疙瘩打开了。我说：“大爷，您看看，我把大妈送回来了。”我说了一遍，老头儿没有反应。我就把那红布和骨灰盒放到床头的五屉柜上，这个位置别说老头儿往外翻身，他就是侧身也能看见。虽然他翻身不是那么敏捷，可当他看到五屉柜上的骨灰盒时，突然坐起身，用屁股往前挪挪挪，挪到五屉柜前，把这骨灰盒抱到怀里，“哇”的一声哭起来。

老头儿终于哭了，挤在屋里看到这情景的人也都哭了。他儿子一瞧父亲哭了，叫着“爸、爸”，想过来劝劝，他旁边的人也都想上前。我冲后边的人摆了摆手，意思是你们都别出声劝阻，让老头儿发泄发泄。

我这一摆手，大家就都止了步，也不敢放声大哭了。又过了几分钟，老头儿哭着说：“老伴儿啊，我对不起你，对不起你。”这时，他内心一直被压抑的情绪一下子释放出来。我轻轻地拍了拍老头儿的肩膀，说：“大爷，我还没吃饭呢，能不能让他们给我做点儿饭吃啊？”

老头儿一听说我想吃饭，突然止住哭声，扭头找人。有一位中年女人往前走两步，问：“爸，您干嘛呀？”后来我才知道她是这家的大儿媳。老头儿吩咐她：“赶紧去给卢警官做点儿饭。”他知道我姓卢。大儿媳连声应着说“好”，转身跑出屋。

老头儿始终抱着老太太的骨灰不撒手，就那么在床上坐着。我又等了一会儿，大儿媳端着两碗面进屋，我站起来跟老头儿说：“我到那边坐一会儿等您，面煮完了，您能不能陪我吃点儿啊？”

老头儿听我这么说，犹豫片刻，把骨灰盒慢慢地搁到五屉柜上，还拿手去擦，擦完了下了床，边走边回头看那骨灰盒。他出屋走到堂屋。堂屋正中靠墙摆了一张桌子，老式木制的八仙桌，两侧摆着木椅。

“大爷，我就坐这边。”我正说着，大儿媳把手里一直端着的两碗面放到桌面上，一碗搁在老头儿那边，另一碗搁在我这边。我记得面条里洒了酱油和香油，老头儿拿起筷子拌面，根本顾不上看我。毕竟他已经三天没吃饭了。我拿着筷子看着他，一看他狼吞虎咽没几下吃完了碗里的面，我就把筷子放下了。我跟这家儿子说：“你爸见着你妈了，他哭出来也吃下饭了，我该走了。”

那时已过中午，周围的人听我说这句话，都哭了。这家儿子喊着：“哎呀，卢大哥，我怎么说呢！”老头儿一看我要走，探身拽住我不撒手，连声说“吃吃吃”。我说：“谢谢大爷，不吃了，我要上班了。”

过了三天，这家儿子给我送来一面锦旗。

我总结我自己这些年做的工作，从心里说，我热爱我这个职业，从能力上说，我严格地把我这个职业做好。我母亲去世以后，做这个职业让我悟到，干这项工作，要把所有死者家属都当成亲人。这么多年，我干的好多都是分外的事。我得过六次嘉奖、立过一个二等功。有了二等功，我提前转为正处，穿上了白领警服。

我不能说我有多好，说句实在的，我就是辛辛苦苦地干，对老百姓的那份心情和心态，一般人要学我还真得下点儿工夫。我可以告诫同行的是，除去你本职工作以外，你需要多付出的是真心为老百姓着想。

一个警察抱别人的骨灰盒这件事，第一，我维护了警察整体的形象；第二，我用我的这种方式把老头儿救过来了；第三，事做完了，人家所有家属都感激我。这样的事传出去，老百姓听到，没有人说公安不好、说警察不好。如果有人对民警有偏见，听到这事，会想到世上还是有好警察的。

生命感言

非正常死亡事件发生后，我的本职工作虽是查明死因，但是我把抚慰死者亲属也当成了一种责任。在这起老夫妻拌嘴后妻子自缢身亡的案件中，丈夫陷入了“木僵状态”。为了唤醒他，我用身穿警服、怀抱骨灰盒的方式“动之以情”。这看似偶然的举动，实质是因为我把死者家属当成了亲人。老人在痛哭中情绪得到宣泄并捧起饭碗那一刻，我的工作画上了圆满的句号。因为我把前行的动力传递给了生者。

No.35

矫平遇难者蜷曲肢体

引言

邻家失火，殃及独居的老人。当老人的尸体被抬出时，躯体已经被烧成蜷曲状。为了安抚情绪失控的老人亲属，民警做了一次大胆尝试……

冬日的一天，城区边上有个院子的平房发生火灾。如果火灾没有致人死亡，指挥中心是不会指派我出警的。我接到出警任务，得知失火平房里抬出一个老头儿，人已死亡。

我开车到达火灾现场时，看到救护车已经停在院门口了，院里五六间平房过了火，有十七八个人正大哭大闹，再加上消防的、公安的、围观的那些人，现场乱哄哄的，局面处于失控边缘。我的工作对象仅针对火灾中的不幸遇难者，也就是指挥中心通知提到的一个罹难的老年男性，他是在火场里被人发现后抬出来的。

人的躯体遭受高温以后，四肢蜷曲，尤其是双腿。我看到老人的尸体时，这具躯体已经被烧成蜷曲状。我面临的现实问题是，这具老人的尸体装尸袋装不进去，若送到太平间，专门推运尸体的平车没法摆。

我站到那些哭闹喊叫的亲属面前，亮明我的身份——重大责任事故调查组警官。我所在的部门对外叫重大责任事故调查组，在内部叫治安支队现场组。针对事故发生死亡情形进行调查时，就叫重大责任事故调查组；针对现场发生非正常死亡（如自杀）的情形时，就叫现场组。

我向众多死者亲属说明我的身份和工作后，亲属们的情绪稍有缓和。我告诉他们，这个事的后期处理由我们负责。你们有什么话、有什么要求尽管说，希望你们不要这样闹。

事后我了解到，死者亲属的情绪之所以这么激动，主要是因为院里两间平房失火殃及多间平房，死亡的这位老人七十多岁，行动不便且身边又没有家人陪伴。老人隔壁邻居房内起火，邻居一家人见发生火灾，悉数逃出自家屋子，没死没伤；而相邻居住的老人根本没人援手救他，老人无辜丧命大火之中。这让亲属们怎能平息心中的怨恨和悲愤。

什么事就怕换位思考。

我当时这么想，要说自己父亲居家时不小心失火，意外死亡，感情上还能接受。可要说别人家着火，别人家没伤没死，偏偏是自己父亲无辜遭遇邻家火灾丧命，这样的现实确实让人从感情上接受不了，尤其是眼见老人家烧成那个惨相，浑身焦黑，肢体蜷曲，换谁也不行吧。

我心里清楚，我是干这个工作的，要想安抚眼前这些亲属的情绪，不是了解起火原因，给人家讲讲后事解决方案就行，更不是说几句好听的就管用。有一点我肯定的是，还是从处理尸体上取得亲属认可和信任，要是能把老人的尸体调整好，缓和亲属的心态，这比说什么都强。

死者火灾致死原因多是一氧化碳中毒。房间起火后，室内物品燃烧产生的毒烟把人熏死了。我有过多次亲临火灾现场查验死者的经历，但老人在火灾中被烧成这个样子的情形确实不多。现场有死者的儿子、儿媳、闺女、姑爷，以及外甥等诸多亲人。我让亲属把死者尸体抬到车上，大家抬起尸体时心情更加悲伤、情绪更加激动。

我让老人的大儿子坐在副驾驶座位上，我开车带上他，其他亲属跟车一起前往医院太平间。我一边开车一边对老人的大儿子说："我会把您父亲当成自己的父亲一样，我想办法把老人家身体的变形调整过来。"他听我这么说，当时就愣了，两眼看了我好一会儿，才哽咽着说："这是我父亲，我们父子一场，他这么蜷曲地走，我心里不落忍。"我说："好，就为这一点，我一定让您父亲的身体调整过来。”

到医院太平间下车后，老人的尸体实在变形厉害，放不进去冰柜，我跟老人的大儿子说：“对不起，只能先把老人搁在冰柜外了。”他紧紧握着我的手，掏出了一盒烟，说：“万分感谢。”我说我不抽烟，你们先回去，等我消息。

老人的亲人们离去后，我让太平间的工作人员去超市买了两张白色的单人床单。买床单要了发票，我想我能让老人身形恢复，跟家属要这个钱是应该的。床单到手，我把它裁成十厘米或十五厘米宽的布条，再将平车上的老人安置成面朝上的体位。我先用布条固定住他躯体姿势，开始拿一根根布条把老人小腿、大腿关节缠紧，牵引其双腿受力方向，再将布条较劲儿绑牢到平车上。老人的胳膊也是蜷曲着的，我同样找好角度，用布条缠绕，适当较劲儿牵引，固定在平车上。由于老人躯体严重过火，最怕这样受力，如果处理不好，会致使其腹部破裂。所以，我用布条校正四肢姿态时必须极其小心。既然跟人家郑重承诺，我心里只想着怎么才能把老人身形调整正常，真着手试着做时，难度超乎想象，毕竟从来没这么干过。

我一边缠绕布条一边想着，就算老人的身形能调整好，那也不能在肢体上留下捆绑的痕迹呀。为此，我在缠绕布条时平平展展、小心翼翼。我用了两个多小时才全部缠好。

第二天下午两点多钟，我又去了太平间。我摸了摸那些缠绕的布条，发现紧绷的布条松了一些。我想肯定是躯体四肢的筋肉受力后软下来了，这方法对路。我又找来两根木棍，把松了的布条加劲儿绞紧，再用布条把棍子固定好，布条牵引方向不变。当时，我不敢预测最终能达到什么样的效果，但我的确看到眼前有了突破性进展，大有希望，心里别提多高兴了。

第三天，我又去了太平间。我发现那些较劲儿的布条松了将近十五厘米，这就是说，老人的躯体还原了十五厘米。我担心那些绑着四肢的布条致使肢体皮肉破损，就拆下布条看了一下，没发现异常。我又去买来两张床单，裁成同样的宽条，换位置、换角度，重新绑好。

在整整八天里，我用两种捆绑位置和角度的变化轮换了五六次。当我拆除第四次布条捆绑时，老人双腿完全能够放平，原来他的双腿可是呈现90度僵直的样子的。老人的双臂被我加力又捆绑了两天。第十天，老人平躺着跟正常人基本一样了，我给身形复原后的老人拍了照。

等到第十一天，我通知老人的家属来医院太平间探望，没想到对方说：“我们已经猜到您今天要通知我们了。”我问他们怎么猜得这么准，对方说：“我们基本是隔一天去一趟医院，太平间的人没告诉您，是因为我们每次去都嘱咐他们，不让告诉您。”

这事我还真是不知道。后来，我去问医院太平间的负责人，负责人这才告诉我：“老人的家属老来，咱们每天的一举一动人家都知道。”

通知家属的第二天，老人家来了十口人，举着锦旗。我当时愣了，说：“我通知你们来开火化证明的，怎么还带锦旗来啦？”老人的大儿子进门握住我的手，扑通就跪到地上了，说：“您对我父亲太好了，我把您当成亲哥哥。您让我父亲身体还原了，我们这些做儿女的都不知道用什么来感激您，就送您一面锦旗。”他们举着锦旗给我看，锦旗上写着八个字“鞠躬尽瘁　体察民心”。老人的大儿子比我小五六岁，来的人站在我办公室里，大家全都眼泪汪汪的。

开完火化证明三天左右，老人火化了。他大儿子敲我办公室的门，又拿来一面锦旗。我想这是人家真诚心意的表示，便接受了。他站在我面前不走，有些迟疑。我问他还有什么事，他犹犹豫豫地说可不可以让我看看他父亲火化前的照片，我说可以。他掏出一张照片，老人穿着寿衣平躺着。老人大儿子很真诚地说：“我父亲能够躺平，把寿衣穿上，全靠您。我觉得送给您一张我父亲穿寿衣的照片好像对您有点儿不尊重，但是我们真心实意地想让您看一看。我父亲要不是遇到您，他连寿衣都穿不上啊！”

用自己的诚心、经验、智慧和实际行动，让死者家属得到心灵的慰藉，这是我一直坚持做的事。媒体记者找上门来，报道了我为火灾遇难老人复原身形这件事，一些区县的公安局同行都来找我讨教如何使烧焦人体复原的方法。你想想，在火灾中遇难烧焦的躯体不要说穿不上寿衣，连火化炉都进不去，我把死者躯体调平，死者家属能不感动吗？

| 生命感言 |

火灾是造成非正常死亡的重要“肇事者”。水火无情，人不能无情。在面对这起案件中情绪失控的死者亲人时，我最想做的一件事就是矫平死者蜷曲的身体。当我用十天时间达成心愿时，一个奇迹随之诞生。这个奇迹的出现，是因为我把与死者相关的事情当作自己的事情来做。当你付出真心并取得实效之时，也是一场矛盾化解的时刻。

No.36

被黑心司机弃身雪夜

引言

民警千里迢迢找不愿进京认领尸体的死者家属办理尸体火化手续，不想，遭遇黑心私车司机。于是，民警度过了一生中最危险、最艰难、最恐惧的一夜。

那一年冬天，按照北京市公安局的整体部署要求，各分局清理存放的无名尸体及疑难案件的尸体，限期40天内解决。

为什么要这样呢？

多年来，我们在处理非正常死亡尸体的时候，虽然弄清了死者的身份和户籍所在，也通知了当地公安局，但是有的死者家属由于经济非常困难，拒绝前来处理尸体。凡是死者家属拒绝前来处理尸体的，我们要与当地警方联系。如果当地警方表态不能协助处理，我们办案民警就要亲自前往死者家乡所在地，带上法医鉴定和排除被害嫌疑证明等文件，找死者家属办理尸体火化手续，回来以后写报告上报民政部门，民政部门会拨付专门费用，以便处理尸体。

在我们定点医院的太平间里，存放着一具尸体，死者是外地人，身份和地址清楚。我们与当地警方联系多次，答复都是家属不同意来北京处理尸体。按照市局部署清理工作的要求，我带上实习生小赵，坐上火车前往户口所在地。下了火车，我们先找了一家旅馆住下。当时，该地已经下了两场大雪，我们对照地图找到要去的地方。

第二天早上，雪停了。我们出发前，听说沿途因下雪路滑不好走，有四五个小时的车程。中午都过了，我们左等右等，终于找到一辆拉客的私车。我们商议好价钱上了车，看表已是当天下午一点多。

路上积雪，车不好开，上路没多久，天上又飘起雪花，车开得很慢。我们跟私车司机聊天，他说他是外地人，是朋友介绍来这边开私车挣钱的，才干了一个多月。车在路上开了将近两个小时，我想下车方便一下，司机把车停到路边，说才走了三分之一的路程，离目的地还有不近的一段路呢。

我下车时，小赵怕我摔倒，陪我同去。我俩找了一处有遮挡的地方，离车有点儿距离。没想到，我俩方便完转身回来，发现车不见了。四下张望，我们看车轱辘印儿，那车已经转过山包，丢下我们跑了。我俩各自的书包都还在车上呢，出差时我带的材料和 1000 元钱也在书包里。当时，我真急出了一身冷汗。眼见四外白茫茫一片，荒郊野外，天寒地冻，我俩又翻了翻身上的衣兜，凑凑总共剩下几十元钱，幸好我衣兜里还揣着工作证。

我俩顺着公路踏雪徒步走了两个多小时，虽然心里又气又急，但一直心怀希望，想着脚下好歹是一条公路，万一要过来一辆车呢。结果，直到天黑也没遇到一辆车，四下里望不到任何村庄，更见不到一个行路的人。眼见天色一点点暗下来，我俩饿得不行，只能吃几口干净的雪。天完全黑了，远远近近看不到一点儿灯光，这条雪路上不可能再有车辆赶夜路，我俩求助的希望彻底破灭，想着别饿死冻死就行。我俩想找一个相对安全点儿的地方歇着过夜，最后在公路近旁的林子边缘挑了一处高地坐下来。

人如果体验到死亡威胁的临界，精神压力达到一定程度后，头脑就会逐渐冷静下来。我俩怎么熬过这漫漫冬夜呢？我岁数比小赵大，想到带着这个年轻学生出来赶上这倒霉事，我得对人家家长负责啊。我安慰小赵，也暗暗安慰自己。

夜深了，我抱着小赵，让他睡会儿。过了一会儿，小赵抱着我，让我睡会儿。我们在这儿度过了一生中最危险、最艰难、最恐惧的一夜。你不知道会遇到什么意外，既怕熊，又怕狼，再想到人家小赵研究生毕业来我们单位实习，我带他到这地方，要出点儿事怎么对得起领导，怎么对得起他父母啊？我又想起我的父母，想起我的爱人。那一夜真是一秒一秒地数着时间过。

天渐渐亮了，我的脚已经不听使唤了。那一夜，雪下了一尺多厚，气温零下二十多度，当时我心里的沮丧就别提了，恨死那司机了。我们搀扶着起身，沿公路向前走了一个多小时，突然听到身后有摩托车声响。很快，一辆摩托车出现在我俩眼前。那是一个五十多岁的东北爷们儿，我拿出工作证向他求救。他把车停在我们面前，听我们讲述遭遇之后，立即从挎包里掏出两块白薯，安慰我们说他马上到我们要去的镇派出所找人帮忙，我们感动得流下了眼泪。

他驾驶摩托车离开一个多小时后，迎面驶来一辆派出所的吉普车，是专门接我们的。吉普车把我俩拉到镇派出所，人家给我俩煮了碗面条，我心里感激得不知怎么说才好。当地人说:“你们遇到的这类缺德司机多的是，你俩被人甩半道儿待一夜，还能走到这镇上，也算万幸啦。”

由于我们丢失了材料和证明，公事没有办成，镇派出所用公安专电与我单位领导通了电话，又让我与家里人通电话报平安。我俩在镇派出所住了一晚上。第二天，他们派车把我俩送到火车站，镇派出所政委借了我们1000元钱。我们买了回北京的火车票，总算平安无事地到了家。

我到单位见到领导，领导说:“唉，我说你什么好，也不是小孩儿了，多危险！”事过之后细想起来，也是啊，你坐人家开的车，哪怕留一个人在车上守着呢？再不济也想着把贵重东西背着去方便啊。哪能那么信任一个陌生人呢？

我回家跟爱人说起这趟历险，感叹的是咱遇上了不幸，但老天爷还是饶了咱。

后来再出差，我不把钱放在一个兜里，带介绍信都是两份，书包里一份，贴身一份。

想想工作这么多年，我有三档子事是费了力气却没落好的。哪三档子？一是这次出差，二是我亲身试验煤气中毒，三是我亲身试验自缢。

| 生命感言 |

常年在死者与生者之间走动，让我明白了人性的复杂性。一个常常做善事的人也可能遭遇他人人性中的恶。这次在天寒地冻中的遭遇，就是善良遇上邪恶。对这样的事情，没必要耿耿于怀，只需要增长经验：在人生地不熟的情况下，还是要提高警惕，否则在上当受骗后，不仅会处于被动地位而且还有一定的危险性。

No.37

“以身试毒”查找真凶

引言

幼儿在家中意外身亡，父母认定小保姆是凶手。民警“以身试毒”，只为澄清事实：真凶不是人而是煤气。

那是一个夏天的下午，气温暴热。指挥中心布警、值班室通知，一个居民小区住户家里有幼女死亡。我拿着勘查箱前往出事的那个居民小区。

这个小区里有五六栋红砖老楼。车子刚进院我就望见一栋楼的楼门口有一辆警车，下车后有派出所的民警领着我走进一个楼门。这栋老楼没有电梯，我们上到四楼，还没进门就听见屋里有哭声。

派出所民警第一个推门进屋，我和民政局的工作人员紧跟其后。屋里有一对男女抱在一起掉眼泪，他们是一对夫妻。这夫妻俩身边站着一个男人轻声劝着，门厅角落里坐着一个年轻女孩，身高大约有一米七，她坐在那儿一个劲儿地抽泣。

进门后，我当即扫了一眼四周。这是一间南北通透的两居室住家，南屋大、北屋小，南屋里摆着一张双人床。我看到床上有个小身躯平躺着，身上盖着块布。

我亮明身份，对抱在一起的那对夫妻说我想了解一下情况。那女的突然推开男的，说："您得给我做主，是她害死了我的孩子。"这女的出口的这句话，显然是冲着坐在门厅角落里那个年轻女孩说的。

我问这对夫妻发生了什么情况，那男的说："保姆打电话说孩子出事了，我俩就回来了。回来以后孩子就没了。"我问这夫妻俩，他们身旁站着的男人是谁，那女的说："这是我哥哥。"我明白，是小孩的舅舅。我又指着门厅角落里坐着的年轻女孩，问夫妻俩："那女孩是谁？"

"是保姆。"

"你们从哪儿找的呀？"

"服务公司。"

这对夫妻，丈夫在银行工作，妻子在街道工作，他们的女儿三岁半。保姆来家里有三个月了，就管照看小女孩，白天带她玩，给她做饭，晚上陪她睡觉。起初，夫妻俩打算送女儿上幼儿园，架不住女儿每次送去都哭得不行。于是，他们决定不送了，花钱雇人在家陪着。

我走到门厅那里，那里光线比较暗。打开灯，我搬把椅子坐在那个抽泣的保姆面前，拿出本儿，问了她的姓名和籍贯，她都一一回答了。我接着问她到底是服务公司派来的，还是通过人介绍私自找来的，她说自己在服务公司工作。我说能不能把你跟公司签的合同拿来看看，她从自己的挎包里找出来递给我。

我看到合同上写有服务公司的联系电话，就照那电话号码打过去。电话打通了，我跟服务公司的人说了保姆的姓名和合同号，对方查完说是有这么个人。我说我是公安局的，叫你们公司负责人赶快到这个雇主家来，这家出了大事儿。服务公司那边答应尽快赶到，我稍稍松了口气。当时，我心里的第一感觉是，这个年轻保姆需要保护。为什么？涉及雇主幼儿死亡这么大的事，她年轻，又是外地人，丧失孩子的母亲情绪激愤，而眼下还没弄清孩子的死因，我不能不顾及这个保姆的人身安全。

给服务公司打完电话，我继续和保姆谈话。她说："今天下午孩子睡醒了觉，我给她洗了个澡……"她刚说了一句，我就打断她，把夫妻俩叫过来，说："你们也听听。"妻子说她听过了。我说："即使已经知道了，你们也听听。我这不是第一次听吗，起一个验证的作用，省得我再叙述一遍。"

保姆接着说：“我给孩子洗完澡，把身上擦干净，抱到床上，让她在床上躺一会儿，给她盖上毛巾被，怕孩子受凉。”照顾完孩子，她自己接着去洗澡。

孩子母亲突然在一旁打断小保姆的讲述，情绪激动地说：“你关门洗澡就是想害死她！”我连忙阻止了她，说：“我在问话时，你先别言语。”

小保姆接着说，她洗澡大概用了二十分钟。这时，我特意看了看她的头发，虽然已经干了，但确实像洗完不久很顺溜的那种状态。她洗完澡出来，用毛巾擦了擦头，想找吹风机吹吹。这时，她叫了一声小女孩，没有答应，又叫了两声，还没答应。这样，她就一边擦头一边走进南屋，一看小女孩的嘴角往左边歪了，而且嘴角淌着血，当时可把她吓坏了。她慌慌张张地跑到厨房把那淋浴器阀门关了，再返身跑回屋，伏在孩子身旁使劲儿呼唤，可那小女孩没有任何反应。“我赶紧给叔叔（指小女孩父亲）打了电话”。

孩子父亲接过话说：“她给我打了电话，我就给我爱人打了电话，我们一块儿回来的。”尽管孩子母亲的工作单位离家很近，但夫妻俩的确是一起推门进家的。在门外就听家里保姆在哭，进家看见保姆正抱着小女孩哭。保姆呜咽着想说明是怎么回事，孩子父亲上去就扇了保姆一记耳光。保姆跑到门厅角落里坐下了，孩子母亲也追过来要打保姆，被她丈夫拦住了。孩子母亲给哥哥打了电话，她哥哥很快就到了。这夫妻俩又给“120”急救中心打电话，大夫进家查看情况，说只有等“110”来处置。于是，夫妻俩又打了“110”报警。

小保姆与小女孩朝夕相处三个月，感情挺深，她内心的愧疚和懊悔旁人恐怕难以体会。

小女孩到底是怎样死的？我开始勘查现场。进门时我就注意到，这家南屋是这个单元房里的大间；南北屋中间是几平方米的小厅；小厅右侧是厨房，左侧是厕所。厕所里安装了一个淋浴器，厨房门和厕所门是对开的，这淋浴器的煤气管线从厨房通进厕所。

小保姆进厕所洗澡时，关门是合情合理的。不难想象，这时北屋房门开着，厨房门开着，南屋门也开着，厨房淋浴器燃烧起来，煤气产生后弥漫在屋里。正值夏季，北屋小窗户开着，屋外气流涌入北窗，经室内通道向南涌出，将厨房溢出的大量未充分燃烧的煤气带入南屋，致使年幼体弱的小女孩躺在大床上中了煤气。

看完屋里的环境，我说我要去验尸，便带着孩子父亲去了南屋。

撩开单子，单子下躺着小女孩，圆圆的脸，挺白净，应该是挺健康的小女孩。我撩开她的衣服，用手指摁住她后背呈现的红色尸斑，尸斑变白，再抬起手指，尸斑又恢复红色。人死后有血液坠积，出现尸斑，我做的这个检验叫指压褪色，看到的现象恰恰是血液中毒的表现。

我做完尸检退出南屋，转身走进厨房，拿着相机先给煤气罐和煤气管线照了相，煤气阀确实是在关闭的状态下。那时的淋浴器还没有直排式的呢，这家的淋浴器是北京某厂家制造的，我把厂家电话要过来后，关上厨房门和厕所门，在门上贴了封条。

下一步，我要抽血化验，我们叫抽心血，要用长长的粗针扎进心脏心包的位置，抽一管血液化验。抽心血真不敢当着孩子父母的面儿做，他们看到了哪儿受得了啊。

我们把小女孩抱下楼，抱进楼下停着的车里，在车里抽完心血。我填了一张申请检验的表格，把这管心血送到清河毒化检验中心去检验，再让民政局的车把小女孩尸体送到医院太平间安放。

这时，服务公司的负责人赶来了，我向来人介绍了情况，带他们看了屋里的情况，让他们把保姆领走。对方问领哪儿去，我想起来得给这保姆做笔录。于是，我便让服务公司带着保姆跟我们出现场的车回到我办公室，我给这女孩做了笔录。

第二天早上，那对夫妻来到我办公室，小女孩的姨也跟了来。我向他们解释说，从现场来看，孩子是煤气中毒，南北通透的房子，它得进风，南边就算是关着窗户，也会往外拔气儿，厨房中燃烧的淋浴器与小女孩死在的南边的大屋共同争氧，空气对流中夹带着厨房溢出的煤气经过南屋，致使小女孩煤气中毒死亡。

这对夫妻连续来我办公室三天，我怎么说，他们都不听。我咨询了环保局，又请专家讲解煤气中毒的过程，并对现场进行了煤气含量的测试。可是，这夫妻俩就是一口咬定是保姆成心害死孩子，即使市局毒化检测报告给出明确结论，心血检验证明死因是由于煤气中毒，可这夫妻俩就是不相信，不认可法医鉴定，死活不听我的解释。

实在没招儿了，我想到最后一个办法，那就是拿自己做实验。我去环保局找专家咨询时，专家说，中煤气 12 分钟就能致人死亡。我决定就在这家屋里亲身试验一下。我没把试验的事告诉我的家人，也没告诉领导，只叫上小女孩的家人，叫上派出所所长和四个民警，还叫一辆“120”救护车在楼下候着。

我坐在这家南屋的大床上，因为小女孩就死在那儿。我腰上系根绳子，这根绳子通到单元门外，为的是只要我感觉不行时拽下绳子，门外守着的民警冲进来救我。

这家屋里的门窗都仿照事发那天的状态。全准备好了，我让小保姆点燃煤气淋浴器，等保姆和小女孩家属都出去关好单元门，我这边坐在大床上盯着手表。时间好像慢下来了，头晕开始了，眼胀、头有点儿疼，疼就忍着，忍着忍着，眼冒金星，脑袋胀得就像是要碎了似的，实在忍不了了，趁自己还有点儿意识，我用最后一点劲儿拽了一下腰上那根绳。其实，当时煤气仅仅燃烧了六七分钟。

门外的人冲进来。我当时全身瘫软，根本迈不开步。下楼时，我能听见有人说话，两眼却看不着东西。民警背着我跑下四楼，抬上救护车送急救中心。我不知道自己在急救中心躺了几天，后来我爱人告诉我，我整整躺了两天。

等我睁开眼时，第一个站在我床边上的是我爱人，她拿着一把花。小女孩的父亲也拿着一把花。我看见花，眼泪就出来了，我爱人的眼泪也出来了。小女孩的父亲也哭了，他赶紧上来握着我的手，说：“您终于醒了，终于醒了，我们等了您两天半了。”我看到小女孩母亲、舅舅、小保姆都在，这些人身后还有两个人，是小保姆的父母，他们专门从山西老家赶来。

小女孩的母亲走到我床边对我说：“您说的，我们全信了。”

这家人曾经那么不依不饶，直到我冒险做了这个实验，这场纠纷才迎刃而解。等我出院后，给小女孩的父母开了火化证明。这个事件最后的结果是，小保姆家赔了一些钱，服务公司赔了一些钱，淋浴器厂家掏了百分之五十的钱。

事后，单位领导告诫我，当事人要是不干，你可以报鉴定机构再测，不能拿自己的命当儿戏。我心里想的是，我挚爱我这份工作，我想解决几乎无法缓解的矛盾冲突，我用我的行动说服当事人，实际上真正保护了那个年轻的外地小保姆。

小女孩火化了，她的父母给分局送来表扬信、鲜花和锦旗。

| 生命感言 |

被看护对象意外身亡，也是一种常见的事故。在这起案件中，幼儿死亡，小保姆被孩子父母锁定为凶手。事实上，真凶不是人而是煤气。为了弄清事实真相，更为了保护那个小保姆，我决定“以身试毒”。虽然我为此付出了一定的代价，但却因为就此化解了一场纷争并保护了那个小保姆而欣慰。回头看这起夺去幼女生命的案件，一方面是小女孩用生命代价推动了煤气热水器这种生活设施的改良，另一方面是生活中潜藏着各种“看不见的杀手”——煤气就是这样的杀手之一。

No.38

亲历自缢劝服家属

引言

因为死者弟弟不认可姐姐自缢身亡的事实，民警决定“以身试死”！

我接到指挥中心布警、值班室通知，一平房里有一名女子自缢身亡。由于具体地点离我单位不远，我十分钟就赶到了现场。出事平房门口站着一个男的，他个儿不高，是死者丈夫，死者的姐姐也在。

我进屋时看到，死者已经被人摘下来，平放在床上。我要检验尸体，出于对死者的尊重，尤其是在面对女性死者时，要保护死者的尊严，不能让女性死者的躯体暴露在众人眼前，即便是在死者家中。我只留下死者丈夫在身旁观望我检验尸体，请其他人避让出屋。

死者四十来岁，体态丰满，是个成熟的女人。死者的瞳孔放大对等，四肢没有外伤、正常。死者颈部的索沟痕迹，其走向和深度都符合自缢特征。但仅仅从索沟印迹上判断还不够，还要结合环境因素。

这家住户房门内是两间平房，里外屋，门外有间自盖小屋，是这家的厨房。我看过门外那间小厨房，厨具和碗筷摆放得整整齐齐，灶具擦得干干净净，显示着家庭主妇好好过日子的心劲儿。再看卧室，床上被褥整洁干净，墙上挂着一家人的合影照片。死者是站在外屋一个圆桌上自缢的，圆桌上面有个小方凳被踢翻了，有截绳子还挂在屋顶的龙骨上没解下来，那是死者生前绑在那里的。

我用相机为死者拍完照片，询问死者丈夫到底发生了什么情况。这男人说，今天早上起来，他与妻子闹了点儿小隔阂。如此回答过于隐晦，我让他说清楚什么小隔阂。这男人低下头，一个劲儿地叹气，“唉，不说了，吵架闹意见了”。

“你要说吵架闹意见，结果是她死了，那——到底什么原因啊？”我追问。

死者丈夫个儿不高，一米六，四十多岁，脸盘圆的，一看就像干部。我不断询问，这男人总是吞吞吐吐，我看他这样儿，就直截了当问他：“是不是因为个人问题啊，你外面是不是有女人啊？”

“嗯。”这男人承认了。

“那今天怎么出的事儿呢？”

这男人说，他在一家单位是“一把手”，每天七点半就去单位上班。妻子往日每天先起床为他做早饭，他吃完就走。前几天夫妻俩老闹意见、老吵架。今天丈夫起床后发现妻子没做早饭，他自己出门到外边吃了早饭，本想直接去单位，但静心一想，平时妻子吵完了也会做早饭，今天早上她不做饭更没起床，不太正常，还是先回家看看吧。

照这男人自己讲，回家进门前，他心里想的是，妻子若气得厉害，还不起床，他就说点儿好话哄哄她。进院后，他先看看小厨房，没有妻子身影，再推开门进屋，就看见妻子在圆桌上方自缢了。他赶紧给妻子的姐姐打电话，叫她快快来，说家里出大事了。

妻子的姐姐急匆匆地奔来，近前一看，人早就不行了。他们去找一位街坊来看看，做个证明，这样才打了“110”报警。“110”提示他们叫“120”急救中心，“120”大夫来了一看，就说自缢的人没有了生命迹象了，你们就等警察来吧。派出所来人把了解到情况向指挥中心一报，我这就来了。

我忙完了验尸的事，知道死者还有个弟弟，让死者丈夫通知他内弟。没想到，他不敢，说你们通知吧。我把这男人带到我办公室，死者弟弟也来了。

死者弟弟一进我办公室，先把劳改释放证明往我办公桌上一拍，我心想："行啊，要来混的呀！"

死者丈夫在我办公室里屋，不敢露面，更不敢出声。我把调查过程向死者弟弟介绍完，这小子蹭地蹿起来，嘴里骂骂咧咧地说："我得弄死他，他在外边找情人，当谁不知道啊！"当弟弟的显然知道他姐夫行为不端，应该是姐姐向弟弟透露过。"我正要收拾一下他呢，这两天还没腾出工夫来。我姐，咳，她沉不住气，等不了我。"死者弟弟梗着脖子、扬着下巴、瞪着眼睛，吐沫儿乱溅地吼着。他不相信姐姐自缢，一口咬定是姐夫害死姐姐的，再伪装成姐姐自杀的假象蒙骗警察。

我怎么解释他就是不听、不信，劝来劝去，他拒绝认可自缢定性，非让警察把害死姐姐的姐夫法办不可。我说："这样吧，咱们明天一块去现场看看。"第二天，我们一起进了他姐姐家，看看家里的圆桌，看看桌子腿，看看桌架，都挺结实的，没有松动；再看看房顶吊顶的龙骨，那可是角铁的架子，吊根结实的绳子，经得住一个人。

任我怎么解释，死者弟弟愣是全都否定，一概不认，口口声声说他姐夫害死姐姐，伪装自缢。我经过三天的解释工作都说不服他。他说，那家房顶的龙骨经不住人，一吊人就会塌下来。这么着，我有一个念头，亲身演示自缢，让那位固执难劝的死者弟弟在场观看。

想到就做，我去找辖区派出所所长，跟他讲了讲我的想法和做法，请他给我找四名民警，要动作利索的。所长说行。我通知死者弟弟，还有其他亲戚等人，来了七八个人。我又找了急救中心院长，向他要了一辆救护车，约着两点钟停到那家院门口。

死者自缢时，她站到圆桌上，桌中间放一个小方凳。她脖子套入绑好的绳套后，脚底踢开那小方凳，凳子一没，人一下腾空。我下午一点多钟去了死者家，找来了几个凳子加固好屋里那张圆桌，我把那个小方凳找出来放到圆桌上，我站到凳子上。然后，我让四名民警拎住我的裤腰带，叮嘱他们一旦我踢了小方凳，就赶快把我拎起身。

我站上小方凳，踮起点儿脚，把死者用过的那根绳慢慢地套在脖子上。套好后，我双手揪着两边，用右脚脚尖使劲向后一扒拉那小凳子，同时两手一松，“噔”地坠身向下。

随即，我眼前一黑，就什么都不知道了。后来，我听说，我身体下坠时，围着我的四名民警赶紧上手拎起我，只见我双眼紧闭，不省人事。大家吓坏了，赶紧抬我跑出了小院，搭到院门外候着的救护车上。

等我在急救中心病床上睁开眼睛时，已经是三天以后了。我四下一看，我妻子、死者弟弟，还有那家的七八个亲戚，他们拿着鲜花站在床边。我妻子说，他们在病房过道里等了好几天了。一看我醒过来，死者弟弟拿着鲜花走过来，直劲儿说：“谢谢，您为了我豁出命，冒多大风险啊，我认可——”

医院大夫说我昏迷是由于大脑缺氧，幸好没留下后遗症。我妻子拿着鲜花，我知道她心情复杂。我醒了当时没出院，大夫说再观察观察。中午刚过，我单位的领导来了。领导没拿鲜花，却递给我一张工作调动申请表。我一看，这是什么意思呀？

领导来了这么一句：“我们不能再陪你玩了，你要真是出意外死了，我们怎么跟市局交代！”我接过表，领导转身就走了。等我出了院去找到领导，好说歹说，赌咒发誓下不为例。

我拿自身冒险试验这不是头一次。第一次是小孩中煤气那起案件，我体验中煤气危及生命的身体反应及时间。那次，单位领导来还拿着鲜花来探望我呢，这回直接让我调动岗位。

我想想也后怕，人自缢瞬间，喉骨被绳子一勒会裂断。这里与气管连通，喉骨一折，气管跟那水管似的，多硬的水管弯过九十度，它照样憋住。法医给自缢死者做解剖时，特意告诉我相关部位的解剖原理。我挺后怕的，如果我一松手没小心，绳套勒到我喉骨上，就算是围着的四名民警及时把我拎起身，那瞬间坠下的力度恐怕没法挽救我的性命了。

到今天我敢说，世界上恐怕没有什么人能亲身体验自缢的濒死感觉。我昏迷不醒那三天里，妻子吃不下睡不着，揪心揪肺地熬着。后来我才知道，单位那三天里天天下午开会，听医院汇报病情恢复情况。

领导对我说：“你这事成了，死者家属认可了，你工作好做了。你不想想给大家带来多大麻烦。万一不成功，你走了，让我们怎么交代？”我知道，我若有不测，领导都得担责任受处分。

事后，我们单位的政治处主任找我谈话。“你光顾你的案子啦，这能给你带鲜花，能号召警察全跟你学吗？”他推心置腹地说，“一旦有闪失，我们这官职全都没啦。”

我听了这些话，想想可不是吗。我自己和家人不仅受了痛苦，还给领导找了麻烦。从此，我再也不敢拿自己做试验了。

| 生命感言 |

为了把工作做到让死者亲属心服口服，我再一次“以身试死”，自缢了一次。回想自己在从警生涯中，为了还原案情真相，多次以身赴险，完全出于对事业的一分执着。事后反思，我这样做虽然有助于案件的顺利解决，但却不值得提倡。这些年来，我带过五位徒弟，但从没有让他们去尝试任何危险的事情。因为自己的这份工作，让我对生命价值有了更深的理解：生命是珍贵的，每个人都要珍惜，失去了它，一切都无从谈起了，包括对工作、对事业的追求。

No.39

生理缺陷酿成的悲剧

引言

丈夫精心挑选的结婚良辰，却让妻子对丈夫心怀愧疚；丈夫存心隐瞒的生理缺陷，却让不解的妻子轻生。夫妻，何事不可坦诚相见？

盛夏的一个下午，城区一招待所有名女子高坠身亡。我赶到那家招待所时，就见楼拐角一侧的地面上躺着一个人，身上蒙着白床单。招待所负责人和几个服务员在大厅等我。

死者是一名年轻女子。她是从招待所某层楼最西端的一个客房窗户跳下的，坠落的位置一般过路的人注意不到。如果人坠落在招待所正面显眼位置，处理起来会很麻烦。

我被领进死者住过的那个标准间。这间客房有两张床，一张床显然有人用过，另一张床没人动过。我走进卫生间，看到招待所备好的牙具也只有一份被人动过。据招待所负责人介绍，这名女子是昨天入住的，已经住了一晚。

我看到房间桌子上有一个黄书包，书包里有三把钥匙、一个身份证，除了一张信纸之外再没有别的物件。我看到信纸末尾留有一个电话，是她丈夫的电话。她丈夫在北京一家工厂打工。我按信纸上书写的电话号码打过去，确认电话号码及信纸上交代的人名，告诉接电话的那个男人，让他赶紧到招待所这儿来。

信纸上写了不少字，应该是这名女子生前写下的遗书。我记得她在遗书中写到，她 25 岁，外地人，结婚一年半，丈夫跟她是老乡。婚后二人来北京打工，她在北京一家单位打工，丈夫在北京另一处打工，平常两人见不着面。回想婚前，她说谈恋爱时两人安分守己，都没亲过嘴。结婚那天，赶上她来例假，两人没发生过亲密行为。紧接着就来到北京，他住他的，她住她的。快两年了，两人就见过三次面，只过了一次性生活，而且性生活时丈夫总关照说她累了吧、困了吧，心不在焉，不是诚心诚意地做爱。这女子最有意见是，为什么结婚后，丈夫不跟她一起居住，她怎么也想不明白。她觉得这份爱没有意义，所以毅然决然地要告别父母、告别丈夫。

从遗书字里行间看出，这名女子认为自己是清清白白的，唯一觉得对不起丈夫的就是结婚那天晚上她来了例假。虽然她抱怨丈夫冷淡她，但对丈夫是不是有别的女人没有半点儿猜疑。真不知这女子轻生之前有过怎样的心理纠结和内心挣扎。

据招待所的负责人介绍说，女子是下午两点多钟从房间的窗户一跃而下的。屋里没有酒瓶，也没有药瓶什么的。我把这房间里与案情有关的物件拍了照。随后，我下楼去检验尸体。

检验女性尸体是绝不允许在当街露天里进行的，天气再热，也得把人抬进车里。我下楼走到那女子身旁，撩开床单，让车停得近些，请民政局的工作人员把她搬到车上。地上流了一大滩血，白床单上也透着一大滩血。人搬进车里，那血腥味儿实在呛得人出不来气。

这女子有一米六七的身高，腿挺长。她是坐着摔下楼的，屁股和后背先落地，骨盆摔得很碎，脑后骨摔裂，手一碰就发出响声，所幸头皮没有摔烂。她身上的肋骨和骨盆有部分骨头刺破皮肤淌血，造成气胸，死因应该是失血性休克。

女子面相保持较好，瓜子脸，双眼皮儿，皮肤又白又细腻，真可惜她失了性命。我当时心里是有气的，特别想看看她丈夫是个什么样的人。

尸检进行了大约一小时，等我拍完照，让民政局的工作人员把她装进尸袋。这时，女子的丈夫到了。这个男的有一米七五的个头，肤色挺黑，长得还算端正，二十七八岁。他来了，我见他只有惊恐的神情，却不怎么伤心。面对妻子自杀的事实，他不相信，老说“不可能”。我把遗书给他看，这时，他才哭了。我问他：“你爱人指责你的这个事存在吗？”他说：“存在。”

“我就跟您说吧。”这男的慢慢说起来，“我这方面有病，天生睾丸小，也能勃起，却很困难，是生理缺陷。”结婚时，他妻子从没接触过别的赤身裸体的男人，以为男的都和她丈夫一样。这男的亏心，觉得对不起妻子却又不能跟她讲。他刚到现场时无法理解妻子为什么自杀，但妻子的遗书捅破了他一直密而不宣的隐私。

我问他：“你当初选择结婚的日子，是不是专门挑她来例假这天啊？”“您说对了。”他说，“我当时选结婚的日子就是挑她来例假的日子，要不然我当天就暴露了。”我问他：“你妻子婚前交过男朋友吗？”他说：“我是她交往的第一个男人。”

我跟那男的谈了有一个半小时，开始我是想准备要找他的茬儿，要弄清楚到底怎么回事。最后，我挺同情这男的，但他妻子更可怜。后来我才知道，这女子还有一个哥哥。我想她要是有一个姐姐就好了，当哥的哪能跟她沟通那种事呀？她在北京打工，也没什么知心姐妹说些私密话，跟她聊聊男女这些事。

生活是形形色色各种各样的，有些人的做法让人接受不了，又让人不理解，但愿大家都幸福。

生命感言

确认自杀的最重要证据是遗书。在这起年轻女子高坠案件中，我从遗书中读出了不一样的内容。它是一位年轻女子难以言说的隐私，也是因为自卑而没有坦诚相见的后果。在对死者的惋惜和对其丈夫的同情中，我有了自己的想法。那就是性爱虽然是情爱的重要组成部分，但是如果相爱的人能够坦诚相见，生活中的一些缺憾就不会酿成悲剧。

No.40

让“破烂王”入土为安

引言

被单位开除的“破烂王”，无父母无姐妹，更无经济来源。他每日圈居在楼道，直到死亡三天后才被人发现。为了让他能够入土为安，民警代家属替他争了权益签了字。

寒冷冬日的一个天，天色已晚，我正要收拾东西下班回家，办公桌上的电话突然响了，是值班室打来的。地处繁华城区的一家单位的宿舍楼里有一中年男子死亡。

只要是临近下班时间或清晨、夜半，这几个时间段出现场，我都是自己去现场，不带助手，因为他们都是来我这里实习的大学生。我开车赶到出事的那幢宿舍楼下，派出所民警正在等着我。楼下站着七八个人，其中还有单位管委会负责人和单位主管行政的领导。我人一到，他们领着我乘电梯上到六层。这幢塔楼有十六层高，是单位宿舍楼。每层都有贯通的楼道，很长很长。大家走出电梯进入楼道，这楼道里的景象让人吃惊。

我远远就看到楼道中间堆着一堆破烂儿，走近细瞧，什么烂纸箱子、烂纸壳儿，那些破烂儿在楼道里围成了一个小圈儿，特别显眼。我走近探身再瞧，破烂儿中间躺着一个人，男的，五十多岁，像是大街上的拾荒者，人已经死了。他身上穿着的冬装破破烂烂，棉袄棉裤的破洞里露出棉絮，脏兮兮、臭烘烘的。

要说这可是大单位的宿舍楼，这单位有领导、有管委会，怎么让这么个大男人死在楼道里啦？看样子这人在楼道里可待了不少日子了，这事儿有些蹊跷。

我扭头跟身后管委会的负责人说："您能把情况给我介绍一下吗？"

对方应声说："这个人啊，是我们单位开除的职工。"

"为什么？"

"五年前，他在单位偷了一个工具，被单位发现。单位因为这事儿把他开除了。他是北京人，没有兄弟姐妹，也没结婚。他原本在这幢楼上有一间宿舍，被开除之后，单位不管他，没多久这人就没了经济来源。他生活困窘，就把自己那间宿舍卖了，接着就在楼道这儿搭了个圈儿，无论冬夏都住在这儿。"

我一听，好家伙，这人五年前被开除，三年前卖了自己的宿舍房，居然在这楼道里搭小圈儿住了三年，"你这单位怎么能愣是装看不见，什么都不管呢？"

我问单位的行政主管领导，说："您了解这个人的情况吗？"

对方回答说："这是我们单位的职工，我是后调来的，一开始不了解情况，最近才知道楼道里住着这么个人。为了解决他的事，我们单位开过好几次会。您说他没房住吧，以前分给他了，他是已分配单位房的职工。房屋政策改革之后，单位的房子可以变卖，变成私房，别人都交钱了，他没交钱。单位只收了他半价的房钱，把他这间宿舍折成工龄，可他把自己宿舍卖掉了，不可能再分房。他把卖房的钱花光了，就住在这儿，他又没别的地方去。"

让这位行政主管领导头疼的是，这人用破烂儿在楼道里围个小圈儿，黑天白日在里头囚着，楼道被他弄得又脏又乱，这个楼道的住家没少向单位领导反映意见。

我问单位的行政主管领导："你们为这事开过多少次会啊？"他说前前后后开过十次八次，六层住户一闹，领导就开会研究。但是，哪个领导也不拍板解决安置这个人，直到发现这个人一个姿势躺在小圈儿里三天没动静。有一个胆大的人过去摸了摸他，这人断气儿了，这才报的警。

其实，这人躺在这里大小便失禁多日，我在验尸时看得出来。他失禁的那些排泄物都腾干了，尤其那大便的味儿特别冲。也许楼道里的住户常年习惯了，这人发病危及生命时没人注意他。这个人是因心脏病发作而死的，心脏病患者怕冷，正值三九天，他蜷缩在楼道里，没有暖气。

我想，像这样一个单位，又不是一般的小单位，怎么找不出一间住房来呢？哪怕在什么偏僻旮旯里找间小屋，腾出个地方安置这个生活无助的人。怎么说他也是单位的人啊！就算他犯错误被开除，已经受到惩罚了。这个事麻烦在于，这人没有父母，没有兄弟姐妹，也没结婚。他活着的时候，单位不尽责任、不尽义务；他死了，单位得管，要不然火化尸体都找不到人签字。

想到这儿，我说：“请你们通知单位‘一把手’过来。”这时我已经检验完尸体，按常例，这就该让民政局的工作人员把尸体装尸袋拉走，可我没让他们上手。我脑子里已经想好的处理办法是，一定要把这个人交给单位。

单位的“一把手”来了，摆着大领导的那个派头。他来了张嘴就跟我说：“这事与我们单位有关系吗？”

我说：“有关系，这是你们单位应该承担的责任。”

“这是被我们单位开除的职工。”

“你们单位开除的职工也是你单位的职工。你开除了他，就什么都不管啦？你把这麻烦推向社会，你觉得对吗？”那“一把手”听完我的话，满脸怒气。

我说：“我通知你派保安，在楼道里 24 小时看护这人的尸体。”

他惊诧地问道：“嗯，看护尸体？”

我当时想的是，这尸体今天不拉了，就搁在这儿。光搁在这儿还不行，你得找人看着。我把这人的尸体移交给你管着，看看到底是谁的麻烦。

“你先叫四个保安来守着，然后咱们单谈。”他说行，立马打电话吩咐，很不以为然的神情。这“一把手”的态度让我接受不了，这人死得挺冤，他却根本不当个事儿。

保安来了，我说两人值守，另外两人轮班。这时，这“一把手”才觉出有麻烦，似乎不是一会儿半会儿的事儿。我冲那个行政主管领导说：“你们跟我一起去公安局。”

“啊，就为这事儿，还把我们带公安局去？”“一把手”问。

我说这不叫带，这叫请你们去了解情况。这一行人进我办公室一看，气氛有些阴森，从来没见过这样布置的办公室。他们坐下的时候，天更晚了。我这儿没饭，我拿起桌上放着的几块饼干，问他们吃不吃，他们说不吃。我有糖尿病啊，我拿起来吃。那“一把手”赶紧打电话叫单位送盒饭来，我心里话爱送不送，反正我吃完了，沏上水喝着，然后开口说话。

我说：“你们单位开除职工，他生活有出路，甭管，没问题；他生活没出路，你们没有责任，但是你们有义务，这人毕竟是你单位的职工，为你单位服务过，为你单位贡献过。他犯了错误，你们依照厂规厂纪开除他、处罚他，可你们不能把他推向社会，不能见死不救，这个你们做得不对。”

“一把手”当即回应说：“这事咱们有点儿分歧。”

“你要说跟我这观点有分歧，这件事我处理不了。我们公安局不是慈善单位，我是执法的，这个事情你不是派了人看着吗？你就派人看着，等你看不了的时候，等你想明白的时候，你再来找我。”我一口气说下去，“现在你们可以走，明天你们单位可以研究这件事。人就那么搁着，你什么时候研究好了，什么时候再说，请你们先走。”

“一把手”说：“我们给您买饭了。”我客客气气地说：“买饭我也不吃，我该下班了。”我就这么给他们轰走了。我回到家那会儿已经是夜里十点多了。

第二天上班，我早早来到了办公室沏好了水，那单位的“一把手”“二把手”和书记三个人敲门。他们一进门来就告诉我，说昨天晚上他们单位领导连夜开了会。我对那“一把手”说：“你们来得正好，我请了个报社记者一会儿就到。您不是昨天跟我说对这个问题咱们有分歧吗，我想找个记者把这件事原原本本登出来，让社会大众评评，看看到底是我说得对，还是您不管这人死活做得对。”

“可别介，可别介，”这三个人连声央求，“这事儿我们研究过了。”这三位领导说了一大堆话，最后明确表示死者后事由单位处理。

“我们是要对死者有个交代。”“一把手”对我说，“我们今天来就是跟您汇报这个决定的，咱们先赶紧把他的尸体火化了，再把他存的东西都处理了，该扔的扔了。”听这三位领导介绍，就在他们到我办公室之前的一大早，宿舍楼那些住户联名找单位，说楼道里死了人，在楼道里搁一宿，吓得住户不敢从楼道这儿过。

我说：“是啊，没解决完，这尸体能动吗？不能动啊。你们要是研究好了，我没意见，我赞成你们的处理意见，那咱们就这样吧。”

接着，我让他们签了一份文字协议，白纸黑字写上职工谁谁死亡，后事处理由单位承担，并写明死者火化完怎么处理骨灰。“一把手”说骨灰送给火化厂，我质问说：“你们这就算完事了？谁的主意？”这些人都不言声。我要单位给死者买块墓地。我跟这些领导为买墓地的事又交涉了两个多钟头，对方不同意。我说这种事按习俗讲究“入土为安”，支付一万五千元买块墓地安葬，你可以不去，他也没人扫墓，他在墓地就这么一直搁着了。

接下来，这三位单位领导反复说什么不好出钱，我不让步。他们来来回回打电话，大概是上报他们的上级领导，好一通折腾，最后说行，同意买块墓地。他们先前以为出钱火化就完事儿了，知道这人没有家属，我坚持说“那不行，你们这是对死者不敬”。直到最后，对方终于妥协，同意签字，买墓地安葬骨灰。

我在协议下面签字时特意写了单位领导某某与办案民警某某。为什么？没有死者家属签字啊，其实这不应该我签，但这案子是我办的，死者有了最终的归宿，有什么不成啊，我就签吧。

| 生命感言 |

这是一个特殊的无家可归者的死亡案例。面对这个生前贫困交加、死后一无所有的逝者，我没有简单地以查明死因而把工作画上句号，而是要让死者通过入土为安得到最后的尊严。作为一名警察，我觉得自己必须多为人民做实事。在这类案件中，我费尽周折所做的实事，就是绝不能让任何不幸的人死后成为孤魂野鬼。

No.41 丈夫惩罚妻子走极端

引言

为了报复想离婚的妻子，丈夫将安定药片放入粥中，亲手端给了毫不知情的一双儿女。之后，他点燃了整个家，搂着一双儿女一同死去。

冬日的一个上午，指挥中心布警、值班室通知，一个小区发生火灾，有人死亡。

我开车抵达现场。那是一个有着三栋塔楼的小区，其中一栋塔楼的十层住户发生火灾，整个塔楼为安全起见关闭了电梯。我跟随楼门口等候我的派出所民警一起沿楼梯上行，气喘吁吁地爬到十层。

我们进门时，火灾已经扑灭，起火人家居住的是两居室，客厅被火焚毁，墙壁乌黑，卧室大床及家具也被火焚毁，整个屋里弥漫着浓浓的焦煳气味。客厅的地上摆了一个搪瓷盆，看得出，盆里剩有不少烧残成灰的人民币。我们走进厨房，低头看见地上躺着一名男子，他右手搂着一个男孩，左手搂着一个女孩，三人均已死亡。

那男子两腿间卡着一封遗书，上面写着："我带孩子先走，去很远的地方，欢迎你也早点儿来，家里的二十万元存款，我已经把它烧成灰带走了。"看着眼前的惨景，我想到自己也是父亲，也有孩子，不论这男子出于什么样的绝望心情，他带着两个孩子在家自杀，我心里格外沉痛。

家中的起火点在客厅中央，卧室起火明显是点燃各处泼洒的高度白酒。

四小时后，我联系到死者的妻子，我在办公室接待了她。这女人在街道工作，一儿一女上小学。她在工作中结识了一名男子，两人关系逐渐亲密，变得如胶似漆，最终被丈夫发现。丈夫多次要求妻子断绝与那男子的往来，但妻子刹不住车，竟然大包小包地把自己日常穿的衣服拿出家门。在一次争吵后，丈夫偶然发现妻子在笔记本电脑中记录了她与那男子接触的事实以及心理活动，还看到妻子流露出坚决离婚的念头。当他与妻子就孩子抚养权激烈争执时，妻子声称即使再婚也不可能再生孩子，坚决要独自抚养一对儿女。

丈夫无奈婚姻即将破裂的现实，妻子不给他孩子抚养权的那些话深深地刺痛了他。看到身边那对无辜的孩子，想到未来将由别的男人抚养自己生育的儿女，激起他心底绝望的极端念头。他通过熟人悄悄购买了 120 片安定药片，将银行储存的二十万元现金全部提取回家。

周日早上，他熬好一锅粥，盛出三碗，在自己碗里放入捣碎的 40 片安定，在其余两个碗里各放入 30 片安定，写好遗书。他看着两个孩子把粥喝下，又在遗书最下角补写了一行字，“孩子们已经把粥喝完了，我对不起他们”。

药劲儿发作，两个孩子昏睡过去，他把一儿一女抱到厨房地上，仰脖儿喝下给自己备好的那碗粥，然后先去卧室泼酒把火点着，再将二十万元钱放入盆中燃烧，最后回到厨房，整理好遗书，一左一右搂着女儿和儿子，三人在昏睡中死去。我把现场调查了解的情况告诉死者妻子，她精神崩溃，看完丈夫的遗书，更是全身瘫软，无力支撑。

这家住户的火灾起因查清楚了，死者的死亡定性是自杀，这场人祸因家中妻子婚外情引出。若从公安机关的立场出发，没有追究责任之处，只能交付给舆论和良心的谴责。可以肯定的是，这场不幸对死者妻子的精神刺激非常大。在她离开我办公室之后，我担心她想不开，第二天拨通了她的电话。她在电话里告诉我说，她已经将事情的原委详细地告诉了她倾心的那位男友，她和男友恳请与我当面谈一谈。

当晚八点，有人敲响了我办公室的门，死者妻子身后跟来一位二十八九岁的男人。我打开门请二人进屋，没想到二人一下子跪在我面前，痛哭不止，哽咽着说："警官同志，我们错了，我们真的错了。"

第二天一早，死者弟弟和表弟来到我办公室，情绪激动，要把我调查结果和他嫂子藏身的住址据实告知。死者弟弟瞪眼大吼道："我是大狱里出来的，什么都不怕，我要为我哥哥报仇。等我报完仇就让公安局枪毙我好了，我也不想活了！"

我十分震惊，先让来人坐下来喝口水。想想吧，一个家庭三口人的性命丧失殆尽，又有两个年轻人发誓报仇，采取过激行为不惜一命抵一命。如果任凭这样的事发生，那是多么可怕。

妥善处理好后事，也是我们公安机关的职责。我苦口婆心地劝说两位年轻人，为他们分析利弊，"就算一命抵一命，被杀者父母如何能承受失去孩子的痛苦，一个家庭已经没了，你们的行为可能会造成几个家庭的毁灭"。这场劝说真费了我不少时间和精力，直到他俩情绪渐渐缓和下来，从抗拒到信任，理性占了上风，这才打消了复仇的恶念。

在三位死者出殡之前，死者妻子打来电话，说这些日子她一直在极度痛苦中苦苦挣扎，充满悔恨。她对不起丈夫和儿女，觉得自己是一个无法脱罪的罪人，已经被押上道德的审判台。她不敢参加丈夫和儿女的葬礼，也无颜参加。她希望我代她向逝去的丈夫和儿女道歉，说她与丈夫结为夫妻，但没有尽到妻子义务；说她生育了儿女，但没有尽到养育的责任。她恳求我将她已故亲人出殡火化入土的全过程录像，她要把录像好好保留下来。

我答应成全这位女士的请求，在死者出殡期间，我到殡仪馆替她完成了所有请求，最终把录像带交到她手里。记得她在我办公室全身颤抖着伸出双手，接过我手中的录像带。接着，她和那位婚外结识的男人站在我办公室门外双双跪下，说："卢警官，谢谢您了。""不用谢，我能做到的都做到了。"我这样回答。

| 生命感言 |

一系列证据表明，这是一起纵火自杀案。一位父亲一定是坠入了绝望的深渊才会带着一双儿女走上不归路。但是，在处理完这起案件后，我一直觉得有话要对逝者和他的妻子说一说。人是感情动物，大家都有追求美好感情的愿望。但是，在遇到新的感情时，一定要冷静下来，先把相关问题彻底解决好。遇到离婚问题，出轨的一方一定要作出让步，不能让事情没有了回旋余地；受害的一方一定要懂得生活不会一帆风顺，遇到棘手的事情，千万不能采取过激行为解决。为了报复出轨的妻子，丈夫将两个孩子作为陪葬，这样的悲剧足以让后来者警醒！

No.42

拾荒者“死”而复生

引言

寒冬腊月，“死者”躺在冰冷的地上，身上盖着硬纸板，只露出双腿和双脚。就在民警出现场拍照之时，“死者”复活了！

春节临近，我正在参加部门每天早上例行的晨会，突然接到指挥中心通知，说在一个地下通道口有一名老人死亡，指令现场组速去甄别。本来我有一个实习生可带着一起出现场，但他个人有事，于是我一个人开车去了。

正值寒冬，西北风嗖嗖刮着，人们穿着羽绒服和冬衣还缩手缩脚，呵气见白烟。我驾车赶到那个地下通道口，瞧见那儿围着十几个人。我挤进人墙走到近前，只见地上平躺着一个人，这人上身盖着个硬纸板，就露出两条腿和两只脚。我把肩上的勘查箱放在一旁，叫那个已经到场的“110”巡警维持秩序，把现场腾空。

我从勘查箱里取出相机，安好镜头，挎在脖子上，近前慢慢移开盖在那人身上的硬纸板，定睛一瞅，这是一个老太太，估计得有七十多岁，面朝上躺着。按程序规定，我们给死者拍照要从三个角度拍，一是拍死者大头像，二是拍死者全身照，三是拍死者与死者身处的环境。存档时必须要有这么三张照片。

我小心翼翼地将两腿跨在老太太的腰部站好，准备先给老太太照张大头像，弯腰端稳相机，把右眼抵到相机目镜框上。正在调整镜头对焦时，我似乎看到老太太的眼皮儿微微地一动。当时，老太太的面部在镜头中放大，我在取景框里看得很清楚。突然，我又看到老太太的眼皮儿在轻轻地颤动。

我心里开始打鼓，正要摁下快门，地上躺着的老太太突然抬起右手，“啪”地一巴掌狠狠地打在我左腿上。我下意识地抽腿往右侧一躲，慌乱中没站稳，一屁股坐到地上，把相机镜头摔脱了机身，后背惊出了一层汗。

这太意外了。我试图站了两次都没能站起身。这时，那老太太突然坐起来，跟我几乎脸对脸。我当时浑身发麻，搞了这么多年验尸，没遇见过人死而复生的。你不知道，人受到特大惊吓之后，根本没有力量支撑。当时，我顾不上心疼那摔坏的高级照相机，想起身却又根本没力气支撑着起来。那老太太倒是挺自如，坐起来了就说：“睡会儿觉，你跟我捣什么乱啊！”

围观的人们也吓着了，站在不远处的几十个人竟没有一个人上前来扶扶我。当年没有智能手机，也没有互联网，要搁现在，早有人给我拍段视频发出去了。

地下躺着的这个老太太是个捡破烂的拾荒者，可能是累了、困了，倒在通道口睡着了。大冬天的，这里背风，比较暖和，平常人哪有躺在这地面上睡觉的啊？她躺着睡着了，身上盖块硬纸板，遮着脸，又遮着大半个身子，就露着两条腿和两只脚。好心的人经过时以为硬纸板下盖着的人死了，正常人谁寒冬腊月地躺在这地方啊？“110”巡警来了，他也没打开纸板看看就报警，起码得确认一下是男是女是老是少啊。甭说别的，就从露在硬纸板外面老太太穿的那双鞋，也能看出是男是女，但这些都被同行忽略掉了。

老太太坐起来，没事儿人似的，还嗔怪我打搅了她的梦。接下来的事就不归我管了。

我回到单位向领导汇报了经过，我与单位领导坐在一起，仔细探讨了一下今天现场遇到的这种情况。这是我多年工作以来从未遇见过的事情，由于某些环节的疏漏，造成了很不好的影响，也给我和出现场的民警带来了很大的打击。

| 生命感言 |

每一起非正常死亡案件都不会完全相同，这是一起由“悲剧”转为“喜剧”的“死者复生”的案件。虽然老人在我“验尸”的时候“复活”让我受到不小的惊吓，但老人“还活着”的美好足以抵消我的不适。这件事也让我产生了一个感想，那就是热心肠的人在做好事的时候，也需要更认真和细心一点儿。此次误把睡觉的人当成死人的事情不仅让当事人受到搅扰，也让有限的警力有所浪费。

No.43

早熟男孩丧命性窒息

引言

青春期的男孩，对性有了懵懂的认知，却因遇到粗心的母亲，致使含苞的花朵提前凋谢。

入夏时节，我接到指挥中心布警、值班室通知，某平房院里死了一个小孩。我上午九点多钟抵达城区南边一条胡同的四合院门外，一进院门就看见院里站着不少民警。大家互相点个头，我问现场在哪儿，人家一指北屋，说在那儿。

这个四合院里住着四户人家。我进院门往左一拐，有北房三间，中间那屋门开着，里面有女人的哭声。我迈步进屋，环顾四下，这是一间中堂，左右分别是两间耳房，老北京平民宅子的格局。屋中间靠墙摆有一张木桌，木桌两旁分别搁有一把木椅，挺标准的老北京平房家居摆设，堂屋门边放着搭有毛巾的脸盆架。

堂屋里有一张单人床，床上坐着一个年轻女人正在哭泣，她身旁站着一个年轻男人。紧随我后面进屋的派出所民警向这一男一女介绍说："这是我们分局负责非正常死亡现场的警官。"我向二人出示了警官证，那男人冲我点了点头。我直觉认为这一男一女不像两口子，就凭那男的脸上呈现的呆愣神情，又惊又慌。若他俩是夫妻，他的神情不该是这样啊。

我说我能看一眼现场吗。民警推开东耳房的屋门，民政局的工作人员跟在我后面进去。屋子不大，里面横放着一张单人床，床上没人。我扭头一看，这屋与堂屋之间木隔断的地上倚坐着一个男孩，他已经没了气息。他后背倚着的木隔断恰恰是过去那种旧式房子的木隔断墙壁，上面是木格，可以放把玩的小物件，下面是厚厚的木壁板。

近看这个男孩，他脖子上系着一根绳子，绳子的另一头系牢在木隔断的横条上。这男孩屁股后面还有一个翻倒的小板凳。看到这些，我没动手就退出东耳房，经堂屋到对面的西耳房看看。西耳房里也摆着一张单人床，我当时有些诧异，两边耳房里都有单人床，为什么中间堂屋还要摆张单人床？这家里怎么有三张单人床？

正想着，我看到西屋木隔断上挂着一张遗像，是个男的，照片外围有一圈黑框。我猜想照片上的男人是这家的男主人。凭经验判断，若这真是男主人的遗像，按照北京的风俗来说，遗像挂着，最起码人死不足百日；人死百日后，遗像就可以摘下来了；再要挂，就等到清明节了。

三间屋我都看完了，我来到堂屋桌边坐下，把工作本拿出来，拔了笔帽，开始询问男女二人。谁是这家的主人呢？那女的说她是，她是死去男孩的母亲，她告诉我她的姓名和工作地点。她说丈夫遭遇车祸身亡，才四十多天。这印证了我进西屋看那男人遗像时的猜想。

“您呢？”我朝那个男人发问。他用手一指坐在单人床上的女人，说他是她的朋友。噢，他应该是这女人丧夫后搞的对象。我问起东屋里的男孩，那女人说男孩十三岁，上中学。

我让她把发案经过说一下，她停止了抽泣，慢慢讲起来。

她丈夫死后，她又交了一个男朋友，常来家里。由于丈夫去世还不到一百天，她不愿让男朋友进入她曾经和丈夫睡觉的西屋，两人就在堂屋聊天儿。说到这儿，我已经明白堂屋支起的那张单人床是干什么用的了。

她说今天男朋友来家里，给她儿子买了几本书，在她家吃的饭，儿子看到书后挺高兴的。接下来，她就有点儿不想说下去的意思。我说：“你接着讲吧，这孩子已经听不见了。”

“是啊。”她叹了口气继续说，“儿子吃完了饭，拿着书回屋了。我俩……唉……”她支吾着说不下去了。我心想，你丈夫死了不久，你就找了个男朋友，也是快了点儿。我说：“你接着说，不要紧的，咱们都是成年人，我孩子都十好几岁了。”

“唉，就是亲热亲热。”

“你就直说发生关系吧。”

“嗯，我们两人正发生关系呢，就听到儿子那屋‘咣当’一响。”

这女人说她当时听到这动静，顿时吓得不成。她推开东屋的门往里一看，她儿子待的这个地方，木壁板接缝处有一个小眼儿，正对着他俩堂屋的那张床。她说：“这孩子坐在这儿，脖子上系根绳。我再一看，他裤子脱了一半，右手揪着卫生纸，左手也拿着卫生纸还扶着自己的生殖器，下半身流了好多精液。”

我问她：“你儿子待的那个地方有个窟窿眼儿，你知道吗？”

她回答：“其实我进去后，一眼就发现了。”

我又问她：“天黑以后，你儿子那屋开着灯吗？”我是想，要是东屋里边开着灯，他俩在堂屋应该能看见啊。

她告诉我说，儿子关了灯，她认为他睡觉了，他睡得早。

我扭头又问她男朋友：“你一礼拜来几趟啊？”他说平均来三四次。

我断定，男孩做这事不是偶尔的，这种情况叫手淫引发性窒息。以前我遇到过一起同类案件，也是一个男孩，性早熟，每逢她母亲跟进家的男人发生性关系的时候，那个男孩就产生一种幻觉，开始手淫，一边拿着自己的生殖器，一边拿纸擦着流出来的精液。他还在自己脖子上套一个绳套儿，勒着脖子手淫，他觉得舒服，要找这个感觉。

这家的男孩也同样要找这个感觉，只是没想到他屁股下的小凳子因他一边做一边扭动身体，动作幅度过大突然翻倒，身子失衡，一下子被脖子上套着的绳子勒紧，瞬间毙命。

人的喉骨是脆骨，受力一折，人就完蛋。为什么自缢的人站到凳子上，一踢凳子，人悬吊起身体立即就死了，就是这个原因。脖子那么细，哪儿撑得住啊。

事实上，这位母亲的男朋友每次进家吃完饭，两人都要在堂屋的单人床上亲热一翻。男孩给母亲的假象是天天睡觉早，其实他根本没睡觉，每次都趴在木壁板上的小窟窿眼儿往堂屋这边看。这孩子寻求感官刺激有一个发展的过程，越做得多就越痴迷，越要找这个刺激。不幸的是，就在他刚刚找到这种感觉的时候，屁股下的小凳子翻了。

我告诉这位母亲，她儿子在这里偷偷所做的一切，都是看完她与男朋友的行为之后寻找快感，发生意外就因为这小凳，小凳不翻，他不会死。但是，这可不是她儿子第一次这么做了。我这样一说，这位母亲说她想起来了，每次男朋友来的时候，孩子都“睡”得特别早，那就是提前在屋里关灯。

对于这两人，作为公安机关，我不好说他们什么。女方丈夫去世了；男方离异，也是单身。两人搞对象很正常，见面后搞点儿动作也在情理当中。我说：“我不好责怪你俩怎样，只想说你俩太自私了，光顾你们情感，忽略和遗忘了孩子。这孩子死得真无辜，他是学你们。”

听我如此说，这位母亲愣了一下，马上就哭出声来。我就冲那男的摆摆手，他退后两步。此时，这位母亲才跑过去搂着自己的儿子痛哭。她搂着儿子哭了有几分钟，我才叫那男的去劝劝她，让她别哭了，该收尸体了。那男的走过去，拍拍女的肩膀，劝她别哭了，并把她搀了起来。

我拍完照片，让民政局的工作人员把男孩手里和地上的那些纸都收了，把绳解下来。男孩脖子上那根绳是白麻绳，有筷子那么粗。男孩的尸体被装进尸袋，登记后，我让民政局的工作人员把孩子的尸体送往太平间。

在另一起类似案件里，一个十三岁的男孩家住楼房，父母离异后他跟随母亲生活。这个男孩挺有心计，在自己那屋的门把手下面捅了一个小窟窿，把一个玩具小喇叭可以吹的那头铰掉，每当他母亲带着男人进屋，灯一关，他就把小喇叭铰了头的那端捅进门把手下面的窟窿里，自己坐在屋里听。他又在自己屋里的暖气管子上吊下一根绳子，把一端系个绳圈，套在脖子上，坐在小板凳上。他也是射精时意外死亡，可见射精的时候这个孩子的身体扭动幅度有多大。

这个男孩死后，他母亲跟我讲，她曾经发现过儿子的异常，把玩具小喇叭没收了。没想到，男孩又自己做了一个。这位母亲特别后悔，后悔疏于警惕，没能及时纠正自己的行为，也没能恰当地引导孩子。

还有一起案例，一位母亲离婚后又找了一个男人，两人经常在家看毛片儿。母亲以为儿子年龄小，不会摆弄录像机，哪知道这孩子自己鼓捣鼓捣，竟然会播放。有一次，儿子在家看毛片儿时被中途回家的母亲撞见，母亲痛打了儿子一顿。儿子有心脏病，趁母亲不在家，一边躺在床上看毛片儿一边手淫，结果过度了，拿着手纸死在床上。母亲下班进门，见到这情景吓蒙了，后来打了“110”报警。

这位母亲总是念叨：“咳，不知道他懂这个，不知道他懂这个。”

这个男孩才十岁，身体很胖，性成熟得太早。我知道，不管男孩还是女孩，性早熟恐怕与当今的食品和饮料中的激素有关。令人痛心的是，就在那一年里，同类案件发生了四起，死的都是男孩，最小的十岁，最大的十五岁。希望那些离婚单身又有孩子的父母千万不要大意，你们在享受忘情的时刻，别忘了屋里的孩子。

| 生命感言 |

“性窒息”是年轻男性常见的意外死亡情形中的一种，很多时候，这种非正常死亡事件发生在青春期男孩身上。在我接触的多起“性窒息”案件中，存在一个共同问题，父母把孩子当什么都不懂的小孩。事实上，随着孩子的长大，性是一个绕不开的话题。如何让孩子在长身体的同时逐渐具有性知识，是一个值得思考的问题。我在想，父母注意自身行为固然重要，更为重要的是让孩子把性看作一件正常的事情，而且要学会保护自己。

No.44

智劝高坠轻生者

引言

轻生者已经站在高楼的楼沿儿，跳下去只是瞬间的事。验尸民警变身谈判专家，在千钧一发之际，横身扑住轻生者。

指挥中心布警、值班室通知，繁华城区一栋高层写字楼上有一男子轻生，命我出现场。正值大夏天中午时分，现场楼下围了好几百号人观望。

按说死了人才会叫我去，不过，遇有高坠这种情况也通知我去。为什么？因为我接触过许许多多的非正常死亡案件，领导知道我在劝解轻生者谈话这方面有一定经验。

我赶到那栋高层写字楼下，向上能望见楼顶最高处的边沿儿确实有一个人影。那栋楼有二十多层，估计高度得有七八十米。

我到达现场时，局领导已经先到了。听派出所民警介绍完情况，我跟着派出所民警乘电梯坐到最顶层，通过楼梯口的竖梯爬上楼顶。我露头张望，就看到有一个人站在西边二十米开外的楼沿儿上，正与此人对话的是派出所所长和两个治安支队的人，他们与楼沿儿上的那个人相距有不近的一段距离。我刚站稳还没向前迈步，那人指着我这边喊着，谁要过去，他就跳下去。这时，我注意到楼沿儿约有五十厘米高，那人站在不宽的楼沿儿上面。

我问派出所所长，站在楼沿儿上的男子是哪儿的人。所长说他有个书包被民警截了下来，书包里身份证，他家在外地，是当地警方追逃的人。为什么被追逃？他从老家出来打工，返家时发现自己妻子跟别的男人在屋。他冲进屋，屋里那男的跑出来他没追上，结果他抡起家里的烧火棍儿，狠狠揍了妻子。他以为把妻子打死了，就连夜坐火车逃到北京。其实，他的妻子只是被他打成脑震荡，没有生命危险。

听完这番介绍，我想试着劝劝那个人。我越过派出所所长的站位，越过治安支队那两名民警，走到离那人最近的地方。我往前走，那人连声大吼，威胁说如果我再前进一步，他就跳下去。我大声对他说："我就是验死人的，你下去也归我管。"我这句话把他给说愣了。一见他愣神，我又往前走了几步，离他也就五六米远吧。这时，那人脸上的青筋都暴起来了，眼睛要瞪出眼眶。我若再往前走，恐怕他就真要跳啦。我索性一屁股坐到地上，然后对他说："有什么事，咱们下来慢慢说、好好说，行不行？"我坐在地上，意味着对他没有攻击性。我说："你老家我去过，挺美的地方啊。"我问他有家里的电话号码吗？

"没有，你要干吗？"

"你要有家里电话，我让你妻子跟你通个话。"

"别骗我，她早死啦。"

"你用我电话打，你告诉我，你家里号码是多少，我拨通你家电话，让你跟你妻子通个话。"

那人听我这么说，愣了一会儿，说："我妻子都死了。"

"你怎么知道她死了？我现在告诉你，她没死，你别冒傻气儿了。"我接着一口气说下去，"你打了你妻子，最多叫家庭暴力，要是判刑也得上法院判。你屋里不是还跑出一个男人吗，他确实该挨打！"

看起来，那人还能听我说，那我就继续说下去。我说得多，他说得少，他说的都是问事儿、打探，一来二去我们聊了十几分钟，两人越说越近乎。他不由自主地从楼沿上往我这边挪，我俩之间只剩下两米远了。我一边跟他聊一边盘算，我肯定不能站起来，我跟他距离这么近，只要一起身，还没等站起来，对方立即就会察觉，除非我一跃而起揪住他。

"民警同志，我真没事吗？"

我说："我姓卢，你要相信我，保证你没事儿。"

经验告诉我，对方要是不相信你的话，你说什么他都不信。人要是怀疑起来，什么都挡不住。只有让对方相信你，你说的话才能一句顶十句。但凡这种特殊时刻，你必须要取得对方对你的信任，事情才有可能向着你引导的方向发展。

我看了看表，已经跟这人相处对谈了半个多小时了。我问他："你渴不渴呀？"

"渴。"

我回头跟身后那仨人说："你们去拿两瓶水来。"那仨人拎着两瓶水走回来，对方又警惕起来，他喊："你们要是再往前走，再往前走，我就从这跳下去！"

我从地上起身，回身把那仨人拎过来的两瓶矿泉水接过来拿在手里，看准我刚才坐着的那个位置往前走，看那人能不能让我跨过那个位置。我刚要往前走，他说："停，你别动。"

我拿眼一估量，现在站着这地方离我刚才坐着的位置还差一米多远呢，这比原先与那人的距离还远出一米。我想了想说："那这样吧，你也别吓唬我，我的话你也听进去了，我可是什么都知道，我还想救你、帮你，你乱嚷嚷啥？"我说着又向前跨了一步，跨到我原来坐的那位置，见他没反应，我想，假若我再径直地向前迈半步，他肯定不干。

我灵机一动，说："这水，我怎么给你呀？我要是扔不好，扔下楼，会砸着人的。"

他看看这儿、看看那儿，用手一指，说："你就扔这儿吧。"我随手一扔，扔到他站的楼沿儿下边的地面上。那两瓶水离他站着的地方有那么点儿距离。他站在楼沿儿上往前走了一步，躬下身子伸手够了一下，没够着。他警惕地盯着我。我把头向后扭去，假装借着看手表，用表蒙子模糊的反光影像瞄着他的动静。这时，我隐约从表蒙子上注意到他下了楼沿儿，弯腰伸手拾矿泉水瓶。

我坐在地面上，虽然脸朝后，但身体朝向那人。一瞬间，我利用全身的爆发力，横着身子窜扑，正好伸手搂住那人后背。我扑过去的同时，大喊："快来！"那人两腿已然在那五十厘米楼沿儿下的地面，就算他挣扎着向楼沿儿外跳，我已经死死地摁住他后背，他至少也得费些力气和时间。没等他挣扎几下，我身后那仨人猛扑上来，合力制伏了他，他只有乖乖地束手就擒。那人被我们的人带下楼，我瘫在地上足有十多分钟才倒过这口气来。

事后，我真是后怕。你想啊，我那么一扑，万一方向有偏，甚至完全扑歪了，我不仅没扑着那人，让他趁机抽身高坠，我使那么大的劲儿，扑出楼沿儿，不也成了高坠了嘛，真不敢再想下去。

有人问我，您怎么有把握把那人拿下。我想，我有把握的瞬间，就是听到给他矿泉水时他说的那句话，“你给我扔这儿吧”。要知道这句话说明了什么，说明对方信任我了，要换一个别人，他不信任。这印证了我办案铭记在心的一句名言：“要想把案子办好，就要让对方相信你跟自己人一样。”说得过分点儿，就算你说得不是真话，他都信你的。

要高坠的男子被带到派出所，拘留了三天后，被他老家的公安机关接走了。

经历过这事之后，我回家跟我爱人叨叨一通。她埋怨我说：“你显这能个儿干吗，你要是掉下去了呢？你什么都不知道了，我当一烈士家属，你想没想啊！”

没想到，这次事件之后，哪儿有高坠的这类事都会说“叫老卢来”。我去过几次，但有一次没成功。那次轻生的是个日本人，会说中国话，他趴在楼上，谁劝都不成。我一步一步接近，离他只有两米远时跟他交谈。正说着，他突然站起身，两脚一蹬楼沿儿，“蹭”地跳了。这事让我心理有了阴影。

| 生命感言 |

高坠自杀是经常发生的非正常死亡事件。由于工作的原因，我在逝者之外也接触过在死亡边缘徘徊的生者，也成功地挽救了一些人的生命。我之所以能够把一些人从死亡边缘拉回来，是因为我能站在他们的角度考虑问题并因此取得他们的信任——在心理学上，这叫共情。当然，在处理危急事件时，有智有谋、胆大心细也是重要因素。

No.45

家中存尸一年半

引言

平房院里传来尸体的恶臭，谁能想到，这是精神异常的儿子将病故的父亲尸体存放在家里一年半导致的呢？

一个平房院里不知哪儿来的一股臭味儿，浓烈异常，日久不散。院里街坊们掩鼻憋气无法避开，无奈报警求助。大夏天的，正是上午上班时间，我们现场组接受指挥中心指派，前去一探究竟。

天气晴好，没风。派出所民警已经先于我到了那院子，我和一名实习大学生跟着派出所民警迈进院门，一股子腥臊恶臭的气味儿扑鼻而来，直呛心肺。凭经验判断，这是腐败尸体发出的味道。

我注意到，这院落里有西屋三间、北屋四间、东屋三间，气味儿是从北房那边散出的。推开北房屋门，中堂正中摆着一张方桌，方桌两边各置两把木椅，进门左右各有一间房。左侧这间屋的门上挂张白布帘。派出所民警说人在这屋呢，屋里男主人过世了，他儿子守在屋里。

我撩开白帘子往里一看，床上摆着一具尸体，这可是我干这行这么多年从没见过的。那尸体身上什么都没穿，这倒不让我惊异，关键是尸体全身已经风干，皮肤墨黑墨黑的像块炭，呛人的味道弥漫整个房间，简直要呛死活人。

我憋着呼吸，拍完三张照片赶快出屋透透气儿。刚进院闻到的气味儿相比这屋里的气味儿，真是小巫见大巫。可我还得验尸啊，出来就让人买了十瓶二锅头回来，又取了防毒面具。再进去之前，我先往身上泼了二锅头，戴上防毒面具。我知道，尸体的腐败气体尤其对人的皮肤有伤害。甭说别的，你若是近前去摘自缢死者，没留神让死者面朝着你，当你把死者从绳套里摘下时，死者肚子里往往憋着一口气，等死者脖子那儿一松，他“噗”地将这口气一下子喷到你脸上，你脸上马上就会起黄斑。

最先发现北房里不对劲儿的人是院里住东屋的老太太，她发现北房那老头儿的儿子只要一晾褥子，就有一股子令人无法忍受的恶臭。那家人不晾褥子，这院里就没有这味儿。后来，北房一开窗户，或者北房老头儿的儿子从院里街坊门前一过，都带有这股子恶臭。

东房老太太实在受不了，跑去派出所，让民警来院里看看是不是死了人。派出所来了两民警，进北房撩开白布帘瞅了瞅，没敢进去，于是就喊我们现场组来了。

我戴上防毒面具再次进入北房左侧的小屋，看到死者身边摆个小桌，小桌上搁着北京晚报，一碗米饭，一双筷子，还有一碟咸菜。我们找死者的儿子了解情况，这人精神状态有问题，说话语无伦次。他说：“你们别来打搅我爸。”我说：“你爸死了，你知道吗？”他回答说：“我不知道，我爸没死。”他说他每天早上给父亲买油饼、豆浆，放小桌上，每天中午给他炒一个菜，晚上给他炒一个菜，“他怎么能死了呢？”

死者儿子叨咕着，“我每天给他煮茶叶水，煮完后给他擦洗全身”，他似乎数着什么说，“我就这么擦洗，都一年半啦”。我们问他给他爸的菜饭他爸吃了吗，他说：“都吃了。”听死者儿子这么说，我把派出所民警叫到一边悄悄问：“这人是不是精神病人？”民警告诉我，这人不算是在册的精神病人。这时，院里来个女的，自称是死者儿子的女朋友，说有什么事可代替死者儿子回答。

据这女人说，死者患病死亡。别人怎么劝他儿子都不成，他就说他爸没死，每天熬茶叶水给他爸擦拭，每天供上三顿饭，撤这顿饭菜上那顿饭菜，还天天出去买晚报摆在他爸身边。就这么熬了整整一年半，她没跟他结婚就因为这个事儿，但是她说死者儿子人品很好。

我们要把尸体装车运走，死者儿子不干。僵持了两三个小时之后，我们见死者儿子的女朋友做工作不见效，只好把死者儿子骗出去，让他去外面买东西，我们趁机把尸体装车拉走了。接着，我们赶紧通知防疫站来这院北房屋里全面消毒。大概过了一周，死者儿子在那个女朋友的陪伴下，到我这儿办火化手续，火化了尸体。

| 生命感言 |

有精神疾病的儿子无法接受父亲已经离世的事实，于是守着尸体过了一年多时间。这样的事情听起来匪夷所思，但却实实在在发生了。从表面来看，精神疾病患者肢体健全，实际上他们的问题往往出在异于常人的想法。在“强制性”地让死者入土为安之后，我心中最大的心愿是他的儿子能够通过治疗恢复正常心智。与此同时，也希望大家对周围思维方式异于常人的人多一些关注，在发现问题之后及时寻求专业人士帮助或者向基层组织报告。

No.46 男孩开推土机轧死人

引言

一名施工工人惨死在推土机车轮下，肇事者竟然是一名不足十五岁的少年。他是如何进入驾驶室的？事故责任谁担？

城区一工地发生死亡事件，一名少年开推土机轧死一名施工工人。

我接到指挥中心布警任务后，通知劳动局安全生产管理科的人一同前往出事的工地。只要工地发生死人事故，我们都要到现场共同勘查。这是夏天的一个上午十点多钟发生的事。

我们出发二十多分钟后，来到出事工地。那是一处在建写字楼，写字楼主体结构已经完工，正在进行外装修。院里搞地面平整，需要使用推土机。我看到工地上那台肇事的推土机，国产的，车子已经熄火停在一条沟边上。我走近细看，推土机前面的那条沟有一米多深，推土机旁边摆着一具尸体，盖着布，离推土机有三五米远。推土机右侧链式轮带上粘有一点儿血迹。我给轮带上的血迹拍了照，接着向站在旁边的“120”大夫了解情况。

工地现场的负责人找了间屋子，由他向前去调查的人介绍事发情况。我们得知这个工地现场没有监控视频，负责建造写字楼的施工单位具有一级资质，推土机是这个施工单位的，开推土机的驾驶员也有资质，惹事的是驾驶员的儿子，这孩子还不到十五岁。孩子的母亲三年前因病去世，孩子平日跟着爷爷奶奶生活。现在学校放暑假了，这孩子被他爸接到北京，来工地已经待了五天。

那些天，推土机驾驶员忙着干活儿，有时让儿子坐进驾驶室，他一边操作一边带孩子。今天上午推土平沟，推土机近旁有八九个工人拿着铁锹干活儿，哪儿土多就让推土机拱几下。这么干了两个多小时。推土机驾驶员要上厕所，离开之前叮嘱儿子别乱动。这孩子看他爸操作了几天，多少会摆弄一点儿，忍不住动手挂挡。有人发现推土机驾驶室里就一个孩子在摆弄，大声呼喊，想制止这孩子。由于推土机噪声特别大，这孩子没听见。结果，眼看这推土机猛地向前冲，近旁工作的七八个工人里有一人背对着推土机，猝不及防被冲过来的推土机碾在轮带下，当场死亡。工地上的人赶紧拨打“120”电话，“120”大夫来了一看，没有抢救价值了，工地的人这才打了“110”。

听完工地负责人的汇报，我们又去现场验尸，符合介绍的情况。我让民政局的工作人员把尸体装袋拉走，又回到会议室里分析事故。毫无疑问，事故的发生，工地现场负责人有直接责任，这就算定性了。推土机驾驶员和他儿子已经被领到派出所去了。劳动局去的人认定这是在生产施工中发生的一起事故，他们也照相取证，并做了笔录，他们要对这家施工单位进行行政处罚。

只要劳动局认定发生的是一起安全生产责任事故，公安机关就必须要追究责任人的责任，先找出责任人再追究责任；如果劳动局不认定是一起安全生产责任事故，那公安机关就要按非正常死亡处理。我们对这一事故分析的结论是：第一，施工单位的现场负责人负有主要责任，在你的管理职责范围之内，推土机在施工现场工作时，驾驶室有小孩进入，你失察、失管。第二，推土机驾驶员私自把自己的小孩带进驾驶室，驾驶员要承担事故发生的直接责任。但是，生产单位的现场负责人是事故发生的主要负责人，对这起事故要负主要责任。

这个会开了两个小时，参加这个会的有安全生产委员会、派出所、建设委员会、劳动局、安全局的人，还有属地办事处的人，最终确定追究施工工地现场负责人和推土机司机的责任。

我们开始立案调查，要取证、做法医鉴定，五天以后刑事拘留了现场负责人和推土机驾驶员。肇事男孩是未成年人，我们让工地上的人把这孩子送回老家，他不承担刑事责任。但是，这位父亲受到刑罚，他儿子只能由爷爷奶奶管了。

我从工地其他人口中了解到，推土机驾驶员工作勤勤恳恳，有驾驶证。我跟他谈过，他四十多岁，四方大脸，因多年从事露天施工劳务，面部晒得黝黑，皮肤粗糙。事故出了以后，他除了惊吓之外就是后悔，连连悲叹不应该把孩子带到北京来，不应该带孩子上班，他真是特别后悔，甚至说愿意给那名在工地事故中丧生的死者偿命。

那名死者的亲属来了四十多人。前期我们宣布了事故定性，告知死者亲属这一生产责任事故发生的过程，请他们等待法医鉴定结论；后期单位跟死者亲属商谈赔偿事宜，告知他们北京市工伤死亡补偿的有关规定，以及那名死者应该享受的丧葬待遇和经济赔偿。前后用了半个月时间，双方谈妥条件后签订了协议书，安排火化。火化后，劳动局召开事故分析会。分析会开完，这事才算解决。

| 生命感言 |

由于安全责任事故引发的死亡和非正常死亡之间有相似性，我曾多次出现在安全生产责任事故现场。我发现，虽然每一起安全生产责任事故的后果都不一样，但是没有严格遵守制度和规程的事故原因却是一样的。从事高危行业的人也许对自己的工作习以为常了，但是一切从事高危行业的人，真的应该时刻绷紧一根“危险就在身边”的弦儿，排除一切易发生危险的举动和行为，这样你才能幸福地挣钱，愉快地生活，你的家庭才能美满。

No.47

替死者追讨正义之债

引言

耿直的仓库管理员被车间主任穿了“小鞋儿”，一气之下寻了短见。民警得知真相，为死者讨回公道。

春天的一个下午，指挥中心布警、值班室通知，有一人在家中自缢，没说是男是女。我开车带上助手出发。

自缢现场在一幢居民楼一层的家中。我敲门时听到有人在里面哭。门打开，我走进屋。这是一个两居室，里边有间小屋。

有个女人在屋里对身旁的人边哭边说着什么，年龄有三十七八岁。她身旁站着一个十二三岁的小女孩和三个成年男人。我亮明身份和警官证后，据他们自我介绍，三个男人中，有两人是死者的哥哥，另一人是那女人的哥哥，小女孩是那女人的女儿。

我向里间的小屋张望了一下，见小屋的床上躺着一个人，盖着张布单子。我说看看尸体吧，就戴上手套进了小屋。撩开单子，单子下面盖着的人是一名男性，我查看他的脖颈，用绳子勒出的索沟痕迹挺明显，马蹄形，应该是自缢。我看看死者的瞳孔，稍稍有些不对等，却又不像是精神病人那样。我在心里留下一个疑点：死者生前脑力会不会不健全。最后，我看了看死者的四肢和身体骨骼，全都没有骨折现象。

我验完尸，出屋时摘下手套，拿出记录本，坐到那女人面前开始询问。她告诉我，死者是她丈夫，在一家工厂工作，担任工厂仓库的保管员。

“你丈夫为什么死啊？”

这女人抹了一把眼泪，叹了口气，说：“咳，说来话长，他这人挺轴，很拧。”她这么说，就是说她丈夫这人的想法跟一般人不大一样。我请她讲具体事，她慢慢说来。

她丈夫在工厂管仓库，有个车间主任每次到仓库领东西都不按规定登记，她丈夫挺反感车间主任这么做。如果轮到有想法的机灵鬼儿，见领导来自己这里领工具或材料什么的不登记，这不是巴结领导的机会吗？可他偏偏看不惯，回家生闷气。按说她丈夫挺有正义感，有时因为这事儿气得不吃饭。当妻子的一问是这么回事儿，总劝他不要太往心里去。

车间主任每次来仓库领物品虽然不登记，但是这个车间仓库保管员备好一个小本，每次都把车间主任啥时间领了啥工具、啥材料全记下来，账目明细一清二楚。这个小本居然整整记了两年间发生的事。

不久前的一天，车间主任又来领东西不登记，这个人见车间主任转身走了，就照常在自己的小本里记上刚刚发生的领物事项。记完后，他急着去厕所，合上小本，没收进抽屉，就放在桌上。没想到车间主任似乎忘了什么，返身回来，没瞧见仓库保管员，却瞧见他桌上那个小本。车间主任随手翻了翻，这小本子里的秘密暴露了。

车间主任没等这个仓库保管员回来就离开了。这个仓库保管员上厕所回来后，就接到车间主任打来的电话，电话里这么说：“我又领了几件东西，你记上吧。”

这人一听这话，心里特别懊丧，心想完蛋了，车间主任说的那句话完全是挑衅的口气。他回家跟妻子叨叨这事，估计车间主任肯定要收拾他。从那天开始，他情绪极其低落，老磨叽这点儿事，说：“等着吧，领导该治我啦。”天天晚上妻子做好了饭菜，他都吃不下去。

果不其然，没过三天，车间主任找他，说：“你明天去医院看病。”他疑惑地问车间主任：“看什么病啊？”对方语气笃定地说：“看你这口吃去。”

“我都这把岁数了，这毛病也这么多年了，不看了吧。”

“你就看去吧，口吃也算个病啊。”车间主任不由分说，非得叫他去医院。

这人心神不宁地回家告诉妻子白天在工厂里发生的这些事，妻子随口就说：“你都结巴这么多年了，他怎么早不让你去看啊？”

他没听车间主任的话，照常上班。五天以后，车间主任带了一个人来，向他介绍这是谁谁，说你带他两天，到时候你就看病去，让他替你的班。这明明是不让他干工作，可人家说得像关心人似的，多么冠冕堂皇。要说人遇上这么窝心的事儿，能有什么好心情。

又过了三天，新来的人完全接管了他的工作，他被调到车间搞卫生、扫地。原来他在库房，甭管谁来领东西，人家全都客客气气的。看他打扫车间卫生，工友们好奇怪，都会问他原由，他的心理落差实在太大。

妻子说三天前丈夫早上起来，说休息不上班。妻子知道丈夫在工厂的休息日是哪天，疑惑地问丈夫：“今天不是休息日，你怎么不上班啊？”丈夫说：“车间主任让我休息。”第二天，车间主任又让他休息，他跟妻子说，他上班进厂，车间主任连车间的地都不让他清扫了，坚决要他休息、去看病。谁不明白，车间主任硬是打着让他看病的理由不让他上班了。

丈夫连着两天没上班，到第三天，妻子一个劲儿地开导他、劝他。妻子下午要去商场给女儿买件衣服，叫丈夫出门一起去。可他说哪儿也不去。妻子从商场回来，进门叫丈夫，没人应声，妻子以为他自己出家溜达去了。

“我在家搞搞卫生，看见家里大衣柜的门怎么虚掩着，没关严。”妻子接着说，“我去关一下柜门，还是关不严。我拉开柜门想看个究竟，哎呀妈呀，他在里面吊死了。吓死我了，我赶紧跑出去给我哥打电话。这不，他们全来了。”

接到电话匆匆赶来的三个大男人，一起把大衣柜里吊着的人抬出来，抬到小屋床上，盖上布单。

死者的妻子说话比较慢，尽管很悲伤，但她回忆丈夫生前在单位受车间主任恶意欺辱的遭遇时，不带一丝渲染和夸张。不像有些人，家里死了人，他跟你说的时候会添枝加叶，就凭我对死者妻子性格的判断，相信她跟丈夫的天性差不多，同样是个老实巴交的人。我心里对这个女人很尊重。听她讲述完丈夫在工厂的那段遭遇，尤其像我这个性格的人，气得冒火。她丈夫活生生地愣让人给挤对死了。谁挤对的，就是那个车间主任。

中国有句老话，说是“气死活人不偿命”。我想的是，偿命不一定要，但也不能说谁给谁白白挤对死。中国不是还有这么一句老话吗，叫作“不是不报，时候未到”。

我让死者的妻子找出丈夫单位的办公电话，立马通知工厂的“一把手”、车间主任马上来，我还在通话时专门点到那个车间主任一定要来。我这口气就憋在这儿了。我的助手听我打完电话，在旁边碰了我两下，小声说：“师傅，您别生气。”这助手跟我半年多，知道我的性格。

将近一个半小时过去，我点到的领导到了现场，那时已经是晚上八点多，天擦黑。先进来的是工厂上级分公司的“一把手”和“二把手”，是厂长和书记。我一看先进来两人，就问车间主任呢，对方应声连说“在在在”。我说叫他进来呀，先来了两人有些疑惑：“非找他吗？”

“非找他，他是主角儿。”我这么一说，那两位领导的神情有些诧异，他们肯定琢磨不透，这警察怎么盯上车间主任了呢。

车间主任进屋了，我开口就问：“你是车间主任？”

这车间主任五十多岁，身高有一米七几，面相长得挺刁蛮，北京人。我这么猜想，此人当上车间主任，恐怕也不是正当地凭能耐上去的。一听是车间主任，死者的妻子可不干了，连同在场地的三个哥哥一起冲上前，你一脚，我一拳地揍他。先进屋的厂长和书记连声喊着“你们别这样啊”。我劝着厂长、书记，却没劝死者的妻子和那三个哥哥。

当时，那厂长和书记不知道是怎么回事，他俩护着一起来的车间主任，这是情有可原的。看得出，那个书记心里冒火，有点儿挡横。我心说甭着急，看我怎么拾掇你们。

我大声对那车间主任说：“好了，你过来，先看看。”我推开门，那车间主任很不情愿，不想迈步，可不进屋不行啊。见他进了屋，我把死者身上盖的单子用力一撩，这主任往后一闪身，我拉住他说：“你得上前边来。”

毕竟他对死者生前有愧，不往前来。我拽住车间主任的胳膊说：“你是他的车间主任啊，他是你的职工，他的确是死在家里了，你看这根绳。”说着，我拿起死者自缢的那根绳递给他。他的手起劲儿往后缩，说“那他死家里了”，意思是跟他没啥牵连。我说：“你啊，别跟我废话。说句实在的，他还真对得起你，要不然就死在你办公室里了。”我这么一说，厂长和书记觉得有问题了。厂长站在小屋门外大声对车间主任说：“你得听人家警察的，配合警方工作。”

“你拿不拿啊？”我的声音里透着严厉，我瞧得明白，那书记一直憋着火，神情已经很走样儿了。

我问车间主任：“死者是正式职工吗？”

“是。”

“是你厂里的正式职工，你当领导的对职工的生死没责任也有义务吧，对不对？”

“对。”

“那好，咱们先把这人送太平间吧。”我转身跟在屋里的三个哥哥说，“你们仨正好加上车间主任四个人，把尸体装袋，抬到车上去，让车间主任抱着头，你们找一个人抬脚，另外两人一边一个，四个人一起抬吧。”

干这行的都知道，死尸的头部最重。

那车间主任犹犹豫豫不想上手，我走到他身边说：“你抬不抬啊，车间主任啊，帮帮忙怎么啦，不成啊？”我继续说：“为什么让你抬他脑袋，现在我先不跟你说，等你到我办公室我再告诉你。”我这么一说，厂长和书记两人愣在那里，更觉得此事蹊跷。

死者抬上了车，死者家属都哭出了声，旁人全静下来了。我让死者妻子的哥哥留在家里照顾他妹妹。再安排车间主任坐到民政局开来的灵车上去。

那车间主任嘀咕犯难，嘴里小声叨叨“这、这、这”。

“怎么啦，你去不去？就得让你去呀，你别忘了，你可是他的车间主任啊！”

这人瞧着我那个气啊，可面子上他又不敢违抗。跟他一起来的厂长、书记附和着我的话，一起劝他说“你去吧”。

“关门，开车。”

车间主任和死者的二哥坐着那灵车后车厢里守着死者，死者的大哥坐在我和助手开的车里，厂长和书记坐着他们单位开来的车跟在我们后头。这三辆车开到医院太平间。我先停车下来，见灵车停下后，那司机出了驾驶室去开后门，我让死者的二哥先下了车，轮到车间主任要下车，我对他说：“你着什么急啊？等等你们领导。”说完我把灵车的后门掩上了。我助手就背靠着灵车的后门，里边的人要开门出来，推了推，推不开。让车间主任一人守着死者，多待一会儿是一会儿，咱不让他出来，是为了让他好好想想自己怎么回事儿。

厂长、书记的车进了太平间那个小院，司机把车掉了个头，我这才让他们领导看着，把灵车后门打开，让车间主任从灵车后车厢里出来。这人从车上下来，脑门子上全是汗珠儿，我琢磨着是给他吓坏了。

大家都下车了，太平间按程序要对死者进行登记，在表格上填写死者姓什么、叫什么、什么单位、单位负责人电话。书记上前说：“不用登记我们。”我气儿上来了，马上回应说：“怎么不用登记啊？”我告诉这气儿不顺的书记，说：“他有单位吧，退休了吗？退休了也是老职工啊，怎么不登单位负责人啊？是听你的，还是听我的啊？”

登记各项都填写完成，今大这件事本该结束了，当时已是晚上快到九点了。这时，我跟死者的大哥说：“你进去，把那平车推到屋里，你跟你弟弟还有什么要交代的没有。”他进到太平间里面，那里全是盛死人的冰柜。他一会儿出来了，说跟他弟弟交代完了。我说：“车间主任，该你了，这是你的员工啊，你也得说两句啊。”车间主任瞧瞧我，又瞧瞧他的领导，我眼看那书记气得就要暴发了。

我点上一根烟，又耗了一会儿。等那车间主任出来，我说：“你上我的车。”然后告诉他的领导，让他们跟着我的车。车到局里，大家谁也没吃饭。时间更晚了。这么些年，我一弄起工作来什么都忘了，不在乎什么饿不饿的。

这一行人走进我办公室，四处张望，全看傻了。他们哪见过这样的办公室啊，全是跟死人有关的东西。车间主任进到屋里，我给他搬个小矮凳。别人坐在椅子上，高出他一大截儿，他看上去就是一个受审的主儿。

我等来人都坐稳了，跟那厂长说：“我把你们叫来，就是告诉你们，这个人为什么死。”我问他们：“是把死者妻子叫来讲讲，还是我跟你们讲讲啊？”那书记冷着个脸说：“嗯，你说吧。”

我嘴里那话直接就冲他去了，我说：“你别跟我这态度，你这车间主任怎么教育的，你怎么当领导的，你知道你们这员工是怎么死的吗？我说你听着，我告诉你！”

我扭头问那小矮凳上坐着的车间主任：“今天送太平间这人在你车间干什么工作？”

“仓库保管。”

“他干仓库保管几年啦？”

“五年啦。”

“你在他那屋看见过什么东西吗？”

“看过什么东西？”

“这人有什么毛病吗？”

“这人没毛病，没毛病。”

“没毛病你凭什么让人家上医院看病？没毛病你凭什么不让人上班？”

我就这话像开了闸似地一股劲儿地说下去：“哪个劳动部门都有自己的规定，人家休息得要假条，有事要请事假，去医院要有病假条。他就是一个结巴，四十多年了，你说让他看病，他就得看病，你说让他休息，他就得休息。临死前，你三天没让人上班，是不是啊？”

车间主任低头说：“是。”

厂长、书记面面相觑，他俩不知道有这事。

我对那书记说：“车间主任是你的下属，他干的这些事你也有责任”。

我对着厂长、书记说：“我告诉你们，这个仓库保管员结巴，四十多年了。这人在死之前，他的车间主任三天没让他上班，为什么？愣让人家上医院看结巴去，因为结巴不让人上班，你有什么权力啊？这且不说，你两年多去仓库领了多少东西，拿了多少东西？”

车间主任争辩说：“我没有啊。”

我说：“你再说一个，你为什么报复他，就因为他给你登记小本。你两年多从仓库领取的东西都没让人登过记，可这个仓库保管员都给你记上了。结果那天人家上厕所，你凑巧发现并看到了这个记录本里对你领东西的记录。没过三天，你就安排人替换他，五天以后就让他连续休息，让他去医院看结巴病。”

书记一听到这儿，变了脸色。我说：“我就给你们说到这儿，剩下的事你们当领导的自己去考虑。你们把这个车间主任带走，我跟这事绝对完不了。明天早上八点半，你们继续来我办公室。”

第二天上午八点半，厂长、书记、车间主任这三个人准时到我办公室，他们还带来一个人，说是管干部的人事处长，还说这件事已经上报公司党委了。来人坐下来之后，厂长对我说，昨天晚上回去，他们没让车间主任回家。车间主任把这事的来龙去脉全都说清楚了。他们这些领导原来以为员工在家里自杀跟单位没有关系。

我对厂长说，就因为人家忠于职守，给车间主任记小账被发现，这就仗势欺负人家老实。厂长连说“是”。我又对车间主任说：“你有什么权力白拿公物啊？”书记赶紧说：“这不对，这真得不对，他没有权力随便拿。”

厂长、书记都说车间主任不对，看样子，我昨天拱起来的这件事他们都认可啦。剩下的就看我怎么处理那车间主任了。我对那车间主任说：“你给我学学人家怎么结巴啦。”

车间主任不吭声，我猛地一拍桌子，站起来大喝一声：“学！”他无奈，学着结结巴巴地说话，这场景最可笑，可在场的人谁也不敢笑。我说：“你们领导听见没有，死者生前的就这毛病，几十年啦。再学一遍！”这帮人就是想乐也不敢乐。我给那车间主任挤对得无地自容。

死者家属与单位谈补偿事宜，单位一开始说给十几万元，家属要到四十多万元。单位找我说和，我说赔偿的事单位和家属自己谈去吧，我不管。几天后，厂长、书记又来找我，我说：“你们今天来是什么意思啊，回去开会没有？”他们说：“这事上了领导班子会，车间主任是我们中层干部，陪个不是，跟家属说声对不起吧。”

“赔个不是就完啦？人家的人没啦，他是家里的顶梁柱啊！”

最后单位与家属达成了赔偿协议。这事最后得到圆满的解决，前后只用了十八天。

火化时，单位的人七点钟去殡仪馆告别，厂长、书记全去了，家属不在。单位的人去之前我就跟他们说了，你们去了必须三鞠躬，还要看我怎么处理这事呢。结果人家去了真是鞠了三大躬。鞠完躬我说表现不错。我对车间主任说：“人家活着的时候，你不尊重人家，人家死了，你尊重了死者，这样就免于对你的处罚。”这下给那车间主任激动得，握着我的手连说谢谢。

家属是九点钟到殡仪馆告别的，跟单位的人没照面。

就这么一件事，费了我多少心血，但我不后悔。别看死者听不着、看不着，不知道他身后发生了这么多关于他的事，但我确确实实为死者出了一口冤气。我成功了。

| 生命感言 |

这是一起职工因遭受打击报复而自杀的事件，打击报复的手段竟然是利用对方的生理缺陷。我在办理这起案件时之所以会迫使打击报复者谢罪，是因为作为一个健全人应该善待有生理缺陷的人，这样做才能减少对他们的伤害。本案中的车间主任为了打击报复竟然不择手段地对待一个生理有缺陷的人，致使对方走上了绝路。我对车间主任发出的警告适用于所有健全人，因为关爱有缺陷者既是个人的修为，也是全社会共同的责任。

No.48

外甥欠外债舅舅偿命

引言

外甥借了40万元，舅舅作为担保人出具了借条。于是，在外甥人间蒸发之时，舅舅成为债权人的目标。一场悲剧，就这样发生了。

那是一个小区，有五栋砖楼。我接到指挥中心布警、值班室通知后，带着助手开车到了这个小区。当时是上午九点多钟，小区里一栋楼的楼门外已经围着十五六个人，人们在那里交头接耳议论着。死者卧在一栋楼的二门门外，“120”急救中心的大夫已经先到了，见人已经无法救治，他们就没翻动死者。

我们常常留意尸体有没有人管，以判断现场有没有家属在。如果有家属在，会找张布单给死者盖上。这名死者身上没有任何遮盖，没人管，据此判断，他很可能不是在这儿居住的人。

我近前验尸，死者为男性，穿着一身干活的衣服，年龄在五十多岁左右，面部朝下，身上没有任何遮盖。他面容损毁严重，要想检查瞳孔，连同观察面部等有关事项全都不能进行了。他前胸基本全部骨折，大腿双侧也都骨折，估计这个人从高处坠落下来时是平身着地。

这时，听到身后有人说他认识死者。我一愣，回头看了一眼。说话的是个男的，五十多岁，也穿着一身干活的衣服。听他口音、看他肤色及衣着，这是个外地人。我先没理会他，接着掏了掏死者的衣兜，兜里没有任何证件，只是在右侧裤兜里找到一串钥匙。

验完尸，我让民政局的工作人员拎来尸袋，把死者装进尸袋，拉上拉锁，装上车拉往太平间。此时，我才问刚刚说话那男的："您认识死者？您是他什么人啊？"他说死者是他的老乡，又说让我上某层楼去看看就知道了。我不理解他这么说到底是什么意思，他领着我和助手进楼门上楼。

这栋砖楼没有电梯。上到某层楼，我看到有间房门掩着。我们推门进屋，见屋里有个两人，都在抽烟，屋里烟气特别重。我扫了一眼，见这屋里空荡荡的，没有任何家具，显然没人居住。屋里地上堆着一些木料，摊着装修工具，似乎还没开工装修，一切正在准备着。我注意到屋里朝北面的一扇窗户打开着。

屋里的人见我们进来，赶紧把烟掐灭了。他俩一高一矮。带我们上楼的那个男的大声说："死者就是他俩害死的。"听来人这么一说，这两人的表情相当恐慌。我亮明身份，让这两人把证件拿出来，告诉他们要接受警方调查，然后让他们简单地把事情先讲一下。

原来这两人是装修公司的负责人。死者是他们公司的一个工长，死者的外甥在这个公司跑业务。两个月前，外甥结算一笔装修业务时，收到60多万元的工程款。他跟老板说自己急用一笔钱，打了一个40万元的借条，说好30天后悉数归还。但是，这张借条是通过这位工长写的。外甥借款40万元，舅舅是中间的担保人。

30天到期，老板找外甥还钱，连续四次催讨都没得到准信儿。又过了十几天，任何方式都联系不上外甥，他踪迹全无了。这两人知道写借条的担保人舅舅在这栋楼有处工地，负责这栋楼一家装修业务。他俩已经来过两趟，没找到人，直到确切知道今天就要开工，那个工长肯定要来。今天早上六点半，工长推门进屋，立马被早早候在这里催讨债务的两个人堵在屋里，他俩说若不还这钱你走不了，今天必须得还。

当舅舅的给外甥打电话，怎么打也打不通，就是联系不上。"我俩给他出了好多招儿，让他往他外甥家打电话，找外甥媳妇。他电话不打，也不言声，就坐在那儿抽烟。”这两人说。眼看两个小时过去了没任何进展。后来，那工长无奈地说：“你们容我两天，我单门去找找我外甥，这钱肯定还。”这两人厉声厉色、态度坚决，说：“你当时当的担保人，你必须找到你外甥，这笔钱今天必须还！”

据高个儿的那个公司负责人回想，工长自杀时他去了厕所，就听见守着工长那个矮个儿的副总大声喊道：“干吗呀你，干吗呀你！”他就赶紧跑出来，只看见窗台上站着一个人的背影，那背影往前一蹿消失在窗口。

“我俩追到北窗户那儿朝下看了看，他落地就再没动弹。我们赶紧拨了‘120’，但谁也没下去。‘120’来了，待十几分钟没动这人。一看这样，我们就打了‘110’报警。”他俩说。

初步了解完情况，我让他们把这间单元的房门锁上，带上这两人和先前自称跟死者是老乡的那个人一起回办公室做询问笔录。死者老乡告诉我，他也是这家装修公司的工人，约好上午八点来这儿找工长谈事，是来接洽干活儿。他正要推门时，就听见里头有人嚷嚷，仔细一听，是自己公司的人。他想着等吵架的人走了再上去谈事儿，就下楼在楼门外等着。没想到，楼上坠落一个人，近前一看，是他老乡。

我和助手带着三个人回到局里，按规定把情况上报给值班室。尽管那两位公司负责人叙述是工长自己坠楼的，但由于他俩与死者的死因有直接关联，不能依他们的自述简单判定是自杀。到底是不是自杀案件，这个归刑警甄别。于是，刑警队来了，法医也来了，我们就办了交接手续，他们带走了这三个人。

没过多久，我去刑警队打听一下情况，得知这三个人在刑警队接受调查时说的情况与向我陈述的情况一致。那个业务员外甥借了40万元钱，搭上舅舅一条命。事情发展到这一步，那个当舅舅的事前根本没料想到。

我想，朋友之间、亲属之间，凡碰到有重大经济往来事项的时候，没把握、力不能及的最好别掺和进来。

| 生命感言 |

在一个重大关口面前选择轻生的人不在少数。本案中的舅舅，就是因为外甥欠债而被债权人围困，最终高坠身亡。从法律角度来看，两位催债的债权人对这起案件负有责任；从道义角度来看，这出悲剧背后的外甥负有很大责任。自己躲避责任既不还钱也不应对却把舅舅置于水深火热之中。这件事提醒我们，在生活中，处理重大钱财事务时哪怕面对的是至亲也要审慎。此外，在遇到重大关卡时，要多找信得过的亲朋聊一聊，以求证一种正确的处理方式。在本案中，这句话既适用于逝者，也适用于债权人。

No.49

漏电保护器夺人命

引言

一个热心的邻居、一个伪劣的产品，害死了一条生命，摧毁了一个家庭。

入秋的一天上午，我接到指挥中心布警、值班室通知，城区一个大杂院里有一名年轻男子死亡。

我带着助手开车拐进一条胡同，把车停在那个大杂院院门外，下车走进那院子。院落不大，虽然只有六户人家，却由于私自搭建的小房挤占了原有空间，自打迈进院门就得侧身走过狭窄过道，有种难以下脚的感觉。别看空间有限，可也得在通道上方留出晾衣服的地方。院里人扯起两根铁丝，从东到西，从北到南，两根铁丝在院子当中十字交叉，却一高一低没搭在一个交点上。我进院看到，小院东西走向的通道里躺着一个人。

据派出所民警向我介绍，这个倒在地上的人今天早上从北屋的家里出来，走到他倒地的这个位置，见头上东西方向的铁丝上搭了块毛巾。他个子比较高，嫌这毛巾碍事，随即用手抓了一下毛巾，想撩开毛巾走过去。这时，近旁的房子里有位大妈，她听通道里有人“嗷”地叫了一声，接着就是“咕咚”一声，有人沉沉地摔倒在地。

大妈探头一看，这不是邻居家那小伙子吗？一米八几个头的他竟然倒在地上，没了动静。

大妈回屋叫儿子打了“120”和“110”电话。“120”大夫来了一看，这年轻人根本没了生命迹象，他因触电死亡。

我蹲下身子近前验尸，查找死因，看到死者右手上有个烧灼的黑点儿，这应该是电击点。触电身亡的死者身上会留下电击点，有电击点就有电出点。果然，我把死者的鞋袜脱下，在他脚底找到深黑色的电出点，那是电流打穿他身体后留下的印迹。我把死者身上的电击点和电出点都拍了下来。让民政局的工作人员把尸体装进尸袋拉走。

接着，我从勘查箱里取出试电笔，测试院里东西方向挂毛巾的那根铁丝。试电笔的笔尖轻轻一触铁丝，试电笔笔体亮起来。这根铁丝果然带电。我们返身来到院门附近，那里墙上安装着这个院子的总闸盒。打开闸盒一看，这闸盒明显有人动过，闸盒上接着一个漏电保护器。我再用试电笔测了一下，发现接在总电闸上的这个所谓的漏电保护器根本不起作用。

这事可得调查清楚，这可是关系这个居民院的人身安全的大事，谁家都躲不开。我们让各家选个代表说说那总电闸是谁鼓捣的。大家说有个外地小伙了，在院里西屋租住好几年了。大家都说这人热心肠，院里要遇到什么麻烦事，比如房子漏雨、下水道堵了，或是谁家什么东西坏了，他都帮忙。这不，院里前两天老掉闸停电，他到西四卖电料的小店买回一个漏电保护器，自己接在院里的总电闸上。

这院子里的居民每月要向房管局交房费，这房子的产权归房管局管。我们找来房管局的人，叫房管局的电工把这院子的总电闸仔细检查检查。人家电工师傅确认，院里自己安装的这个漏电保护器根本没起保护作用。

为什么院里那根东西走向的晾衣服铁丝通了电呢？原因在于顺着屋沿儿固定的电线与那根晾衣服的铁丝有个接触点，一是电线外皮老化，二是晾衣服让铁丝上下颤动，两者相互作用，磨破了老化电线的外皮，致使电线漏电，传输到铁丝上。院里的总电闸不掉闸，晾衣服的铁丝变成了没有保护外皮的通电电线。这可是民用照明 220V 的电线，谁去碰这根铁丝都跟摸电门一样啊！

了解到这些情况，我让房管局的电工把那个漏电保护器卸下来，随身带上，叫那外地租房的小伙子带路，去找他买漏电保护器的那家小店。走到小店近前，那小伙子拿手一指，说就是这家店。他随身带着买的那个漏电保护器的小票。我拿着他递给我的那张购买票据找到店门。

这是大街上的一个小门脸，老板是外地人。我穿着制服走进小店，举起手里的票据，问店主这票是他开的吗。他拿过去看了看，说是他这店里开出的。老板问我们出了什么事，我没说什么，让老板拿出同样的一个漏电保护器看看。他又拿出一个，我掏钱买下来，交给身后房管局的电工。我们开车到房管局，让电工测试新买的这个漏电保护器，确认这东西是伪劣产品。电工说若把这个安在电闸上，遇到电线短路仍然不会掉闸。听他这么说，我们将两个漏电保护器拍照取了证。

很快，我们再返回那家电料小店，我叫上派出所民警，这回跟小店老板亮明身份，要他出示身份证，通知他跟我们走一趟。带他到派出所后，我们问他，这类漏电保护器从哪儿进的货，他说是从永定门外一个批发市场进的。

派出所民警开车拉上他直奔他说的进货的那个地方，可到那儿转了半天，没找到。他说："原来就在这儿啊，怎么没有啊？"我们又到旁边问了问，没问出个所以然来。他还说："不可能啊，人家在这里经营两年多啦。"当时我们分析，在这里批发的人肯定跟这小店老板都是一伙儿的，他有意诓骗我们。我们虽然追不出他的进货上家，但他承认这个伪劣漏电保护器是经他售卖的，他的责任就落实了。

我把死者照片和死者身上电击点、电出点那些照片拿给他看，说："瞧见了吗，你卖的这个东西，漏了电不管用，好端端一个三十多岁的小伙子因为你卖的这漏电保护器触电身亡，你说你有什么责任吧？"

听我这么一说，小店老板当时就傻了眼。我说："你这属于过失致人死亡，虽然不是成心想电死谁，但你卖的是伪劣产品。"刑警队接手这案子之后，我知道公安机关势必要追究这小店老板的刑事责任。

死者父母都是教师，老北京人，临近退休。小伙子刚结婚两年，有一个半岁多的小男孩。他妻子歇完产假刚刚上班没几天，哪料到出了人命大事，要说这个家正等着这个正当年的小伙子撑起来呢。

死者父母到我办公室办火化手续时，我心情有些沉重，真为这个家庭感到悲伤。要说卖假货、买假货的，都不是说故意想害死这老两口的儿子；要说租住西屋的外地小伙子好心帮院里安个漏电保护器，想得是省得院里老掉闸断电；要说院里漏电不是一天两天了，偏偏赶上这小伙子触电身亡。

你说死者妻子遭受的打击有多大，听说她哭得死去活来，奶也断了，上不了班了。院里邻居真是不错，均摊了十万元钱给这家人，算是补偿吧。租住西屋的外地小伙子也拿出一份。当年院里人凑出这么些钱来，已经是很不错了。

话又说回来，您说这院子是房管局的产权，院里电闸出问题，他们应该找房管局才对。你私拆私装出了事，找谁理论也晚啦，人没啦。

| 生命感言 |

触电身亡是常见的意外死亡类型之一。在极端天气条件或者未按照规范用电的环境下，触电事故经常发生。此次事故发生在用电安全意识和硬件普遍不算高的年代，但在今天依然有警示意义。一方面，没有电工资质的非专业人员切勿进行任何用电设施操作；另一方面，我们一定要保证在一切施工工作和日常生活中防止隐患，包括对一切产品都应杜绝假货。如是，我们的人身安全才有保障。

No.50

酒后打赌岂料出人命

引言

因为过量饮酒后的一次打赌，逝去了一条生命，也给存活者留下了永远的友情伤痛。

一个炎热的夏日，刚过晌午，指挥中心布警、值班室通知，一名男子在前海溺水死亡，已被打捞上岸，让我们前去甄别。

顶着烈日，我们来到前海岸边，靠着偌大的水面，能感受到远远吹来的凉爽小风，比大街上令人窒息的热浪舒服多了。眼见不远处围了一圈人，我们挤进人群一看，一个穿着寻常白色内裤的男子仰面躺在地上。他身上还裹着些许水草，可能是捞他上岸时带上来的，没人顾上帮他清除掉。第一眼看上去，我就有些诧异，他下身穿得可不是下水游泳穿的泳裤。穿这种内裤下水，这不跟没穿内裤一样吗？

先到的派出所民警见我来了，赶紧招呼近旁的几个人说："哎，你们三个过来。"那三个人走到我面前，他们约三十岁，是地道的北京人，其中有人胳膊上有文身，叼着烟卷。但这三个人神情都不淡定，有些惊慌。

我没理他们，先检验尸体。死者男性，身高约一米七，双侧瞳孔已放大对等，眼角膜充血严重，四肢无骨折，全身没有外伤。死者身上有水草，嘴里也有水草，据说他在湖里大喊救命，喊了好多声。综合判断，死者符合溺水特征。验完尸，我才把那三个人带到派出所。大家坐下来，我问他们是一个人说呀还是一块儿说，他们说一块儿说。

原来，这三个人加上死者，既是街坊又是朋友。中午，他们在酒馆要了几盘凉菜，两瓶白酒。他们不是头一回扎堆儿喝酒，若在往常，这四个人只要一瓶白酒，一人二两，喝完白酒再一人来瓶啤酒。今天，他们买了两瓶白酒，平均一人半斤，都喝下去了，接着又上了六瓶啤酒。这顿酒可比平时多得多。

吃完喝完，四个人抹抹嘴要结账。其中一人逗闷子打赌，说别瞧喝下这么多酒，他照样能从前海的南岸游到北岸。他让别人从岸上走回去，他游过去。若那三个人走过去他也游到了，这顿酒钱就由那三个人结账，他闹一个白吃白喝；他要是游不过去，这顿酒钱全由他买单。四个人都喝得亢奋异常，另外三人一听这主意，全嚷嚷着起哄说好。

酒馆离岸边不远，四个人出了酒馆来到河边，提议打赌的那个人脱了衣服，也不管自己穿着什么内裤泳裤的，“噗通”一声扎猛子下了湖，朝对岸游去。这三个人开始沿前海绕着西岸往北走。他们时不时朝湖里张望，吆喝几嗓子。下水那人在前海湖边长大，只见他一会儿蛙泳，一会儿仰泳，一会儿自由泳。可他游出百十米，还剩三分之一的距离时，游不动了，就冲岸上的哥们儿招了几下手，喊了声：“我不行啦！”

初听这声喊，三个人以为水里那人故意逗他们，没理会。接着，又听他喊了两嗓子，这三个人才觉得事情不妙，停下脚步向湖里望了望。这时，有两人脱了衣服下水朝他那儿游。岸上这人一直盯着，下水的两人还没游到那人跟前，呼救的那人就已经沉入水中没影了。

眼看着下水的两人游到地方，居然一时找不见人。岸上没下水的人喊着告诉他们已经游到了地方，叫他俩在附近水里找找。这两人四下一通乱摸，还真把沉入水底的人摸到了。他俩轮流把这人托着往西岸游。湖里净是水草，好不容易游到岸边，把那人抬上岸，定神一看，这人已经呛死了。他们赶紧打“120”求救，“120”大夫来了一看，说这人的生命已经无可挽回，让这三个人拨打“110”报警。派出所民警到现场向这三个人了解完情况，我们就到了。

我们公安机关按规定只负责鉴定死者的死亡过程和死亡原因，定性是溺水，原因是街坊酒后打赌所致。本是朋友间酒后起哄打赌，没想到出了人命。那三个人都心慌慌的，不知自己要承担什么责任。我们把死者的哥哥叫来，向他介绍了调查过程和定性结论，让那三个人与死者家属协商解决。我们告诉双方，要是协商得好就协商，要是协商不好就上法院。

死者生前已婚，与妻子生育了一个七岁的小女孩。后来，我闻知那三个人每人出了几万元钱，算是给家属拿点儿补助，毕竟四人曾是街坊、好朋友，双方协商时多少为感情存续留出了一些空间。

| 生命感言 |

酒后事故多发。这是因为在酒精的刺激下，人的一些想法和行为往往会失控。在这起溺水事件中，无论是逝者本人还是围观的朋友都饮酒过量而言行失控，最终酿成一起伤亡事故。说来说去，要想避免这样的事情发生，首先要有节制地喝酒；其次要有酒德，酒后不说伤人的话，不做刺激人的事。

No.51

开车打电话轧死亲生女儿

引言

四岁的小女孩惨死在车轮下，肇事者是她的母亲。原本再正常不过的“一起回家”，只因一通打了很久的电话，搅乱了顺序，酿成惨祸。

某天傍晚六七点钟，我在办公室接到出警任务，在繁华地段的一个停车场内，有辆汽车轧了一个小孩。虽然报警人没说小孩是死是活，但我心里清楚，如果不死人是不会叫我去的。

事发繁华地段，又是下班高峰期，出事的那个停车场很大，现场围了很多人，有过往行人，有在停车场停车的人，一度秩序混乱。我赶到时，见人们围着一辆轿车大声议论。我在派出所民警的引导下挤过人群，走进紧邻停车场的一个单位的楼门，进门就听楼道里有人痛哭。一层的会议室里有八九个人，一位女士趴在桌子上大哭，她对面坐着的一个男人也掉着眼泪。

派出所民警将会议室里这些人的身份一一向我介绍。有个中年男人迎上来，派出所民警轻声说，这是坐在那里掉眼泪男人的单位领导。正在哭的那名女士是这男人的妻子，她在启动车时大意出了事，而在这次意外中身亡的是他们四岁的孩子。

我一听是这么个事，心里挺纠结，您说当妈的把自己孩子给轧死了，当爸的眼睁睁看着孩子死在眼前，这场景让当爸妈的日后什么时候想起都会锥心刺骨的疼啊。

我对事发过程了解了大概轮廓后，向停车场出事地点走去。尽管那边围了许多人，但人们与肇事车辆之间空出了相当一段距离。我走到那辆出事的轿车旁，弯腰查看，见车右前轮后方的地面上有一滩血，右前轮上方有血。据事后了解，这辆车轧到孩子，驾驶者听到有人喊，意识到出了事，接着再往后倒车。孩子遭辗轧时当即出血，右前轮粘到血后因倒车，车轮将粘血部位转至上方。

我们将车子和车子轮胎及轮胎粘血部位都拍了照，然后来到临近单位的值班室。值班室内靠墙摆着一个长沙发，沙发上平躺着一个孩子，身上盖着件雨衣。这是个小女孩，她的脑袋只有上盖了，下半部受车轮碾轧已经扁了。她的前胸也被轧扁了，身体其他部位却肿胀起来。她除了小脚和小腿完整，身体其他部位都受了影响。毫无疑问，这小女孩是被汽车碾轧致死的，因而没有验尸的必要了。

从现场情况来看，这应该属于过失致人死亡，母亲开车轧死亲生女儿是一种过失，不存在故意。尽管这一事故属于非道路交通事故，但是致人死亡，按照法律规定，承办这类案件应由刑警队处置。我通知了刑警队，二十分钟后，刑警、法医、重案队的人都来了。我带他们看了看尸体，又看了肇事汽车，然后我与刑警队一起把那位悲伤的母亲单独叫到另一间屋，向她询问事发经过。

这位母亲三十多岁，比丈夫小一岁，女儿四岁，夫妻俩结婚三年后才要的这个孩子。丈夫是外地人，研究生毕业后留在北京工作，户口落在北京，经人介绍认识了一个北京姑娘，后来成为他的妻子。他家的车是一年前买的私家车，妻子工作地点离丈夫单位不远，女儿上的幼儿园离妻子单位不远。每天下班时，妻子先到幼儿园接上女儿，再到丈夫的单位，然后一家三口一起回家。今天跟平常一样，妻子开车带女儿在丈夫单位楼下等着，母女俩一起下车发了条短信，丈夫下楼出来了。

这个妻子告诉我们，她一看丈夫下楼来了，就上车了。这时，她接到一个业务上的重要电话，发动车子时还在打电话。她说："我隐隐约约看见我爱人跟我摆手，让我走，我就发动车了，这时还打着电话。刚启动车，我就看见我爱人从车门旁扑过来，又喊又叫。我想坏了，我下意识把车往后倒了一下，下来一看，我女儿已经躺在地上了。我当时这腿就走不了道儿了，瘫在我女儿身边，跪到地上。我爱人也跪下了，我们就在那儿哭。我爱人的同事过来了，把我俩搀起来，然后找了件雨衣把孩子抱进来了。”

这女的边说边哭，念叨说都赖她，全都赖她，就因为那个电话打的，要不打那个电话，像往常一样，一家人平安回家。

“本该他俩不拉门我不动车，”这女的愧疚万分地说，“但是，今天我光顾着打电话了，恍惚觉得他们都上来了。我开车往前一走，我爱人猛地扑过来叫我，我才意识到大事不好，赶紧倒车。”

晚上十一点多钟，我们把这女的带到刑警队做笔录、填表。这女的到最后精神崩溃，神志不清，两眼发直，鼻涕眼泪直流，已经没有正常思维了。你不问她三遍五遍的，她根本就不回答。直到凌晨四点多钟把她送进拘留所，我才回家。

| 生命感言 |

这是一起发生在停车场里的非道路交通事故，肇事者是母亲，受害者是年幼的女儿。这起事实清楚、证据确实充分的案件由母亲酿成后，这位特殊的肇事者几近崩溃。这起惨祸留下的血的教训便是：任何人在做任何事的时候，都应当专心致志去做，粗心大意或一心二用很可能带来终身遗憾。

No.52

难以背负的“小偷”骂名

引言

对于这位初二男生来说，3000元就像他自缢时用的绳套，牢牢地锁住他的喉咙。他背不起舅舅口中的“小偷”的骂名，便用生命去还债。

夏季的一天，指挥中心布警、值班室通知，在一个小区里有一名学生自缢，指令我们去现场勘查。

出事地点在一幢塔楼里。我跟随派出所民警乘电梯上楼，走进一个单元的房门，一进门就看到一个女人坐在门厅里哭泣。她是自缢学生的母亲，手里拿着一页纸，那是孩子自缢前写下的遗书。我接过那位母亲递给我的遗书，上面写着：“舅舅，我是个不听话的孩子，偷了您3000块钱。因为我把同学的游戏机摔坏了，他让我赔，我不敢跟妈妈说，所以到姥姥家偷偷拿了您的3000元。我知道我错了，您没告诉我妈，我感谢您，但您几次到学校找我还钱，我都不知道去哪里偷。您昨天到学校大声骂我是小偷，被同学听到了，我没脸去上学、没脸见同学，也偷不来3000元，我用我的生命换成3000元还给您，请舅舅收下。您的外甥。”

这个男孩是初二年级的学生，父亲和母亲都是干部，爷爷是中央部委里的老干部。在这种家庭氛围成长的孩子素质是比较高的，且自尊心很强。这事的发生取决于他的舅舅。

看过遗书，我进一步询问孩子母亲，得知这孩子摔了同学的游戏机，不敢跟他妈说。他知道舅舅跟姥姥住，他上姥姥家里，从舅舅卧室的抽屉里拿了 3000 元钱。舅舅知道以后大骂了他一顿，让他还钱，后来舅舅跑到学校找过他几次。这孩子被逼得心里挺苦，偷都不知上哪儿偷去，就想着拿自己的命抵上他拿舅舅的那笔钱。我吃惊的是，世上哪有这样的亲舅舅啊！我见屋里还有几个人，就问哪位是孩子舅舅。孩子母亲说舅舅没来，说完自己哭得更厉害了。

孩子出事后，孩子舅舅没去现场，孩子父亲看完遗书后一句话没说，他能说什么呢？那是他内弟，他怎么说？孩子母亲只是哭，她能怎么办，那是她亲弟弟啊！

虽然遗书里写到孩子绝命的原因，但我的工作程序必须履行。我戴好手套开始验尸。死者瞳孔放大对等，前后胸和头部及四肢没有骨折，颈部索沟非常明显，嘴里舌头外露，是自缢。检验完尸体已临近中午，这时，突然有个中年女人从门外冲进来，站在孩子尸体旁弯下腰大声喊着："孩子，你看看我。"来的人是孩子舅妈，她哭喊着："咱不要你还钱，傻孩子，你怎么不跟舅妈说啊！"在场的人都忍不住哭出了声。

验完尸，我给这家人留下联系电话，让孩子舅舅跟我联系。一个半小时后，我离开现场，尸体拉走时，这家人很配合。临近中午，孩子舅舅打电话与我联系，我约他马上到办公室来见我。他来了，我首先登记了他的证件，给他看遗书。他看完就跪到地上了，说："这傻孩子，我哪儿缺这 3000 元钱啊！"我心里话，说什么都晚了。

我让孩子舅舅从地上起来坐到椅子上，我说这件事已经发生了，你处理得确实不妥，不应该这么处理。你外甥拿自己的命还你那 3000 元钱，还让你收下。一说这话，他当时哭得死去活来。

他就这么一个姐姐，一个外甥。他一直跟姐姐一家人处得不错，他自己家里有个闺女，才十岁。孩子舅舅跟我要遗书，我没给。按规定，现场发现遗书我们就收了，原件要放入档案。最后，我复印了一份遗书交给了孩子母亲。

三天后，孩子父母找我来办手续，不说追究谁什么责任。办完火化手续，处理后事全是孩子舅妈出的面。

这件事，我内心里对孩子的舅舅是相当反感的，没有这样当舅舅的。他承认遗书里写的都是事实，我不愿意跟他再说什么，说他逼死自己亲外甥不好听。他不是小孩了，他也并不缺那3000元钱，要说他是在用自己的方式训诫外甥，那么，这方式实在是缺心眼儿。

| 生命感言 |

未成年人自杀，一般是被自己“背不动的东西压死的”。在这起案件中，这个孩子有两样“背不动的东西”——损坏了同学的物品和舅舅的钱。在损坏了同学的物品后，他不敢告诉父母便偷了舅舅的钱来自力救济，最终因舅舅逼债走上绝路。在这件事情中，舅舅的错误写在遗书里，父母的错误隐藏在看不见的背后。简单来说，父母没有教会孩子遇到坏事情的时候如何处理。其实，孩子永远是孩子，当他们犯错误的时候，我们应该先宽恕他们，再加以教育，告诉他们错在哪里，怎么改正。

No.53

浇筑水泥垮塌酿事故

引言

一个特大事故，八人丧命。“遇难者一个手指头都不能丢！”民警带领二十人，以最短的时间将八具尸体完整地挖出。

夜深时分，我的手机响了，是单位领导打来的。这时，我正与一名民警赴外地出差，躺在前往辽宁锦州的列车卧铺上。领导告知，城里繁华地段一处在建工地发生特大事故，八名建筑工人被埋在水泥里，他命令我俩立即下车返回北京。

凌晨一点钟，我们半道下车，拿着工作证登上返回的列车。上车后甭说卧铺，连硬座都没有，生生地从后半夜站到北京站。出站时看北京站的大钟，时针指在 8 点 10 分。局里来车径直把我接到事故现场。在现场，北京市组建的救援队的两百多人已经进场展开工作。

现场是一个高大建筑内几百平方米的一个大厅，建筑框架和墙壁已经建成，内部正在施工。据说在大厅顶部浇筑水泥时，也许是操作不当，大厅顶部刚刚浇筑的水泥突然大面积坍塌，导致地面上搭起的高大的脚手架轰然垮塌。这时，脚手架上及地面上共有四十五名工人在施工，有八人未能及时逃出，被垮塌的脚手架和成吨坠落的水泥砸倒并掩埋。

我到现场得知，垮塌的脚手架全都从水泥里挖出来了，唯独大厅地面那一大片厚厚的水泥摊着，估计水泥罐车至少能装载五六罐那么大的量，现场地面上的水泥有 60 厘米厚，八名意外遇难的施工工人埋在里面。

领导要我负责现场挖掘尸体的指挥工作。经协调，救援队拨给我二十名队员全权由我指挥。时间分分秒秒地过去，我们得抢时间，真要是水泥干透，埋在水泥里的尸体可就没法向死者家属交代了。我下达了这样的命令："遇难者一个手指头都不能丢！"

我把二十名救援队员分为三班，轮流上阵。市里派给我一辆车，车就停在现场近旁，只要报告说发现一具尸体，我就得奔过去跟救援队员一点点儿地抠，不能让尸体受到任何人为损坏。水泥变得越来越硬，我们开始可以用铁锨，不久就得用凿子，最后用上电钻。

第二天，我们完成了六具尸体的发掘清理，没有任何损伤。第三天夜里，我们挖出了最后一具尸体。连续三天三夜，我守在车里，带着那二十个人。救援队的人三班倒，可我是一有情况就去察看指导，刚想迷糊一会儿闭闭眼，就有人来叫，说这边发现一只脚；过不久，又有报告说那边露出一只手。我们得一点点儿地挖啊，哪有那么容易。一具尸体从发现到挖出，几乎要花上数小时时间，我都得去盯着，直到尸体没有损伤地抬出来清洗干净。我还得给死者编号、照相，耗得我精神极度疲惫，恨不得站着就睡着了。忙到第三天早上，我的两只脚肿得连鞋都穿不上，叫人去商场买了一双拖鞋凑合穿着。

从尸体的位置和姿势来看，有人站在脚手架上，有人在地面上。事故发生瞬间，那些脑瓜机灵、腿脚麻利的工人发现大事不好，及时闪身撤离了。被埋在水泥里的工人要不就是根本没意识到危险将至，要不就是发现危险但身处的位置跑不掉。有两具尸体在水泥里摞在一起，兴许是上面那人想保护下面那人；有一具尸体倒在水泥堆边缘，他仅差几步就能逃出活命。

这八具尸体的完整性很好，没有出现脚手架砸烂脑袋、砸断手脚什么的情形，他们都是跑不出来，瞬间被水泥砸倒，接着就被掩埋的。八人中有两人面朝上，其他人都是面朝下趴着。

清理完尸体，我又负责接待死者家属。死者都是四川人，年龄最大的四十多岁，其他人三十多岁，都结了婚。考虑到死者人数多，死者家属来得也多，我们担心死者家属聚集在一起不好做工作，便采取这样的程序：一个一个认领，认领完尸体后单独接待，接待一个火化一个。接待工作前前后后折腾了小十天。

这起特大事故立案后抓了五个人，有监理公司的人，也有施工单位的人，他们被追究了刑事责任。

生命感言

到达一个灾难现场后，我深感自己无力挽回已经发生的一切。我能做到的，也必须做到的是给逝者尊严。在这起事故中，给逝者尊严的方式包括我的一个命令："遇难者一个手指头都不能丢！"在历尽艰辛做到这一点之后，我对这些鲜活生命的凋零依旧难以释怀。在施工现场，安全责任重于天。虽然最终因各种责任问题，有五人为之付出了承担刑事责任的代价，但那些在这场事故中倒下的家庭顶梁柱再也无法去撑起一片天了。

No.54

她无法承受厄运压力

引言

吸毒被抓的丈夫、追债上门的债主、乘人之危的老板、满心抱怨的母亲，女子跌入了人生的最低谷。走投无路之下，她喝下了“84”消毒液，留下了九岁的儿子。

繁华城区一栋建筑年代久远的楼房里有一女子死亡。

我接到指挥中心布警、值班室通知时已经是下午四点多。我开车赶到现场，看到眼前是一栋六层的红砖楼，派出所民警和民政局工作人员都到了。我们上到四层，左侧房门只掩着一道缝儿，里面传出老太太的哭声。

我们推门进入，经过窄短门道，左边是一间小屋，一个老太太坐在屋里床上悲伤地哭泣，身边站着个小伙子抽泣地安慰着老太太。

与小屋对门的是间大屋，大屋直通阳台。大屋邻近卫生间门的门道上躺着一个人，盖着白单子。我们向老太太和小伙子亮明身份，那一老一少深陷在悲痛之中，没回应我们。

我弯腰轻轻掀开盖在死者身上的白布单，布单下是一个高个子年轻女人，估计有三十岁，穿着一身白色连衣裙，面部惨白，脸型挺端正，嘴角残留着些许呕吐物。

我蹲下身开始检验尸体。死者瞳孔已经放大、对等；头部、前后胸及四肢完好，没有骨折。地面上有她呕吐出的东西，散发着强烈的刺激味道，这种味道在死人现场常遇到。死者躺倒的位置在大屋门边的门道上，旁边紧挨卫生间。卫生间门口有一个“84”消毒液的塑料瓶子，倒地的瓶子里已经没有药液了。

尸体症状符合中毒特征，我给死者拍完照，请民政局的工作人员抬尸体下楼，装车运走。我把在小屋陪着老太太的小伙子叫到大屋这边询问。

小伙子是死者弟弟。他告诉我，姐姐在一家单位当会计，婚后育有一个男孩，现年九岁。姐夫常年吸毒，欠了很多债，不久前又因吸毒进了看守所。如今，好多人都来找姐姐讨债。姐姐为偿还欠债，把原有的两居室房子卖了，带着儿子住在母亲这里。姐弟俩的母亲正是那个在小屋里哭泣的老太太。

弟弟继续说，姐姐不知怎么认识了一个老板，他慷慨地拿出十万元钱让姐姐还债，但老板经常叫姐姐到他家去，一去就不让走，让她住下。姐姐不得不去了几次。这几天，那老板又让她去，姐姐忍受不了了，把这事跟母亲说了，没想到老太太大骂了她一顿。

弟弟说自己刚刚搞了一个对象，结婚后也得住在母亲家，但姐姐没处可去。母亲为这事怨恨姐姐。今天早上，母亲又跟姐姐大吵了一通，话说得非常难听。母亲气呼呼地摔门下楼，到了中午也没回来。弟弟中午回家吃饭，进门一看，母亲没在家，姐姐躺在地上，嘴角流着东西。他看到旁边扔着“84”消毒液的空瓶，赶紧打了“110”，又打了“120”。警察来了，急救中心的大夫也来了，一看姐姐已经没有生命体征了。

看来这女人在生活中遇到极大困境，既要偿还丈夫欠下的毒债，又遭遇不怀好意、以借钱为钓饵劫色的老板，老板乘人之危逼这女人出卖色相。这女人卖掉自己的房产还债，不得不带着孩子与母亲和弟弟同住，但她母亲心生怨恨，为儿子婚事对女儿多次辱骂，让她搬出去另找地方。这女子一直承受来自各方的巨大压力，精神崩溃，执意了结自己生命摆脱痛苦。

老太太始终在小屋里哭，那哭声中也许带有一丝痛悔、自责和内疚。

最终，死者的死亡定性是自杀。我向死者的母亲和弟弟征求意见，问家属要不要给死者做法医鉴定。弟弟对姐姐服毒自杀的定性认可，三天以后他去我办公室办理了姐姐的火化手续。

生命感言

这起案件中的逝者是一名被生活重负压垮的年轻女性。在面对重压时，亲人给予的支撑是一个人继续前行的动力；如果亲人再度加压，一个人很可能会被压垮。在这起案件中，母亲的责骂就是压垮逝者的最后一根稻草。人生不如意事十之八九，在遭遇不如意之时，亲人如若不能出手相助，至少要耐住性子不去抱怨和指责。这样，遭遇不如意者至少还有活下去的希望。

No.55

争奖金落病高坠自杀

引言

一桩奖金分配的陈年琐事令他郁结于心，并因此患上间歇性精神病。最终，他选择了在吵过架的老领导家的小区高坠自杀。

某年春天，临近中午时分，我接到指挥中心布警、值班室通知，一个居民小区报警，有一名男子高坠。我立即开车来到那个小区。小区院里有几栋塔楼，我远远地就看见有一栋塔楼下围着不少人。下车后，我穿过围在那里的人群，见到维持现场秩序的派出所民警，从他们口里得知，“120”大夫诊断过了，地上躺着的那个人已经没有任何生命迹象。我到现场时，急救车已经离开了。

我开始验尸。死者是一名男性，看上去五十多岁，身穿褐色西服，脚穿黑袜、黑布鞋。他的面部保存得比较完整，没有破损，只是鼻腔里流出一点儿血，但他身体右侧包括肋骨、右腿都是瘫软的，多处骨折，身体右侧都摔烂了，估计应该是身体右侧着地。他皮肤呈暗黄色，不是健康肤色，骨折时骨头刺破了皮肤和衣服，血溅得四处都是。他是因出血性休克而死亡的。

人群中有一名上了年纪的女人边哭边说“我认识他、我认识他”。我安抚了她一下，问她是不是住在这栋楼里，她点点头。我问她怎么认识这个人，她说这个人是她单位的同事。听到这儿，我见身旁围了好多人，就没再让她往下说。我怕人言可畏，对她不好。我说咱们能到你家去吗？她说可以。我便跟她一起乘电梯上楼。

出电梯门，我先在楼道里看了一下。这栋楼的楼道南北走向，楼道里有两部电梯，东西相对，北通道里有四户人家，南通道里有四户人家，这是四户对住的格局。楼道两端各有一个窗户。其中有一扇窗户是敞开的。我走上前，因为楼道里光线不足，我拿手电照了照，在窗台上看到有明显的鞋印踩踏痕迹。我使用一次成像的相机给鞋印照了张相，接着马上下楼去查看死者穿的那双布鞋的底纹。结果，那双布鞋的底纹与窗台上留下的踩踏痕迹是吻合的。

检验完了，照完相，清理了现场，我让民政局的工作人员把死者装入尸袋，抬上灵车拉走了。

随后，我和派出所民警再次上楼，敲开了刚才那位上了年纪的女人家的房门。她把我和派出所民警让进屋，给我们倒了一杯水。她说死者是她单位同事，她已经从单位退休了。早年在单位上班时，她当过车间主任，死者生前曾在她主管的车间里当工人。有一年因为发奖金，死者跟她吵过架，不是小吵，是大吵，吵得特别厉害。吵完后，死者便犯了精神病，住院治疗了两年，出院后上了班，上班后又犯病住院，以后就经常犯病，扔东西、砸东西，甚至无端骂人、咬人，断断续续老是这个样子。医生诊断他是间歇性精神病，不犯病时跟好人一样，一犯病就什么都不顾了。

最近一段时间，她在楼下见到过他三次，两人每次见面都打招呼。她问他干吗来了，他说是找朋友；她问他的朋友在这栋楼里住几层，他不说。她觉得遇见他这三次他都没犯病，挺正常的。今天早上，有人敲她家门，她问是谁，一听是他，她当时吓了一跳。回想前几次遇到他时，他总说找朋友，问找谁也不说。他今天敲门，她想到家里没别人，都上班去了，就她一人，又想到他以前跟她吵架闹过病，她特别害怕。于是问他你有事吗？他说你开开门我就跟你说。她说家里没人，有什么事你给我打个电话，回头再说。她是真不敢开门。她说完后，门外的人就没再应声。

她说：“我吓得不行，也不敢开门，就在屋里这儿走走那儿走走。大约过了一刻钟，我就到北边的窗户前，本想看看下边的楼门，瞧这人走没走。我探头一看，见楼门那儿围着好多人，再一看，地下躺着的一个人。我当时过了一下脑子，可别是他出事了。我穿好衣服，下到三楼楼梯那儿有个窗户，再探头一看，就是他，我当时腿都软了。”

然后，她打了“120”，又打了“110”，还垫交了急救中心大夫要的180块钱抢救费。派出所民警来后，她没说这些。“他跟我是同事，以前我们吵过大架，闹过意见，他死了，谁主动说这个呀，不说谁也不知道。”她说。

在这个工作中，依我这么多年的经验判断，凡是叙述比较流畅的话都是提前编好的，百分之七十都是有瑕疵的，甚至有一半是假的；凡是想一想、吞吞吐吐、欲言又止的，这说的大多是真的。所以，你听话时不要对方说什么你听什么，要有分析地听。流畅时说的话，咱给他宽裕的时间让他说，他越说越假。对方说完了，你觉得这里面有假，需要你去问清楚，要经过你的大脑分析之后问出来。在谈话中，你要自己去判断，判断后再问。他再次回答的内容，连贯起来才是事实。

我觉得这位女主人讲得比较实事求是，甭管承担不承担责任，她挺诚恳地把没和派出所民警说的缘由说出来了。毕竟她是担任过领导职务的人，她对我说：“这不是什么好事，我本可以不说，调查出来就调查出来，而且我没开门，没跟他吵，也没刺激他。他平常上班的时候就那样，好的时候跟好人一样，一犯起病来又砸又摔又咬的，犯病时他就不能瞧见我，瞧见我就骂。因为这个事，当年的单位领导批评过我，说我没做好工作。”

我给她做了笔录，然后问她丈夫的电话，当面给她丈夫和儿子打了电话，叫他们回家。为什么呢？我怕今天这事对她刺激太大。这事让她回想起当年不愉快的经历，而且今天死者还敲了她家的门，又死在她家楼下，死者就是奔她来的。毕竟她是个女人，她自认为这事与她有关联，我们要是一走，对她就有点儿不负责任了。要说工作难度大不大搁一边，能为她着想，说句实话，我觉得是民警都应该这么做。

等了一个半小时，她丈夫和儿子都回来了。我们先告知这事与女主人没有关系，她也没有任何责任，你们得安慰她。又说我们为什么在你们家等着，因为家里没别人，就剩她一人在家，我们要是全走了，怕她受刺激太大想不开。我们把她交到家人手里，就算完成任务了。

我干这个工作这么多年，穿的是警服，当的是警察，但是做的工作都是情系人心的事。第一，人死了，我们才能去；第二，我们见到的活人都是家属。死了的人解脱了，但是让活着的人痛苦。

人心都是肉长的。人家家里死了人，已经很不幸了。我看的是死人，听的是哭声，怎么让哭的人不哭，怎么能安慰家属。每当不幸的人见到我，我把自己这颗心拿出来帮助活着的人，尽力让他们感到慰藉和解脱。能给对方带去一点儿温暖，我觉得我这工作就做到家了。

凡是我干的这些事，特别重感情，尸体验完了，情况了解了，你回去以后可以看材料，看完材料找出疑问来，你可以再约人家谈。从法律层面来说，对方只要超过十八周岁，就能够承担民事责任了，还用你关心吗？可是，咱们要是关心一下，你的一举一动就能给对方带去很多温暖，能让人家发自内心地感激。

我在北京电视台做过一期节目，叫作《不与人握手的警官》。我有一个习惯，轻易不跟人握手，因为我知道，我这手是摸死人的手、验尸的手，摸的全是死人，不管你谁，在现场能跟我握手的，那肯定是死者家属，你肯定满意了才愿意跟我握手。但我不想把我摸死人手的那种感觉传给你。这么多年，我不轻易跟人握手。

再回头说我办理的这起案件，后来，那家人做了一幅一米二的大锦旗给我们分局送来，女主人和她丈夫带着儿子、儿媳一起来分局送的。要说这锦旗不能吃、不能喝，但是有一点，人家送来，证明人家对你是认可的。认可你对人家确实有帮助，而这种帮助不是花钱就能买来的，这是人家发自内心的由衷的感激。

现在回忆起来，从 1995 年开始，我这办公室里就跟菜市场似的。我这样问、那样问，从早上 8 点到晚上 12 点，不停地说，最多时一天接八个现场。在我工作的业务范围内，假如办理一个案件要花费 3 个小时，其中技术勘验有 40 分钟就能搞定，其他时间都放在后事处理以及做家属思想工作上面。你得安抚家属，你得介绍后边的事应该走什么程序，应该怎么办。也就是说，一个案件，三分之一的时间是我的正差，三分之二的时间是我对家属的关怀。

就像我这么干，我觉得才叫干好了。假如不这么干，我不会有自豪感。要说我工作这么多年，我真是对得起我这份工作。

丨生命感言丨

大量接触亡者后，我深切感受到，在这人世间，有的人坚韧，有的人脆弱。坚韧的人经历很多艰难困苦都能接着向前，脆弱的人则会因为一点儿小事就陷入泥淖不能自拔。当一个人把一件本该早日遗忘的琐事无限放大之后，他的世界就会变得“只见树木不见森林”。本案的死者便是如此，因为争一点儿奖金而导致精神失常最终因此而选择轻生。在面对一件具体的事情时，我们还是要把它放在当下的环境或者更长远的未来去考量。这样一来，那些一时大得不得了的事情就会变得普通平常，一道沟坎也就过去了。

No.56

在墓碑上给了情妇名分

引言

一段婚外情，以情妇的自杀告终。情夫在悔恨之余，做出决定，与妻子离婚后，在墓碑上给了情妇名分。

眼看下午快下班了，指挥中心布警、值班室通知，一个小区里有一名女子自缢，让我们现场组去甄别。

记得那是冬天的一个傍晚，正赶上交通高峰时段，距离并不远，而我开车抵达具体地点却用了不少时间。辖区派出所民警早就在现场那栋楼下等着我。

我跟在派出所民警身后走进楼道，乘电梯来到七层。出事那家的房门大开着，一个皮肤黝黑的小伙子站在门口默默地流着泪。后来，我才知道他是死者的弟弟。屋里不合时宜地传出欢快的音乐声。我们迈进屋门，这是一个两居室，一个年轻女子在其中一间屋门上自缢了，她面向屋里。屋里是卧室，我在门外探头向屋里望去，只见桌上录音机旁放着一把红玫瑰，录音机反复播放着曲子，正是我们在楼道里就听到的那一首。

我们一起将年轻女子的尸体抱下来，平放在客厅的地上。我走进屋里，来到桌子前，看到红玫瑰旁边放着一封遗书。我拿起遗书，看到纸页上写有这样的话："老吴，我真对不起你。你对我这样不讲信用，我用死和玫瑰来回报你，让你一生不得安宁。"遗书落款是"爱玫瑰花的女人"。

我开始检验尸体，死者颈部的索沟痕迹与深度均符合自缢特征，有遗书作为印证，从目前情形判断，这屋里发生的是一起自杀案件。正在此时，门外有人大声喧哗，我走到门口，见一名五十多岁的男人被民警拦在门外。他焦急万分地大声交涉，我想知道来人与死者是什么关系，让值守民警放他进屋。这男人快步直奔到客厅平躺着的年轻女子身旁，不顾一切地伸手抱起死者，情绪激动地哭喊，晃动着那已经没有任何生命迹象的年轻女子，"我对不起你，你就这样走了，我真的对不起你啊！"

此时，先前站在门口哭泣的小伙子走过来，揪起那男人衣领，狠狠地抽了他一个耳光，打得他嘴角流出鲜血。但这个男人却没有任何反抗的意思。我拽住了小伙子的手臂，防止他再有过激行为。清理完现场以后，我将这名五十多岁的男子带回办公室，听他讲述了与死者复杂的感情纠葛。

两年前，在一次同学聚会上，一位正在单身的女同学求老吴帮忙解决她女儿的工作。老吴在一家单位当"一把手"，答应办这件事。三天后，他见到了老同学的女儿小英。小英刚刚大学毕业，还未结婚。这姑娘一米七的高个儿，又水灵又漂亮，第一次见面就给老吴留下了深刻的印象。几天后，他把小英安排到办公室做内勤。在接下来的日子里，老吴对小英的好感与日俱增，尽管他结婚多年，儿子都23岁了，但没能控制住自己的感情。老吴将单位一套两居室分给小英。起初，小英被老吴的热情感动，渐渐地忘却年龄与经历的差别，相信自己遇见的是真挚的爱情，便将自己的一切都献了出去，甚至天真地幻想有一天老吴离婚，与自己结婚。

二人偷偷摸摸地相处了两年。老吴周旋在妻子和小英之间，越发地焦头烂额。每逢周末，老吴要陪着妻子逛商场，不能分身去陪小英，二人为此产生了争执。一次，小英写了一封骂老吴的信，被老吴揣在兜里带回家，忘记藏匿。妻子给老吴洗衣服，从衣兜里发现了这封信，知道丈夫在外面与女人偷情，非常气愤，在家里大闹一场。但碍于丈夫领导职务的社会地位，为了避免产生不良影响，她并没有扩大事态，只要求丈夫与小英断绝关系。老吴不得不当面答应，悄悄告诉小英事情败露，叮嘱说以后两人见面不能太频繁。

临走时，他把手里的一套房门钥匙退给小英。

老吴离开时天降大雨，小英站在窗前伤心地流下眼泪。此后，只要遇到雷声阵阵或雨滴飘落，小英总是忆起那个无比痛心的时刻，泪流不止。结果由爱生恨，小英越来越觉得自己太委屈，恨那老男人偷走了自己的青春和贞操，她决定将这一切告诉亲人和朋友，便伏案写了两封长信，详细写到她与老吴之间的情事。一封信寄给外地的挚友，另一封同样内容的信寄给母亲，并将寄信凭证留在身上。

出事这天，是小英的生日。她买了一束玫瑰花，写完遗书，打开录音机，反复播放她最喜爱的一首曲子，随即自缢。

这天下午，老吴感到心里很烦闷。小英已经请假一周了，打电话她也不接，老吴心慌慌地跑上楼，用一套备用钥匙打开房门。推门进屋，他被眼前小英自缢的场景吓坏了，马上跑出去报警。我见到老吴时，他刚从辖区派出所奔过来。听完老吴的讲述，我为小英的绝命选择感到深深的惋惜。

小英弟弟代母亲办妥火化手续后，老吴来找我，他再次向我表示他内心极度的悲痛。为了证明他对小英的真心，他已经办理了离婚手续。他知道小英的骨灰暂时寄存在殡仪馆，还没有找墓地。他希望我帮助他，由他为小英买一块墓地，恳请我做中间人。我答应试试劝慰小英母亲和小英弟弟，但不敢说有无可能。母子二人见老吴确有真心，虽记恨老吴，但思来想去，终以慈悲之心应允给老吴一个机会。

墓地选好地点，临到小英下葬的日子，我按时来到殡仪馆。只见老吴早早到了，他怀里抱着小英的骨灰盒坐在椅子上等我，满眼都是泪水。小英弟弟默默地从外面走了进来，对我说："卢警官，我们可以走啦。"我们驱车来到郊区一处陵园。下车后，老吴抱着骨灰盒走在前面，我和小英弟弟跟在后面。小英母亲没来，我理解这位母亲的复杂心绪。

走到墓穴前，我惊讶地看到墓碑上镌刻着"爱妻小英永世"，立碑人落款竟然是"爱人"老吴的名字，此情此景让我深深感叹，两人的恋情尽管没能形成婚姻事实，却在墓碑上得到了某种体现。一道走来的墓地工作人员提示家属安放好骨灰盒。这时，小英弟弟说了声"慢"，他上前从老吴手里双手捧过骨灰盒，流着泪说："姐姐，我今天是给你来下葬的，你早点儿入土为安吧，我是跟卢警官一起来的。”他把骨灰盒放进墓穴，转身瞪着老吴说：“今天，我叫一声姐夫。”话音未落，他突然扬起右手，狠狠地给了老吴两记响亮的耳光，接着说了声：“姐夫，对不起了。”随即，他转身独自离开。

老吴僵僵地站着，没有任何反应。片刻，他弯下身，默默地对着骨灰盒念叨着：“我的事做晚了，对不起你了。今天，你的家人成全了我，我也感谢卢警官。”

| 生命感言 |

这是一起因感情纠葛引发的自杀事件。亲历了这起悲剧事件的全部善后过程后，我非常感慨。我相信老吴对小英是一片真心，但是作为有妇之夫和“长辈”，这份情感涉及法律、道义和伦理。在发展这样一份感情的时候，他可能没有想到结果。事实上，对有些事情，尤其是感情的事情，在它发展的时候，一定要考虑它的结果，否则就可能陷入困境，甚至导致意想不到的后果。

No.57

“从天而降”的耐火砖

引言

生病在家的男孩，一时淘气，将阳台上的耐火砖推出阳台。不想，这块从天而降的耐火砖砸死了途经的骑车人。

一名男子骑自行车从高楼下经过，不想，楼上掉下一块砖，恰恰砸中男子的脑袋，当场毙命。

中午时分，指挥中心通知我们现场组出现场，同时也通知了刑警，包括刑侦技术人员。加上派出所民警等，一大伙人都到了现场。

现场在一栋高楼下的一条通道里，那栋楼有二十四层高，通道地面上倒着一辆二八自行车，骑这辆车的年轻人出了意外。

现场检验判定，遇难者是被高空坠落物砸中头部致死。那块从天而降的砖头是块耐火砖。问题是那块耐火砖从哪个位置掉下来的，怎么掉下来的，是被人故意投掷下来的，还是另有移动形成的坠落，这些问题需要我们核实。

死者是外地人，在饭店打工，搞了两年对象，决定十天以后结婚。他每天下午轮休时就骑车去商场为结婚备些东西。今天，他买完东西骑车回家，在经过楼下通道时，遭遇不测。

调查开始，多部门联合行动，公布举报线索电话和联系人，联系电话就是我办公室电话。民警分组逐门逐户走访，询问每家每户并记下笔录。从死者方位推断砖头所在的最初位置，包括派人到楼对面交叉观测，我们初步判断由小孩子打闹所致。于是，我们的调查范围扩展到附近中小学，询问居住在这栋高楼里的中小学生。调查整整进行了七天，结果令人沮丧。

眼看进入第八天，一名中年男子带着一个八九岁的男孩走进我的办公室。通过交谈，那块砖头的由来一下子就明明白白了。

中年男子家住出事高楼的八层。出事那天，他儿子生病在家，没去学校上课。当天下午，这孩子感觉病情好转，奶奶应允他到楼道里玩一会儿。这孩子偷偷走到八楼阳台，那阳台是贯通的公共通道。他扒着阳台往下一看，阳台正下方楼底位置是一条通道。此时不远处一人骑车过来，这孩子想吓唬一下那位骑车人，搬起奶奶积酸菜用的一块耐火砖，从阳台护栏的水泥宽面上向外一推。砖头落下，他看也没看就从阳台回楼道进家门了。

当天傍晚，孩子父亲下班回家，听说这栋楼高空坠物砸死了人，问自家孩子出屋没有，孩子回答没有出屋。民警入户调查时，孩子奶奶以为孩子就在楼道里玩，不知道他跑到阳台去了，回答民警时也说孩子没有出屋。

来我办公室的前一天晚上，这家人吃完晚饭一起看电视，那孩子突然跟奶奶说："今年咱家别积酸菜了。"奶奶问他为什么，孙子说他把那块积酸菜的砖头推下楼了。一听这话，大人们全都惊呆了，赶紧追问孩子怎么回事。了解到事实发生的前后过程，这家人思前想后，决定第二天带着孩子到我办公室说明情况，同时还带来了补偿金，请我们转给死者家人。

小孩子这个行为酿成的后果很严重，但孩子个人不构成法律追究的行为主体。这个案件工作量非常大，楼上楼下动用了几十号人参与调查，整整忙了七天。当初估计是小孩干的，属于意外坠落。就算有谁想杀害死者，从楼上扔砖砸人，也没有那么准啊。领导高度重视此事，几个部门全力以赴地投入调查，案件终于有了结果。

带孩子来我办公室的那家人主动提出给死者家属十万元钱。这家人委托我们转交这笔钱，怕跟家属面对面接触后惹出更大的纠纷，引起不必要的麻烦。我尊重了小孩家长的意见，决定帮助他们一把。

死者父母及死者的未婚妻从外地赶来，家里就这么一个儿子，对象谈好了，就等着结婚，偏偏出意外没了命。死者父母挺朴实的，得知我们这么多民警为此事忙前忙后，心怀感激。对公安机关的工作给予认可，对于由公安机关转交小孩家长补偿的意见，他们也表示了同意。要说，那时候十万元钱也是相当大的一个数，再加上我们诚心诚意地劝慰，死者父母最终认可了这么一个结果，办理了死者的后事。此案按治安案件结了案。

| 生命感言 |

这是一起高空坠落物体致人死亡的案件。这类案件的难点之一是责任人的查找，也正因此，我们会看到高空坠落物体致人受伤后把整幢楼的居民告上法庭的案例。这起案件中的受害人非常不幸，稍微可以让受害者家属得到安慰的是责任人——小孩的家长站了出来。此案的发生，再一次给高层住户提了一个醒，切忌在阳台上放置容易坠落的物品。

No.58

电闪雷鸣 “死人”起身

引言

一个雨夜，一名“死者”，民警勘查现场，电闪雷鸣之中，“死者”突然复活！

夏天的一个雨夜，我已经上床准备睡觉，床头摆着的BP机响了，是指挥中心布警。我伸手去够BP机时，就看见床头柜上摆着的闹钟，时针已越过午夜12点。

我那时有两个BP机，一个是单位发的，另一个是我私人的。单位发的用于工作，24小时开机，必须随叫随到。但凡我进车库、下地下室，只要发现收不到信号，就得想办法把BP机放到有信号的地方，哪怕找人帮我看着BP机，一有信息就得喊我，分分秒秒都不能耽误。甭说半夜三更，甭说我跟家人逛商场，就是我父母、我自己过生日时，我都接到过指挥中心指派出警的任务。

话说夜半接到出警任务指派，说天安门城楼西侧的草地上有具尸体，去甄别一下。我冒雨跑出家门，先去单位拎勘查箱，再发动警车开车出院。那天晚上的雨下得真叫一个大，大雨点砸到地上水花四溅。当年不像现在，要眼下遇到这事儿，就得刑警和治安都到现场。那时候就是我们治安一家的事儿。

大雨下个不停，我到了天安门城楼西侧的草地旁，民政局的两名工作人员也开车到了。我们停好车，拿着手电，打着雨伞，向草地中间走去，远远就看见那里确实趴着一个人。派出所民警在那儿守着。我向草地走去的时候，看到距不远处的红墙下靠着一辆自行车。我们走到趴着的那人身前，用手电照照他头部前方，看到地上有呕吐物残迹，已经被大雨冲得哪儿都是。

民政局的工作人员为我撑着雨伞，帮我戴上手套，我从勘查箱里拿出盒尺和口腔钳。我站在这人的头部前面，民政局的工作人员站到这人的脚部后面，我让他帮我扯开盒尺，准备要先量量此人的身高，再用口腔钳撬开牙，看看他口腔里面有什么东西。

我们先把这个面朝下趴着的人翻了个身，让他面朝上，以便测量。这个人被翻过来时，脸上沾着一些泥，倾盆大雨几下子就把他脸上那点儿泥冲掉了，让我们得以看清他的面容。翻动这人的身体时，我凭直觉觉得他不太像人死后的状态，尤其不像尸僵缓解后那种常见的身体耷拉的软，我脑子一瞬间闪过异样的感觉。

这时，我们拉开盒尺，民政局的工作人员蹲在那人脚边拽着尺头，我站在那人头部这边，一手拽着盒尺，另一手拿手电照着盒尺上的刻度，定睛一看，一米六三，我开句玩笑，说："嘿，跟我一般儿高。"刚说完，这"尸体"突然张嘴来了句"谁一米六三啊，我一米六五"。这"尸体"在讲话的同时，把胳膊这么一抡，哎哟，想打人呢，可给我吓一跳。

三更半夜，我到那儿都已经快一点了。大雨哗哗下着，我虽说也弄过几百具尸体，没有怕这个概念，可眼前这事儿吓得我一屁股坐地上了，民政局的工作人员扔了盒尺先跑了，我也跑。我们跑到墙根儿那儿蹲着，你看我，我看你，心跳得那个快呀，站都站不住，真不知道怎么办了。

我想倒地那人挥胳膊是想挠我一把。说句实在的，当时那种心态就说这活儿不能干了，真不是人干的，受累不说，害怕不说，突然再加上这个惊吓。这种惊吓是一般人遇不上的，就连我师傅都没赶上过。多种心态搅在一起，我觉得自己真有些要崩溃的感觉。我们躲开十几分钟，那人自己坐起来了。他一坐起来，我跟民政局的工作人员本能地站起身再跑，往西跑。我们远远地见那人慢慢站起身，走向墙根靠着的那辆自行车。人家推上自行车，向东走了。我们望着那人推车慢慢走远的背影，你看看我，我看看你。我想我的胆儿虽然没被吓破，却也吓得真是走不了道儿了。

估计这人喝酒喝多了，倒地之前已经吐过。这是我第二次遇到"死人"活过来，第一次是一个老太太，我正近前拍照呢，她突然抡起一巴掌打到我腿上。我本能地一躲身儿，慌得把手里相机掉地上摔坏了。

那天夜里，我自己开吉普车去的，等我开门坐进驾驶室，都不知道怎么发动汽车了，脑子里就想着这事儿。结果这么坐着呆滞了许久，估计得有二十分钟吧。我得自己开车回家啊。没办法，等我缓过劲儿来，开上车往回走。我想我家住六楼，依我这种状态，根本上不了楼，干脆直接把车开回局里，回我办公室去了。进办公室打开灯，办公室里什么死人的照片、死人的衣服、死人的身份证，反而让我精神上缓解了许多。那时已是凌晨三点多钟。我就在我那桌子上趴着睡着了，醒来已经是早上七点多钟了。

上班以后，我把这件事向主管科长汇报，说明了现场情况。科长听完我汇报，说：“哎哟，这蹊跷的事都让你赶上了。”没过两小时，我连受凉带吓着，发烧了。我下午回家，又吃药又喝姜糖水，晚上我爱人给我煮热面条，这才扛过去了。

在隔天的晨会上，科长把这件事跟大家说了。说出现场工作挺艰苦，不但脏、害怕，还受惊吓。他说他工作这么多年，这种事还是头一次听说，他说：“小卢啊，不容易。”我也不好说什么，半夜下着雨，那儿趴着个人不动，你说让派出所的人过去摸摸这人有没有气儿，这要求太高了，他根本不可能做到这一步。

生命感言

又是一起“死者”复活的案件。由于“死”与“生”之间隔着一条无法跨越的鸿沟，所以当被误认为“死者”的人从睡梦中被我们惊醒后，我所受到的惊吓非亲历者难以体会。虽然深受惊吓之苦，但是又一个生命安然无恙还是令我感到欣慰。由于在那个特殊场景下分别后，我无从得知那位醉汉姓甚名谁，但是我想隔空喊话给他：珍爱生命是一种责任，呵护健康是一种能力。

No.59

疑心患癌抑郁不想活

引言

一生无妻无子的鳏夫选择服药自杀。其实，害死他的不是疑心，而是孤独。

酷热夏天的一个上午，我接到出警指令，立即带着助手开车来到一条胡同里的一家院门外。

院门口停着一辆“120”急救车，院里已经站着一些人。我们走进院里，得知出事的现场在院里最东头的一间屋里。派出所民警告诉我，有两位“120”大夫正在屋里忙着。我和助手在屋外等了一会儿，见两名穿白大褂的“120”大夫走出房门。据这两位大夫介绍，屋里的人已经死了，看样子像是服药身亡。

我问死者有家属吗，旁边一位老太太说她是居委会的，她知道死者没结婚，无儿无女，只有一个弟弟。

我推门进屋一看，这间东屋里边是一个套间。死者是个男的，在里间的床上躺着，一条腿耷拉在地上，另一条腿放在床上。屋里桌上放着一个药瓶，上面写着盐酸舒乐安定片。

我拿起这个药瓶看了看，药瓶里面是空的。假设药瓶是装满的，应该有100片。人一般对盐酸舒乐安定的耐受量很小，只要吃下10片就不行了，走不了道儿了；若吃下几十片，就有生命危险。到医院看病，大夫绝不会给求医的病人开这么多片盐酸舒乐安定的。

我开始验尸，这个人有六十多岁，中胖体型，比较健康。我一一查看完瞳孔、眼角膜、面相；再看了四肢，没有发现骨折。我们拍了照，让民政局的工作人员把尸体装袋抬到院外的灵车上拉走。然后，我们去居委会了解与死者有关的情况。

据居委会的人介绍，死者有一个弟弟，我们很快查到这个人，他在房管局工作。我拨通电话找到他，向他说明了他哥哥死亡的情况。他说，这在他的预料之中。他的这句话让我心里踏实了一些，起码家属对死者的死因没有什么疑问。但是，死者弟弟为什么这么说呢？这让我隐隐约约地觉得背后一定有原因。我说："你最好过来一下，你哥哥死后有个移交房产的事。你哥哥的房我们得移交给你，家里的东西别丢了。"他说："行，我马上过来。"30多分钟后，他就到了。

据死者弟弟说，大约半年前，死者的单位让职工去体检。体检时，医生告诉他，说他肺部有一个黑点儿。他到医院做了几次化验，有几项不太正常，都超出了正常值。他担心地跟弟弟说，医院透视发现肺上有黑点儿，化验又不正常，可能是得了癌症。弟弟劝慰他说，你能吃能喝的，根本不像有病。可是，他不听劝，反复去医院抽血，一个月抽了四次。尽管没查出致病原因，但他就是不相信这些化验结果，总是提出这样或那样的想法。弟弟一开始还耐心地劝他，说来说去，没完没了地劝，后来就有点儿烦了，说："你就这么折腾吧，就这样你也得不了好病。"

原本弟弟说的是句气话，偏偏加重了哥哥的疑心。街坊有位刘大爷，平时跟哥哥来往比较多。哥哥跟刘大爷反复地说，他弟弟跟他说了实话，说他得的不是好病。刘大爷说，甭管得了什么不好的病，得有个说法啊，应该有个病的名称啊。

疑心越重越影响他的正常生活。弟弟来探望他，见哥哥精神有点儿恍惚，说话颠三倒四，就跟他讲："你别老自个儿瞎琢磨，老瞎想不利于健康。"没想到，弟弟刚走，哥哥就去找刘大爷，说："你看看，我弟弟肯定知道我得的不是好病。"他不说弟弟来安慰他，却说弟弟是来刺探他病情发展的。

刘大爷觉得他可笑，"他连弟弟讲的话都听不进去，我这个街坊说的话就更甭想让他听进去了"。结果，刘大爷也不大愿意理他了。这么一来，估计他又琢磨了：刘大爷原来还跟我聊天，是不是刘大爷发现我这病情重了不愿理我了。后来，他见到弟弟就说"活着没劲儿，没意思"，明显地从语言上和表情上能带出来。他哪儿也不去了，见到熟人也不打招呼、不言语了。

刘大爷给弟弟打了个电话，说："你哥情绪不太好，那天你来看他，他说你是来刺探他病情的。"弟弟一听这个，气得更不来了。弟弟不来，当哥哥的给弟弟打电话，打三遍电话，弟弟直接挂断两次，第三遍接起来，没好气儿地说："你还有什么事啊？你一天到晚这么瞎折腾。"结果，哥哥又跟刘大爷说，他弟弟怪他老瞎折腾，那不就是说他这当哥哥的不得好死呗。他跟刘大爷约着第二天去鸟市，刘大爷说行，去吧。

第二天早上八点多钟，刘大爷来敲门，敲了好多遍没人应。等他把门拉开一看，屋里的人躺在床上，嘴角吐着白沫儿，一条腿耷拉在床下，另一条腿放在床上。刘大爷赶紧打了"120"和"110"。

死者的弟弟对哥哥的死没有什么疑问，就说哥哥是自己"作"的。看到屋里桌上放着几张化验单，弟弟说，他哥哥认定不想活着的原因都因为这些化验单，要真是验出病来，找大夫开药不就得了，可他哥哥谁都不信，别人就更不信了。

| 生命感言 |

孤寡者自杀或意外死亡事件不在少数。这类事情很好地诠释了"人字的结构是相互支撑"。换个说法，人是一种社会化的动物，每个人都有与他人交往互动和寻求支持等各种需求。在我们的社会中，孤寡老人的互动和支持系统相对脆弱，这也是本案中的孤寡老人自杀的根源所在。由于缺乏日常的亲情互动等元素，孤寡老人的沟通能力和对他人的信任度也就偏低。只有了解他们，才能在关爱他们时做到有的放矢。

No.60

美好姻缘幻灭该怨谁

引言

一次见义勇为的相助之后，他爱上了被救的女孩。当女孩的男友出现时，他的精神世界崩溃了……

正值入夏，酷暑高温，指挥中心布警、值班室通知，一幢高层住宅楼上有一名男子自缢身亡。我接受任务指派，立即驱车前往现场。那是一幢高层住宅楼，我跟随派出所民警走进楼门，乘电梯来到十一层，还没进屋，就听到门内传出隐隐约约的哭声。

推开房门，我注意到这家住户的单元房格局为两居室，小卧室的暖气管子上垂着一个圆形绳套，死者已经被家人从绳套里移出来，抬到单人床上平放。

我向死者家人亮明身份，开始进行尸检。

死者男性，年龄不到三十岁。他的瞳孔已放大，但两侧不对等，死者生前应患有严重精神疾病。死者尸表检验后没有发现外力伤，他的四肢和胸部均未发现骨折。死者颈部发现索沟痕迹呈现马蹄形，如此勒痕符合自缢留下的痕迹。此案应该可以定性自缢。

随后，我开始调查死者的死亡原因和发生过程。

死者母亲告诉我，她儿子年满二十六岁。有一天，他去某商场购物，踏上启动的步行电梯，站在他前边一位金发姑娘站立不稳，突然歪向一侧。他赶紧出手抱住了那个姑娘。待他定神一看，她是金发碧眼的外国人。不知为什么，这姑娘已经晕过去了。

电梯缓缓升到上层平台，他求助商场两位服务员一起将晕倒的姑娘抬到了购物中心临街的马路边，招呼一辆空载的出租车，将这个外国姑娘送到急救中心。他用自己准备购物的钱替她交付了医治费用，随后告知在家的母亲再送些钱过来。这小伙子在医院守候了外国姑娘两天一夜，直到这个姑娘醒来，医院诊断她患的是美尼尔综合征。

这个姑娘是美国公民，当年二十二岁，来中国留学，当天在购物中心步行电梯上犯病昏倒。苏醒后得知获救过程，她非常感动，随即联系学校同学。她的同学焦急万分地赶到病房，并用带来的钱还给小伙子垫付的费用，但被小伙子谢绝了，他留下了联系方式告别离开。

时隔一周，这个美国姑娘主动与小伙子取得联系，约定周日晚上六点钟在某饭店西餐厅共进晚餐表示谢意。她还告诉小伙子，说她的父母要亲自飞到中国当面谢谢他。

小伙子如约来到了某饭店西餐厅，他看到美国姑娘身旁还站着一男两女三个外国人。他走上前，那姑娘介绍身边的人是她的父亲、母亲和姐姐。这家人特地从美国飞来，就是为了当面感谢他的救命之恩。

共进晚餐期间，姑娘的父亲告知小伙子，说他这个小女儿小时候就患有美尼尔综合征，没想到这次犯病晕倒，不省人事。接着，姑娘的父亲站起身，递过来一个小包，伸出手比划着示意让小伙子收下。姑娘用中文告诉小伙子，她父亲送给他一万美元以表谢意。他一愣，婉言谢绝，同时将接在手里的小包还给对方。晚餐结束的时候，姑娘的父亲说了几句英语，女孩翻译成中文告诉小伙子，说她父母想邀请他一起游长城，小伙子一口答应下来。

与这家人游完长城，美国姑娘与小伙子的来往愈加频繁。有一天，她告诉小伙子，说她父母做出了一个决定，准备出资为他办理去美国为期一个月的旅游，时间选在姑娘学校放寒假期间，让他与她一同飞赴美国。于是，他开始办理出国手续及签证事宜，并在姑娘的协助下顺利完成了相关手续的办理。等到学校放了寒假，小伙子与姑娘一同登上飞往美国的航班。

在美国游玩的那一个月里，姑娘一家人非常热情，专门为小伙子筹办了有近百人参加的答谢宴会。

小伙子深感语言不通的尴尬，回国后连报两个外语班，发奋攻读。他告诉母亲，说那家父母临别时请他常去美国，人家有意将女孩嫁给他。他想学好英语，等那姑娘结束在中国的学业便去美国成婚。

转眼第二年的寒假临近，美国姑娘再约小伙子相聚。当他走进餐厅，一眼看到姑娘身旁坐着一个外国小伙子。姑娘介绍说那是她的男朋友，今天相聚是想告诉他，她即将离开中国，临行前与她男朋友一同向他再表谢意。

小伙子瞬间惊呆，有些不知所措，不知道自己怎样回到家中。母亲说儿子回家后大哭大闹，在他平静的时候，向母亲讲出这段无比痛苦的经历。小伙子精神状态日趋恶化，一天要犯四五次，不仅打人骂人，还几乎将屋里的物件全部砸坏。

眼看小伙子犯病越发严重，父母和小伙子的舅舅将他带到安定医院看病。经医生诊断，他患上“急性精神分裂症”，需住院治疗。三个月过后，他的病情得到稳控。母亲说，他们刚刚把儿子接回家不到一周，今天中午吃完饭，他突然对母亲说，他又见到了那个美国姑娘。

母亲说：“别想她，该吃药了。”她把儿子推进小卧室，想让他睡一会儿。眼看下午睡了不短时间，母亲觉得儿子睡的时间实在有点儿过头，就推开小卧室房门想叫醒儿子，但她一眼看到儿子的身体已经吊在暖气管子上了。

母亲立即冲上前抱住儿子的身体，摘下脖子上勒着的绳套，把他拖到单人床上，随后跑进楼道叫来邻居。这时，丈夫也下班回来，夫妻俩让邻居帮忙报了警，不一会儿派出所民警就来了。这位母亲哭着跟我说：“我可怜的儿子就这样走了，他救了那个美国女孩，却又为她死了。你让我这当母亲的能说什么呢？”

| 生命感言 |

一个年轻人在成长过程中无法绕开的沟沟坎坎之一便是挫折，在恋爱季节遭遇挫折的现象几乎出现在每个人身上。而与之相对应的问题是，大多数年轻人的成长过程中缺一堂重要的课——挫折教育。本案中的年轻人无疑是一个极具责任感的人，所以在美国女孩处于险境时他能勇敢地出手相救；与此同时，他的逆商却并不高，当他与美国女孩的“恋情”幻灭后，精神世界顷刻间为之破碎。如何补上挫折教育这一课，是本案让我长久思考的问题。在我看来，好事坏事多去经历，经历多了，抗挫折的能力也就强了。

No.61 好奇少年从十楼坠落

引言

十四岁男孩从十楼坠亡，除了面相比较完整外，全身骨折。没有家庭矛盾，无关朦胧的早恋，只因青春期那一点点“逞强”的好奇心。

夏季的一天上午，指挥中心布警、值班室通知，有个中学生从楼上跌落身亡。我拎起勘查箱上车赶往事发地点。

那里是一个高层住宅小区，院里矗立着三栋高层塔楼。在一栋高楼下，人们远远地围着一具盖着白布单的尸体悄声议论着，尸体近旁有一对男女哭得死去活来。

我走过去，派出所民警介绍说正在哭泣的男女是孩子的父亲和母亲。我说想了解一下事发过程，孩子母亲哭得无法陈述，孩子父亲强忍悲痛叹了口气说：“这孩子啊！”据这位父亲介绍，悲剧是这样发生的——

死者是个男孩，十四岁，上初中。这孩子刚做完阑尾炎手术，这几天在家养病。家里有台空调坏了好多天，孩子父亲打电话找来空调厂家的维修师傅。他们家住在这栋楼的十层，两位维修师傅进门后绑牢安全带，站到窗户外查找外挂机的毛病。孩子父亲和儿子站在窗户里边仔细观察，听到维修师傅交谈，看到他们摆弄外挂机的管子。

维修工走了之后，这男孩对他爸说："就这么简单啊，赶明儿这空调再不制冷，我去修。"这位父亲记得当时自己是这样说的："别瞎说，你也不会修，你怎么能去修啊，你别管。"事情就这么过去了。

孩子歇完病假去上学。第五天，他家空调又坏了。这男孩在家里给他母亲打电话，说空调又犯毛病了，跟上次一样，还说这个毛病就别叫人来修了，他会修，因为那天怎么修的，他全看见了。

母亲立即告诉儿子："别胡说，你哪会修这个啊，你又没有安全带什么的。"母亲警告儿子"不要管"，接着又给空调厂家维修师傅打了电话。

没想到，男孩给母亲打完电话就打开窗户，钻了出去，站在窗户外。此刻，相邻塔楼六层有一个老头儿正在自家阳台上举着鸟笼子要挂到晾杆上，他抬头时恰好看见对面楼上那男孩从窗户钻出来站在外挂机上。老头儿赶紧探头去喊："孩子，干吗呢？赶紧进去，赶紧进去。"男孩在外挂机上的一举一动老头儿看得清清楚楚。没过多长时间，那男孩一闪身就从外挂机上掉了下去了。

男孩父亲介绍事发过程时，那个喊话的老头儿也在场。孩子母亲总是叨叨着这句话："妈跟你说了，不让你出去。妈跟你说了，不让你出去。"

儿子打电话说要自己修空调，当时就给这位母亲吓坏了。后来，丈夫给她打电话，说儿子出事了，她立马意识到"准是儿子从空调上摔下楼了"。丈夫听妻子这么说，当即问她："谁给你打电话了，你怎么知道的？"妻子说："孩子给我打过电话，说他要自己修空调。"这些细节都是事后我给男孩父母做笔录时，那夫妻俩回忆的。

我开始验尸。这个男孩身高将近一米五，圆圆脸，挺白净。他从高处坠落，后背着地，唯一庆幸的是面相比较完整，前脸还能辨认，后脑粉碎性骨折，要是脑袋着地，头就没了。他浑身骨折，右脚摔断，已经与右腿分离。

这男孩摔后的惨相，我只让他父亲看了孩子全身，他母亲只看了看孩子的脸，其他部位都盖着单子。他父亲看完孩子就蹲下身，捂住脸，不再吭一声。我忙完了就让民政局的工作人员把这孩子装入尸袋拉走了。

几天后，孩子父亲找我的时候，他内疚、自责，说维修空调当天孩子说的话，虽然他立即说了孩子几句，但他心里却没把这个当回事儿。这件事的惨痛教训是，孩子有好奇心有模仿力，大人对孩子说的话不能不留心。哪怕身边孩子自言自语说的话，要是觉得存在危险的话，不要置之不理，必须及时制止，千万不可疏忽大意。

| 生命感言 |

在意外伤亡事故中，未成年人是受害群体之一。法律上之所以设定未成年人的概念，就是因为年龄未满十八周岁的人无论是心智的成熟程度还是各种经验都不够丰富，不足以承担重大事务。这起案件，就是因为孩子过早地去承担一个未成年人难以胜任的事务引发的悲剧。血的教训告诉我们，家长要随时引导孩子去分清哪些是大人的事，哪些是小孩的事，发现问题要及时纠正；对那些快要成年的孩子，家长更要用他们乐于接受的方式进行管理和教育。

No.62

老母亲痛心“白发送黑发”离世

引言

这是一个由不幸连带引发另一个不幸的故事。小儿子身患癌症，割腕自杀。不想，老母亲意外得知后，郁结于心，几天后病故。

一天中午，刚刚吃完午饭，我接到指挥中心布警、值班室通知，有个大杂院里死了一名男子。

中午时分，我带上勘查箱赶到那个大杂院，院门口已有派出所民警在那里等着我。他带领我走进院门，说院里住有十几户人家，这院里西屋有个男的死了。

这院子院门冲南。我进院见院内左边有三间西屋，西屋门外有五六个人正在窃窃私语。我推开门一看，地上躺着一个中年男子，左手手腕下的地面上有一大摊血，跟洗脸盆盆口那么大的一摊。他的右手上全是血，左手手腕旁边上放着一把木工用的裁刀，刀子十分锋利。

倒地男子的身旁坐着一名中年女子，她身旁站着一个男人。据民警介绍，屋里这女人是死者的妻子，站在她身旁的男人是她的哥哥。死者五十多岁，没儿没女，生前夫妻俩感情特别好。

我亮明身份后先问死者妻子到底发生了什么情况。

“咳，今天早上，他非逼着我去买油饼，说他想吃油饼。那好啊，我赶紧出门去买，去了有四十多分钟。我给他买了油饼和馄饨。回家一拉开门，就看到现在这样子，吓坏了我。我手里的饭盒都掉到地上了，撒了馄饨，两个油饼也落到地上了。”她一边说着，一边显露出很痛苦的神情。

我见她这样子，没让她一个劲儿地说下去。我说：“你往后让让，我要看看尸体。”

死者如果是割腕自杀，割腕时由于心脏跳动有血压，刀子割断血管后，血液应是喷溅的，溅得哪儿都是。我又看了看死者左手上的血和右手上的血，闻闻两边手上血的气味一样不一样，凭气味能大致判断出割腕时间的长短。我检查死者手腕刀口时，特别留意刀口走向是不是右手持刀形成的。割腕自杀如果是右手用刀，割断血管喷溅的位置，一般都是往怀里走，右手割开血管一般都是上高下低，因为他要狠劲儿往下割。这样，血溅时就会往腋下和左侧脸上溅。如果是被外人割腕的话，方向恰恰是相反的，因为由外侧使劲下割，血向外溅。

屋里有些暗，我用手电照了照，很难看清血管割破的角度和走向。我是不敢乱动的，假如是他杀，这起案件就得交刑警办理。

经过对现场尸体的反复甄别观看，照相取样，后经对家属的详细调查，得知死者是了解病情后产生厌世情绪，因而自杀。

勘查结束后，我让民政局的工作人员把死者装进尸袋，抬到灵车上拉走，再带着死者的妻子和她哥哥去局里办公室。我心里清楚，要想了解死者的死因，说起来恐怕不是一时半会儿能讲清楚的。

死者有个哥哥，我让死者妻子通知死者的哥哥也到办公室来。我在办公室对这三人展开询问调查。据死者妻子回忆，她丈夫半年前老肚子疼，去医院检查，大夫说是肝上长了肿瘤，前前后后经过四家医院的诊断，都确诊是肿瘤。最后，他们找到一家医院进行手术，还托人找熟人操刀。

主刀医生切开他的腹部后，没有摘除任何肿瘤，而是原封不动地又把他的肚子缝上了，说是不能继续手术，因为肿瘤已经扩散得哪儿都是了。主刀医生告知说，这个人的生命也就能再延续两个月，手术不会有任何治疗效果，也不需要再做化疗和放疗。她丈夫依稀听见医生说的这些话，打击特别大，精神颓废，回家吃不下饭。他一直逼问妻子，手术后为什么不化疗。妻子搪塞说因为病得没那么严重。他说你们都在骗我，愣是五天五夜没吃没喝。死者的亲哥和大舅哥强行架着他去医院输液。他一看不吃不喝死不了，怎么办？他今天早上非嚷着要吃油饼，逼着妻子出门。

应该说，这是个简单的自杀死亡案件。死者亲哥到现场时，一句话没说。第三天，来我办公室开火化证明时，死者亲哥叹口气说“这个事赖我”。我觉得当哥哥的讲这句话实在有些蹊跷。他与弟弟没在一块儿住，他弟弟重病在身，摆脱不了情绪悲苦，选择在自己家自杀，怎么能说这事儿赖他呢？

“你说说，这事儿怎么能赖你呢？”我疑惑地问他，想着他是不是这些天给累糊涂了。他没多说什么。

死者火化后第十天，我不知怎么下意识地给死者的哥哥打了个电话，问他老母亲身体怎么样，他说：“我母亲今天刚火化。”我脑袋“嗡”的一下，问是什么原因，他在电话那头叹了口气说：“咳，我弟弟的死本来不应该告诉我妈，也没告诉她。结果我录的那段像让她看见了。”

原来死者的不幸连带引发出另一个不幸。

死者的哥哥跟81岁的老母亲一起过日子，哥哥处理弟弟后事时录了一段相，想着亲弟弟死了，将来自己没事的时候，想起来能看一眼，仅仅是这么个动机。

录完像，他回家忍不住看看播放效果，自以为悄悄地、老母亲没在身边。没料到老母亲走到近旁，看了几眼录像，他手忙脚乱地关掉录像，心惊肉跳地不安起来。老母亲明明看到几眼录像，但她不问也不提这事。过了五六天头上，老人家突然说：“我想见见你弟弟。”当哥哥的连声说：“行，哪天让他自己来。”老母亲只问了一句话：“他能来吗？还是我去看他吧。”听到老母亲说句话，他心里别提多纠结了，“赖我呀，倒霉呀！”

谁也想不到，过了两天，讲这话的老母亲竟然无声无息地故去了。

人吃五谷杂粮，难免会得各种疾病。面对疾病，要有正确的态度，有句俗话“有病乱投医”，得了病要勇敢面对，积极治疗。病人受到疾病的折磨固然痛苦，殊不知，你的父母和爱人看到你生病却无法替你分担，内心的痛苦比你更甚。所以，病人要多给家人一些微笑，一些安慰，绝不能轻言放弃。轻生自灭对不起你的父母和爱人，会毁了他们的生活。

|生命感言|

母子连心这句话，在生死之间体现得淋漓尽致。因为罹患癌症，无法面对现实的儿子割腕自杀。儿子身亡一事被老母亲意外获悉之后，老人竟然追随儿子而去。发生这件事情之后，家属的痛惜之情可想而知。但是，事情已经发生，亲人所要做的不是陷入无尽的自责之中，而是从悲伤中走出来，继续往前走。自己在人世间生活得好，才是对天堂里亲人的最好告慰。

No.63

阻止“加塞儿”引发意外

引言

老人排队“加塞儿”，年轻人粗暴阻止。谁也没想到的是，一个简单的冲突之后，老人猝死，年轻人获刑。

一日，我接到指挥中心布警、值班室通知，一家医院有位上了年纪的老人排队时倒地死亡，指挥中心让我们现场组去甄别一下。

我先来到医院警务办公室，等在那里的派出所民警告诉我，在门诊大厅里，一位上了年纪的老人交费后取药，没有按先来后到的规矩排队，而是在等待取药的队伍中间挤进一个身位。排在后面的一个小伙子看不过去，说：“老头儿，你别‘加塞儿’，我们都排着队呢。”老人回头看了小伙子一眼，没理他。小伙子上前几步，一把将老人拽出队伍。老人只好站在队外一步远的地方。没过一两分钟，老人身体晃晃地站不稳，一屁股坐到地上，紧接着坐也没坐住，人就歪倒在地。这时，刚刚拽老人的小伙子傻了眼，他走过去抱起老人。老人既不应声，也不睁眼。有人赶紧跑到警务室喊人。

警务室来人见一个小伙子正抱着躺在地上的老人，上前问了问情况。小伙子说“我就拽了他一把”。医院里的急诊医生来了好几个，大家把老人搭上手推平车，赶紧抢救。大约半小时后，老人没有抢救过来，医生宣布临床死亡。派出所给指挥中心打电话报警，我接到任务来到这家医院。

听完派出所民警介绍，我按工作程序对当事人进行登记。小伙子是外地人，在北京开出租车。他来医院是因为妻子患病，替妻子来医院开药。他在取药窗口的队里排着，看到老人在他前面“加塞儿”，前面的人也没有拒绝老人入队。他大声阻止，但老人置若罔闻。他气不过，上去一把把老人拽出“加塞儿”的位置。你想啊，三十多岁的年轻人揪七十多岁的老人，而且是正在患病的老人，这一把动作挺猛的。

我找到看到老人“加塞儿”过程的目击者，他们当时排在老人“加塞儿”位置前后，目睹了事情发生的全过程。老人“加塞儿”位置前边排着的是个中年女人，五十多岁。老人“加塞儿”时她不知道，听到身后有人呵斥老人，她回头看了看，见到身后是个体弱的老年人，她就没吭声，因为她排在老人前边。排在老人“加塞儿”位置后面的是个六十多岁的男人。他看到老人走过来，拿着个书包。老人先瞧了他一眼，冲他点了一下头。他没吱声，也没有任何表示。老人以为得到默许，就站在了他前面。

据这个男人回忆，他排的位置大约在整个队伍的中间，前边有十来个人，后边也有十来个人。他说老人站到他身前时，他没言语，也没往后移动。老人的半个身子“卡过来”，借着排队的人慢慢向前挪动，他整个人也就挤入队伍里。这时，他就听见后边有人不干了。从后边过来一个小伙子用力一拽，把老人拽出队伍。

我调查完事情发生的过程，清楚这类事不归我们治安部门管。因为小伙子这一拽，要算他与死者有过肢体接触。虽说小伙子不是有意想让老人死，但他拽这一把肯定属于过失，而过失的结果是致人死亡。按照规定，我马上通知刑警队。十几分钟后，刑警队来人，我们办理了案件移交手续。

事后，我了解到，经法医鉴定，老人因心脏病发作猝死。刑警队按照过失致人死亡罪将那个小伙子移交给检察院。最终，小伙子不但受到了刑事处罚，还因刑事附带民事责任对死者家属进行了经济赔偿。

这起案件的发生，提醒人们遇有特殊情况时千万不能情绪过激，一旦情绪过激，冲动行事，头脑不冷静就很可能造成意想不到的后果。

生命感言

这起“加塞儿”引发的命案是众多公共场所冲突引发命案的类型之一。在人们的压力普遍增大、排队等候等美德尚未普遍形成的背景下，公共场所冲突时有发生。这起为制止“加塞儿”引发的命案发生后，粗暴制止“加塞儿”而导致严重后果的当事人也受到了刑事追究。这起悲剧性事件告诉我们：在遇到特别生气的事情时，一定要平息一下情绪，千万不要带着强烈的情绪去处理问题。正所谓“退一步海阔天空，忍一时风平浪静”。

No.64

女孩“被”小三后自缢

引言

交往近三年的男友竟然是有妇之夫，得知自己“被”小三后，女孩带着肚子里仅有两个多月的小生命，自缢身亡。

夏天的中午时分，指挥中心布警、值班室通知，一名租住平房的女子在房中死亡。

我拿上勘查箱开车抵达胡同里的那个院门外，已经看见先有警车停在那里，院门外边围着好多人。派出所民警把我和助手领进院门，这院落真不大，总共才有三家住户。出事房间是院里东房，房主将院里这间平房出租给外人。

我们走向东房，见门边站着个男人，年龄有三十多岁，神情特别悲戚。推门之前，我问他是死者的什么人，他说是朋友。这男人告诉我，他是外地人，在一家单位当司机。死者是南方人，在附近医院当护士，是一个临时工。他们相识在医院，三年前他去医院输液时认识了她。两人相识后在这里租房同居，一起生活近了三年。

我先简单了解到这些情况，推开东屋的房门，迈过门槛进屋，见墙角吊着一个女子。我把女子的身体调正，从面相端详，她岁数不大，挺年轻。我让民政局的工作人员剪断吊绳，把吊着的尸体摘下来放到床上。

我们刚把女子摘下来，门外站着的那个男人冲进屋，跪在床边的地上，紧紧拉着这年轻女子的手，泣不成声地叨叨着，“你醒醒，你醒醒，我一定要娶你”。看来他跟死者生前感情不错，可听他叨叨这些话，两人恐怕因为结婚的事闹过意见。

我让那男人让开，退出门外，我开始检验尸体。这女孩身高有一米六五,五官端正，瞳孔放大对等，四肢及身上没有骨折，肤色白皙，乳房乳晕色深，腹部微微隆起，有多条妊娠纹，确认是怀孕体征，三个月左右。我把屋外守在门口的那个男人叫进屋，问他的女朋友是不是怀孕了。他点点头承认，说女朋友怀孕已有两个多月了。

东房隔壁是北房。北房住着一对老夫妻。我们向二老了解情况。老人告诉我们，东房是他们儿子的房，租房的年轻男女在东房里住了两年多，近些日子老吵架。老头儿和老太太有时听一耳朵，似乎吵的是结婚的事，这几天越吵越厉害。那男的今天早上去上班，近中午回来，进屋就大哭大叫。老头儿和老太太吓得不敢出来，只听见那男的在屋里打电话报警，说家里死了人，把老头儿和老太太吓得哆嗦，不敢出屋去瞧是咋回事儿。

我返回东房，见那男的还跪在床边执意地拉着死者的手，尸体也不让拉走。我一看这样，先点了根烟，吸了几口看着他。他就一个姿势在那儿僵着。我接连抽了三根烟，等了大概一个小时。

我把他拉起身，听他断断续续地说出一些事情。他今年三十一岁，家是东北的，来北京时已经结婚。死者是南方人，二十二岁。他俩一直过着同居生活，日子挺平静。不久前，她说怀孕了，打算跟他办正式手续，要结婚。这可让他心里犯了愁，实际上他已经结婚了，还有一个三岁的女儿。他离家在外这么些年，结识这个女孩之后，他对妻子和孩子的那份亲情淡漠了许多。让他两难的是，他真心舍不得同居女孩，却又难以启齿已婚实情。他的“骑墙”状态让对方越来越无法认同，由烦恼变成恼怒，两人的争吵变得越来越经常，越来越厉害。这男人劝她把孩子做掉，她说已经晚了，快三个月了。

这男的思来想去，琢磨出一个点子，想让同居女友知晓他是已婚的人。三天前，他把他和妻子、孩子的全家照假装丢在家里。哪料同居女友看到这张照片后精神崩溃，她跟他同居近三年，感情挺深，眼瞅着自己怀孕近三个月了，突然发现这男人有家室、有孩子。她受不了如此精神折磨，只要见到他，就疯了似地骂他。

这男人心里打定主意，回东北老家跟妻子办离婚，再回来跟同居女友结婚。他今天一大早出门就奔了火车站，买回东北的车票，却没跟女友说，只想着拿着火车票进门再告诉女友他的决定。令他万万没想到的是，等他兴冲冲地攥着火车票进门时，眼前却吊着女友的尸体。他当时就跪在地上痛哭失声，接着拨打了“110”报警。

他反复念叨着“我火车票都买好啦，我火车票都买好啦”。事都出了，他还能再说什么，再说什么也全晚了。

我通过验尸证实死者确实是自缢，原因是情感问题。要说公安机关在非正常死亡现场做到这一步就算结束了。后边再要做的事，就是安抚家属了。这时，我对那男人说，天气太热，尸体必须得拉走，这是规定。随后，尸体被民政局的工作人员装进尸袋拉走了，送往医院太平间。

这女孩死后第三天上午，那男人到我办公室，说事已经出了，连女友带那没出生的孩子全没了，他对不起她和她的父母。他说他一个司机也挣不了多少钱，本来存了十万元钱，准备着将来结婚时用。这钱是他和女友共同攒起来的，想着把这点儿钱给女友父母不够，又找老乡和亲戚借了五万元钱，让我约个时间，把女友父母叫到北京来。

两天后，死者的父母和亲戚从老家坐着火车来到北京，这些人在北京住的地方都是那男人花钱支付的。我正在办公室里坐着，有人敲门，是那男人。他告诉我，女友的父母和亲戚到了。我向楼道里探身一瞧，这么多人啊，有姨、舅舅、叔叔。我只让死者父母和那男人进了门，别人没让进来。

女孩的父母四十多岁，她父亲由于终年务农，肤色黝黑，身体健壮，有着农民的耿直性格。我发现死者面容很像她母亲。这二人进屋后，我请他们坐下，先查看二人身份证证件，核实身份，然后介绍事发过程。

死者父亲说女儿是家里的独生女，本性是个挺乐观的孩子。她十九岁那年跟着同学一起闯到北京打工。女儿来北京后不久，接长不短地给家里寄点儿钱，后来说交了个男朋友，是开车的。听起来两人已经租房住到一起，就打算在北京安家了。女儿一切都挺好的，没什么让父母操心的。直到他们在老家接到北京打来的电话，约他们到北京谈谈女儿的事，他们就料到大事不好。

听完我的介绍，女孩父亲先这样说：“这事怨我孩子，她没了解清楚人家，没跟他结婚，怎么就能让自己怀孕呢？再说啦，有什么办不了的难事，她都不该采取这种办法，这么做真对不起父母。”

我听这位老农民这样说，心想他可真是一个明理、实在的人，不像城市里那些奸诈狡猾的油子。这位父亲说得通情达理，那女孩的同居男友在旁边听着觉得愧疚，他一边掉眼泪一边说“我对不起她，对不起她”。

过了一会儿，那男人说：“我是想跟她结婚的，可事情出了，怎么说也没用了。我对不住你们二老，我想着把两人攒的钱，再加上借了点儿，凑了十五万元给你们。”

我见女孩父母没吭声，接过话头说：“他也就是个工人，挣不了多少钱。这算是在经济上补偿补偿，你们二位要是愿意呢就收下。”

女孩父亲跟那男人是这么对话的：

“你这个钱里有没有我女儿的钱？”

“有我俩攒的一部分。”

“你们攒了多少？”

“大概有十万元。”

“那五万元呢？”

“是我跟别人借的。”

死者父亲听完，沉吟片刻，说：“借的钱我就不要了，十万元就行了。”

听女孩父亲这么说，我对这位朴实的农民说：“这十万元钱是他俩攒的，你拿着应该的；那五万元是他借的，他有这份心，跟你们表示表示，也是应该。这两个数加在一起也没多少。你们二老对这事弄清楚了，他也不是成心害死你们女儿的，你们不要这钱，他心里也不得安生。”见我这么说，那位父亲又想了想，点点头，把钱收下了。

女孩母亲只是哽咽掉泪，她一辈子听丈夫的，凡遇大事都认可丈夫的决定。在我这里，她丈夫说什么，她都点点头，丈夫说什么都能代表她。这笔钱是双方在我办公室当面交接的，不经我手。看到死者父母把钱收下了，我给他们拟出一份调解书。双方在调解书上签了字，这件事就算了结了。

女孩死亡后的第九天，经家属同意，火化了尸体。按照女孩老家的风俗，死在异乡没结婚办婚礼的人，骨灰不能回家安葬。女孩尸体火化后，她男朋友又花了一万多元钱，在北京郊区一处陵园买了一个墓穴，安葬了女孩的骨灰。要说这男的后来做的这些事还算有情有义。

在我经手办理的案件中，年轻男女闹矛盾轻生的这类案件不少。这个女孩自缢身亡不仅终结了自己的生命，而是还带走了肚子里的小生命。

生命感言

未婚女孩带着身孕自杀的事时有发生。相比那些家属不依不饶的案件，死者父母的通情达理令人感动；相比那些男方无情无义的事例，这起案件中的男子算是有情有义之人。问题在于，感情的事情一旦涉及婚姻就要受到法律制约。在人口流动性很大的今天，一些已婚的漂泊者和未婚漂泊者之间产生感情的事情也不在少数。但是，由于没能处理好已经存在的婚姻和婚外情之间的关系问题，常常导致严重问题的发生。在这里，我们重温一部电视剧里一位母亲对儿子说的话：“每座果园里都有成熟漂亮的果子，你不能路过一座果园就进去摘一个果子。”

No.65

公共烟道传来的致命煤气

引言

在家备考研究生的女医生意外死亡，凶手竟然是邻居家取暖的土暖气。安全——不仅仅是自己安全，还应顾及他人。

某年冬天一大早，指挥中心布警、值班室通知，指派现场组前往一处楼区，去甄别一名女子的死亡性质。

我驾车到达现场，眼前是几栋旧式简易楼。派出所民警带我走进一栋简易楼楼门，上到二层推开一户单元房的门。这是一套两居室，屋内立层高，空间大，屋里家具物品摆放得井井有条，特别整洁，居家人一定是非常爱干净、非常勤快的人。

我向里边走，向阳的是一间小屋，背阴的是一间大屋，大屋通向阳台。门厅旁边是厨房，厨房墙上有扇朝北的小窗，厨房门和墙上的小窗全冲着门厅。进门厅左转是大屋，大屋倚墙放着个书桌，桌上是成摞的书和本，还有几支笔。大屋床上躺着一个人，盖着白床单，旁站着四名男士。

我上前亮明身份，经介绍得知四名男士中有一位是死者的丈夫，其他三位是死者爱人单位的领导。我了解了事发过程——这家女主人在医院工作，是一名大夫，她近期为考研究生在家复习功课。丈夫说，他早上出门上班时，妻子正在家复习功课。上午九点多钟，他给家里打电话，那时手机还没有普及，打了十几遍。座机是通的，可就是没人接。他心生诧异，觉得不正常，便找了一辆车回家。进门一看，妻子趴在大屋地上，大小便失禁。他赶紧与同来的人一起把妻子抬上大床，叫来急救车。大夫进家门一看，说他妻子已经没有生命体征了。于是，他又打了“110”，派出所民警先到了，没多久我也到了。

听完介绍，我在大屋里仔细看了一圈。整个屋里的陈设和布局非常温馨，双人床上的被子叠得非常整齐。大屋有张沙发，死者恐怕是先倒在沙发上，又滚到地上。

我检验尸体之前，先请另外三名男士到门厅回避一下。死者丈夫协助我把死者身上的衣服脱掉。我检查完瞳孔，看看死者身上呈现的尸斑，尸斑颜色明显地偏红，手指按压不褪色。凭经验判断，这符合煤气中毒表征。不仅如此，死者大小便失禁及眼角充血同样符合煤气中毒迹象。但是，这里是二楼，家里有暖气管道和暖气片，没有安装煤炉烧煤，哪儿来的煤气啊？

我试图在屋里发现煤气来源，先走到阳台窗户那里。窗户是对折三扇结构，有六块玻璃，其中两扇窗子是敞开的。大屋与阳台中间隔断墙上的窗户也是敞开的，那就是说整个大屋、阳台与门厅形成了一个气流回路。我注意到这家门厅旁的厨房门开着，厨房窗户也开着，这就是咱们平常讲的，北边窗户一开，厨房门窗一开，大屋门一开，阳台窗户一开，整个形成了一个贯通的风道。死者生前人在大屋沙发上坐着，倘若有煤气混杂在气流中经过这风道，她必定会吸入一氧化碳。我遇到过这种情况，就更加仔细地对这家厨房的炉具进行检验。我带有专门检测煤气的小仪器，手持仪器测试厨房油烟机。尽管这家使用的油烟机擦得非常干净，但我那仪器刚搁到油烟机上就“嗞嗞嗞”地报警，显示油烟机风眼里往外溢出的是一氧化碳。

哎哟，我顿时很疑惑，这仪器检测出的一氧化碳是从哪儿出来的呀？

我手持仪器继续测量，从厨房进客厅，又拐进大屋，这仪器一直显示有一氧化碳。直到我走进阳台，阳台里一氧化碳信号减弱了，也就是说，从油烟机出来的一氧化碳经过门厅、大屋从阳台出去了。我测量后没有说话，叫派出所民警随我出门下楼，找到死者楼下的住户。一楼住户住着一对老夫妻，问我们敲门有什么事。我说："我是公安局的，到您家想看看您家厨房。"老头儿说："您到底是什么意思？"派出所民警找了一个不相干的理由解释了一下，老头儿听完打开房门让我们进入。

我一进这家厨房，就看到里面安装了一个土暖气。我问老头儿："您这楼里有暖气，怎么还用土暖气啊？"老头儿叹了口气说："嗨，这楼里的暖气不行。每年我们都自己单生火。"我看到这家把土暖气烟筒直接插入公共烟道。毫无疑问，这家安装的土暖气烧蜂窝煤，产生的一氧化碳进入公共烟道后从二楼烟道经过，二楼厨房的油烟机也通着公共烟道。当二楼形成气流回路的时候，把公共烟道里的一氧化碳拔出来，通过油烟机进入客厅，再进入大屋。二楼女主人在大屋沙发上坐着看书时，吸入了浓度超标、致人死亡的煤气。我在一楼住家厨房拍了土暖气和土暖气烟筒插入公共烟道的照片。

楼下的这对老夫妻都是北京人，他们的子女也都在北京。我询问二老儿女的联系电话时，老头儿问我们有什么事。我推说："没什么事，您甭管了。"

我们很快联系到老夫妻的儿子，约他到我办公室。我和派出所民警回到二楼，告诉死者丈夫，说尸体要做一氧化碳的心血检验，要看一氧化碳在死者血液中的含量能不能达到致死量。经死者丈夫同意之后，我让民政局的工作人员把尸体抬下楼运走，暂时存放在医院太平间。我还告诉死者的丈夫，出事的房子暂时不能住人，让他把阳台窗户关上一半。我会隔 24 小时后再用仪器测一下。我在这个现场前前后后忙了两个半小时。

当天下午，一楼住家老夫妻的儿子来到我办公室，我把调查情况跟他说了。他能接受我说的事实，承认安装土暖气忽略了安全，但他也表示这栋楼房的产权归房管局，楼房结构及烟道是房管局委托建筑设计单位设计的，结构不合理。他认为，他家安土暖气与二楼住家有人丧生没有直接关系。

死者的心血鉴定出来了，结论是死者体内的一氧化碳达到致死量。我们也找到环保部门去现场进行了检测，出具了检测报告。

心血鉴定出具结论后，我接待了死者丈夫和死者弟弟。我告诉他们：第一，死者不是被人害死的；第二，检验现场断定致死原因是一氧化碳，来源是一楼住户。我把鉴定结论也告知了一楼住户。最后，我们给死者家属办理了死亡证明。

后来，我听说，他们两家去了法院。法院判决一楼住户赔偿二楼住户几十万元。这笔钱在当年可是一笔不小的数目，但是，多少钱也没法让死去的人活过来，那可是一条人命啊！

| 生命感言 |

又一个鲜活的生命之花凋零于“二手煤气”。一楼邻居家烧土暖气产生的一氧化碳毒死了二楼女主人。这样的意外是女主人难以防范的，所以注意义务和责任均在一楼那对老夫妻身上。虽然责任人也为此支付了高额的成本，但是再多的钱也无法买到生命。相邻关系，是法律中一项重要内容，但愿这件事能给大家提个醒：相邻关系的内容相当宽泛，在排除生活中的危险性时，也要把邻居考虑进去。

No.66

偷情男子猝死在卫生间

引言

男子偷情，猝死在宾馆的卫生间内。妻子与情人的战争极可能一触即发，民警用智慧化解了矛盾。

城区一家宾馆报警，一名男子死在客房卫生间里，我接到指挥中心布警、值班室通知，迅速到达了现场。我到达时将近中午十二点，宾馆在一幢塔楼里。宾馆的大堂经理正在大堂里等候我，我亮明身份后看到大堂沙发上坐着一位女士，大约五十岁，头发凌乱，神情呆滞。

据大堂经理介绍，上午十一点，大堂沙发上的那位女士慌慌张张地跑到前台，让大堂经理找一男一女两名服务员一起去客房，但没说什么事。大堂经理带着两名服务员推开客房门一看，标准间里的一张床上扔着男士的衣服。那位女士一指卫生间，大堂经理只身上前推门一看，一名男子光着身子，脸朝上躺在地上，无知无觉。眼前的景象把大堂经理吓坏了，他没敢让身后的男女服务员近前观看，退出卫生间掩上了门。

大堂经理转身悄声问那位女士到底出了什么事，她只是请求帮她打“120”和“110”电话，别的没说。一同进客房的两名服务员不知道卫生间里死人了，只看见床上放了一些衣服。大堂经理嘱咐两名服务员守着那位女士坐在屋里，他一人赶紧跑出去拨打了“120”和“110”。“120”急救中心的大夫上楼进屋，推开客房卫生间的门看了几眼，说这个人已经没救了，把那两个守在屋里的服务员吓了一大跳。正在这时，我就到了。

听完情况介绍，我请那位女士带路，我们和大堂经理带着男服务员去客房。正走着，大堂经理把“120”大夫诊断的单子递给我看，证明急救中心的大夫确实来过。我走进那间客房，看到房间里床上的那堆男士的衣服上扔着一件女士的乳罩。我当时就有一个想法，男女不是两口子，在宾馆偷情，男人在亢奋的情绪中猝死，我们处理过很多相似事件。眼前这个现场会不会也是这类情况呢？我需要验尸，单凭“120”大夫的诊断不能说明问题。

我请大堂经理打开卫生间的门，让大堂经理和民政局的工作人员都在门外等着。我戴上手套进了卫生间，先看死者瞳孔，确认放大对等；再看头部，没有任何骨折、骨裂；皮肤没有水肿；四肢和肋骨也没有骨折。这个人身上没有任何硬伤。我接着看了看死者的生殖器，上面留有黏液，是男子射精后的遗留物，证明他死前发生过性行为；我再看看死者嘴唇、牙齿、指甲盖，怎么看怎么像是心源性猝死的症状。

尸检之后，凭着死者裸体和遗留精斑，不难断定死者生前与异性发生过性事。我随看随即把尸检单子填写完了。验完尸要听听当事人怎么说，我把填完的单子往桌子上一放，对那位女士说：“我已经验完尸了，怎么个经过，你得老老实实说了。”她毕竟是女性，虽然有些年纪也见过不少世面，但她肯定没见过人体死亡登记表。她看一眼那表格，神情就有点儿崩溃了，吓得不行。

调查开始，她告诉我男性死者的姓名和年龄，以及在北京什么单位、任什么职务。我确信他们在这家宾馆是偷情行为，就问她与死者是不是夫妻关系。她回答不是，说他们是中学同学，当年一起去东北插队。插队时，他俩搞过对象，有过性生活。返城大潮时，男的从东北兵团回到北京，女的跟当地的一个干部结了婚。几十年过去了，一起插队的同学在两个月前互相联络，组织一次兵团联谊会。两人在这次聚会上碰面，相互留下地址和电话。

不久，他约她到北京来。她便借口到北京出差，他去火车站接她。二人在外面馆子吃过饭，到这家宾馆开房。进了房间，男的说先去洗洗澡，让女的等着。他脱光衣服洗澡时喊她也去洗，她便把衣服脱了，也走进卫生间。他抱住她疯狂做爱，进行了不大会儿工夫，他突然停止了动作。她眼看他身子突然歪倒在地，仰面朝上，两只胳膊松松地一摊，就这么个姿势，气息全无。她吓坏了，赶紧跑出卫生间，穿好衣服，慌乱中忘记戴上乳罩。

这位女士告诉我，她从卫生间跑出来穿好衣服，想到赶紧找个证明人，就跑到前台，请大堂经理找来一男一女两个服务员。“120”大夫进客房，进卫生间给地上躺着的男人摸摸脉搏，量量血压，说他没有任何抢救价值了。因为人死在卫生间里，只有等公安局的人来处置，然后向她要了出车出诊费后就离开了。

我听这位女士说完，把那男子带着的拎包打开，看到里边有本通讯录，翻开里面，找到写着“爱人”字样的联系电话。我打通了那个电话，问对方是某某某的爱人吗。对方回答是，问有什么事。我不想把死者爱人往这家宾馆约，便说您到公安局现场组找姓卢的警官。对方问有什么事，我说你丈夫出了点儿事。

我给尸体拍完照，让民政局的工作人员把死者装进尸袋拉往医院太平间，然后跟大堂经理商量给那位女士在宾馆里另找一间客房住下，费用叫她交，让她把身份证搁在前台押着。我得回去接待死者的妻子。

就我的工作而言，应对这种情况，我们要把事情处理好，涉事男女都结过婚，都是各有家庭的人，千万别节外生枝引发别的什么麻烦。

我把这间客房贴上封条后，开车回到办公室。没过多久，死者的妻子也到了。

我把现场拍摄的一次成像照片摊在桌子上，她一看照片，当场惊愕得嘴唇发紫。我得把事情经过告诉她，她丈夫在这儿死了，为什么死，因为他跟原来插队的一个女同学约会，他俩在卫生间发生性关系，现在“120”大夫的诊断是心源性猝死，不是凶杀案件。对我们公安机关来说，没法追究女方的责任，他们两厢情愿。

死者的妻子气得两眼发直，说：“行，我找我丈夫的哥哥和姐姐。”接着，她向我提出一个要求，想见见跟丈夫幽会的那个女的。我说：“我劝你别见。你们都是这个年龄的人了，他们之所以到一起，不能说只是那女人的责任，你丈夫也有责任。这件事既然已经发生了，它不是什么好事，你弄清楚他不是被谁害死的，就应该接受这个事实。你去找她，你把她打坏了你负责；你不把她打坏了干生气，没有什么意义。你要听我的。”

我告诉她：“我处理这类事很多，在外面发生这种事的不是你丈夫一个人，这就是感情上的事。”我劝了她得有四十多分钟，绞尽脑汁地劝，终于听到她说了声：“那好吧，我走啦。”

第二天，死者的哥哥和死者的妻子来找我。死者哥哥说：“这事儿我们都知道了，我弟妹想明白了，她也不再说什么了，那个女的我们也不找她了。”但是，他提出一个要求，问我能不能让那个女的拿点儿钱。我说：“真对不起，你想让她拿钱，可以上法院，我们公安机关不能张嘴去跟她要钱。当然，我可以去找她谈谈。既然她对死者也有感情，死者不在了，如果她愿意用钱表示表示，我可以代她向你们转交，但是我不能答应帮你去要钱。”

对方认可了我的说法。他们走了以后，我去宾馆找那位女士，说死者家属通情达理，死者的哥哥原谅了你跟死者的行为。死者的妻子提出想要见你，我们本来也想通知你丈夫过来把你接回去。但是一想，大家都这把岁数了，人都是情感动物，只能说这事你没有处理好。话说到这儿，我问她：“死者家属什么意见都没有，也不找你了，这人要火化的时候，看在你们两人的感情基础上，你愿意拿点儿钱吗？”

“这么着，我给他拿两万元钱。”她说，“你得容我一天时间，两天之内你肯定能拿到这个钱。我要是不把这钱放到你手上，我就不走。”

要知道当年那两万元钱真是不少钱呢。那时候不像现在，没有什么微信支付，只能靠汇款。

我说：“你知道为什么用这种方式吗？”她说：“您别说了，我谢谢您。我爱人不知道，我家里人不知道，您保全了我，我愿意用这种方式承担。”

我一听，这位女士挺明理。第二天中午，她打电话让我去宾馆，我去了，拿到两万元钱。回办公室后，我赶紧通知死者妻子来取走人家让我转交的两万元钱。死者妻子给我打了一个收条，我又去宾馆把收条送到那位女士手上。这时，我通知她，“你现在可以离开北京了”。

三个月后，这位女士又来了北京。她给我打电话，要来办公室见我。我说有这个必要吗？她说有必要。她进我办公室后说："说句实在的，当时您别说给我安排到宾馆里，就说带我到派出所，我也得跟您走，这是第一。第二，您当时要是把他爱人直接叫到宾馆来，把我交给他爱人，您这么做也没毛病。您保护了我，救了我，我越想越觉得特别感谢您。这次我是专程来看您的。"说完，她从挎包里拿出一大块巧克力，说："我不给您送钱，也不给您送礼，这个是我一点儿心意，只想给您送这个高级巧克力。您接了，我心里就不自责了。要不然，我这辈子都觉得愧疚。"

虽然她这么说了，但我还是把她递过来的巧克力退还给她。我说："我不能收你的任何礼物，这些事情都是我应该做的。"她说："谢谢！"接着，后退三步，给我鞠了个躬。鞠完躬，她已经开始掉泪了。擦了擦眼泪，她转身离去了。

像这样男女偷情过程中男方猝死的事件，我处置过好几起，大多因男子过度性行为导致性窒息。处理这类案件，我对女方的保护达到百分之百，没有一起案件处理不当。

| 生命感言 |

偷情引发猝死的案件时有发生。在办理本案时，查明死者死因符合心源性猝死特征后，我还要在死者的妻子和情人之间筑起一道隔离墙。通过这道看不见的墙壁，我既保护了死者情人的隐私及让其免受围攻之苦，也让死者妻子得到了相应的补偿。我在想，人生在世确实需要情感交流，但是在浓烈的情感前面还是筑起一道理智的堤坝为好。

No.67

他知晓患癌跳河自尽

引言

得知自己身患癌症，老人深谙晚期有多痛苦，于是选择跳河自尽。尽管老人之死属于自杀，但医院失职难逃追责。

炎热夏天的一个下午，湖面浮现一具男尸，身穿病号服。我接到指挥中心布警、值班室通知后，开车赶往现场。此时，现场已经围了四五十人，死者的尸体已经被人抬上岸。

我蹲下验尸。死者圆圆脸，胡茬儿有几天没刮，年龄在六十岁上下，身高一米七左右，身穿蓝白相间的病号服，脚蹬一双布鞋。从未脱脚的这双鞋来看，这个人入水时间不长，没有什么挣扎。一般来说，溺水者的鞋因在水中挣扎会脱落。

死者瞳孔已经放大，我检查他的口腔，口中有杂草和异物，由此可以判断他是生前入水，入水后张过嘴，呛水致死。我从他衣兜里翻出一张住院登记卡片，卡片上的信息显示，他是附近一家医院的住院病人，身患直肠癌晚期。

尸体检验完毕，我让民政局的工作人员把尸体装上车拉往医院太平间。我找到死者住院卡片上登记的那家医院，找到死者生前所住的病房，找到他的床位。拉开他床边的小柜抽屉，我发现里面放有一封遗书，内容大致说他已经知道自己得了什么病，他告诉家里的亲人：“你们不用继续骗我，我宁愿痛快地死去，也不愿最后疼死。孩子们，对不起了，不要悲痛。爸。”

我找到医院，医院才知道人死了，赶快通知死者的一儿一女到医院。

死者生前患痔疮，经常大便带血，最近便血较多，儿女带他来医院检查。化验结果发现他身患直肠癌，而且不能手术了。儿女蒙他说患的是痔疮，没跟他讲真话。他死的前一天，与同屋病人聊天，说自己得了痔疮，问同屋人是什么病。同屋人跟他说：“你不是痔疮，痔疮应该去肛肠医院。听大夫讲，你这个病是直肠癌晚期。”我到医院的时候，同屋这位病友知道死者出门了。他说，这人患直肠癌晚期，他自己不知道，前天才知道，“咳，是我们瞎聊天聊的”。

病房里住有三人，都是直肠癌，那两人知道自己得了什么病，只有死者一直以为自己患的是痔疮，有便血。一是检查出来得晚；二是儿女对他封锁信息。如今，他知晓病情真相后，便断了活下去的念头，因为他知道癌症晚期有多痛苦。他给儿女写了遗书，偷偷溜出医院，走到河边跳了河。

对于死者的死亡，我们认定医院有责任：第一，人是在医院住院的病人，住院病人在医院的所有时间都应该受到看护，医院没尽到看护义务。第二，医院有门卫，病人是穿着病号服从医院走出院门的，跟穿便服出去的人不一样，这是医院失察、失管。第三，医院应该逐步向病人示明病情，并有严格的护理制度。

我们认定医院病房、门卫应承担看护责任，医院领导赞成我们的认定，没有辩解。在这种情况下，我们没必要为双方进行调解。

这件事调查清楚以后，我们向家属介绍情况时建议家属走诉讼程序与医院交涉。死者儿女都赶到了医院，了解情况后当然生气。死者的女儿是一名小学老师，比较讲理。她在病房质问医生，病人入院交了住院费，人出去好几个小时都没发现，都不通知家属，你医院没尽到义务啊！她这么说也就到头了，没什么过激的言语。死者的儿子是部队的，不善于跟社会打交道，过激的事干不出来。

最终，医院向家属支付了几十万元的赔偿金。

生命感言

重病患者自杀事件时有发生。在这起事件中，虽然医院有一定责任，但是在这起案件中还反映出另外一个问题，即患者的知情权问题。从法律的角度来看，患者的知情权包括对自己疾病的知情权，患者只有在知道自身病情的情况下，才能深度参与治疗方案的制定等工作。患者家属用隐瞒的方式来关爱患者，出发点是好的，但是由于有些事是瞒不住的，所以一旦露馅儿就很被动。

No.68

花心经理引火上身难解脱

引言

酒店的餐厅经理在酒店储藏室自缢，民警深入调查才发现，他竟然是周旋于两个女友之间无法脱身。

某年冬日黄昏，刚刚下完大雪，天气很冷。临近下班，我刚收拾好东西准备回家，指挥中心布警、值班室通知，一家酒店有一名员工自缢身亡，派我速去现场处置。我徒弟没在北京，我只好一人前去勘查。

车开到酒店，派出所民警正等着我，民政局的灵车也到了。我跟两名随车运送尸体的工作人员在酒店门外照了个面儿，一同走进酒店大堂。两位身着西服的中年男子马上迎上来，主动介绍说他们是这家酒店的两位副总经理。

这两位副总经理告诉我，死者是这家酒店的餐厅经理，男性，二十八岁，外地人，未婚，当餐厅经理三年，工作卖力，脑瓜灵，会管理，方法多。酒店经常接待外省市领导，这个餐厅经理挺会来事儿，备受赏识。同事们都知道他交了一个女朋友，是酒店餐厅里的一个领班。

发现餐厅经理在酒店后门储藏室里自缢的，是酒店一名保洁员。这名保洁员惊慌失措地向其中一位酒店副总经理报告后，酒店副总经理迅速拨打急救中心电话。“120”急救车到酒店后，大夫确认人已死亡。由于“120”医生只负责抢救危重病人，不负责运送尸体。按照规定，这种死亡事件必须交由公安机关处置，医生无权处置。人已死亡，未经抢救，他们不能出具死亡证明，所以收取检查费及车费后便离开了。

听两位副总经理介绍完情况，我请他们带我去发现死者的地点查看现场。那是临近酒店后门的一间储藏室，专供餐厅使用。开门一看，房间实在不大，不及十平方米，屋里货架上摆满饮料、酒、番茄酱、罐头。最里侧墙上吊着一个年轻男人，勒在他脖子上的是一根白色宽布条，布条上端绑在屋顶那两根的暖气管上。由于死者大小便失禁，小屋里充满着难闻的恶臭气味儿。

我把储藏室窗户打开，散一散室内浓臭味儿，也辨别一下屋里对流的风向，以便顺利摘取尸体。我上前细瞧，这名男子有二十七八岁，身穿酒店工作西服，胸前佩戴着工牌，脚穿黑皮鞋。死者舌头垂在嘴外有几厘米，勒住他喉结的布条像是床单撕成的。

这时，我把两位民政局的工作人员叫进小屋，帮我调整死者朝向位置，托起死者让他面朝窗户，我站到椅子上剪断绳子。按操作程序，我们得用力搀住死者站立一两分钟，在解除死者悬吊状态后让他排气。因为只要把死者从绳子上卸下来，死者的嘴就会自然张开，其腹腔内的腐败气体马上就会排出体外。这股腐败气体腐蚀性强，会侵害正常人的皮肤，我们在操作时一定要尽量避开接触。

我对尸体进行拍照后开始验尸，首先检验头部，死者颈部绳索勒出的索沟痕迹呈现马蹄形，符合自缢特征，他的四肢、前后胸没有骨折，瞳孔放大，左右大小对等。验尸全程都在酒店副总经理和派出所民警的注视下进行。四十多分钟后，我结束尸检，民政局的工作人员将死者装入尸袋，开车将尸体送往指定医院的太平间。

这时，一位酒店副总经理问我："卢警官，您做这个工作多少年了？"我说："十年啦。"他点了点头，很有些感慨。此时，酒店负责人也赶到了。

下一步，我要在酒店里全面调查和了解死者身份、工作环境、工作经历，以及与此人死因有关的一切。我决定先找死者生前在这家酒店的领班女友问问，她被叫到我所在的酒店六楼的一间行政办公室里。

那个年轻女孩推门进来，二十岁刚出头儿的模样，面容甜美。她身穿酒店西服工装，胸佩工牌，身高一米六五左右，是个北方姑娘。她明显哭过，还未擦净脸上的泪痕。她有些局促地坐在酒店负责人近旁的椅子上。我开口问她："你与死者之间是否有恋爱关系，什么时间确定恋爱关系的？"我已经想好了，若这姑娘不承认她与死者存在恋爱关系，那我就什么也不问了。

姑娘眼圈红了，含泪回答："我跟他是在交朋友，我们恋爱已经一年了。"话音未落，她抽泣起来，哽咽着说："我确实挺喜欢他的。"我问她与死者什么时间确定恋爱关系的，还问她出事之前她跟死者见过面、接触过没有。没想到这姑娘却说这几天她非常恨他，恨死他了。

酒店负责人和那女孩并排坐在我对面，我眼见酒店负责人听到姑娘说出这句话时满脸惊讶和诧异。我不知道这姑娘接下来会说什么，凭经验判断，再让她说下去，她的隐私要被除我以外的人听到，这恐怕会对她未来在这里工作造成不良影响。我立即打断她说："你恨他这个事，咱们单谈。"我换个话题问她："前天、昨天你见到他没有？"她又语出惊人，说："我昨天要是没见到他，他今天就不会死了。"

死者与领班女友都是外地人，来北京在这家酒店工作，确定恋爱关系已有一年。两人在性关系上可能不会过于矜持，为什么她说恨死他了，为什么她说若是昨天没见到他，他今天就不会死呢？

显然，眼下调查不应继续，要转入私密调查。我请酒店负责人找人担负起管理餐厅服务人员的工作，看看这两天有没有餐厅其他工作人员请假没来上班的。我还让酒店负责人马上通知死者家属来北京处理后事。

事实上，酒店一般服务员与餐厅经理地位差别较大。经理属管理人员，拥有一定地位和职权，尤其对年轻女性服务员来说，长得帅气的年轻男性经理很容易招致众多异性的羡慕和追捧。在酒店行业里，男性经理与多名年轻女性服务员保持暧昧关系甚至性关系的现象时有发生。那么，死者除了与餐厅女领班公开确定了恋爱这层关系之外会不会牵扯别的异性，这个问题不能不打个问号。

当晚，我和一名派出所民警留在酒店继续调查。我们把死者的领班女友叫到酒店另一个房间里单独询问，她愿意把事情经过详尽地告诉我们。

领班女友与死者确定恋爱关系已有一年，几个月前，她察觉到自己的男朋友跟同在酒店里的一个女服务员关系不寻常。那个女服务员比女领班小几岁，南方人，爱吃辣椒。死者每次在饭点儿都给那个南方女服务员带辣椒，令人心生疑窦，领班女友多次暗中窥探。

死者住在酒店地下室，是一间单身宿舍。女服务员们住在高层，由于酒店设备间设在高层，那一层没有客户，就用来做女员工宿舍。有一次夜深时分，领班女友发现那个南方女服务员下班后不在宿舍。她径直去男朋友的地下室宿舍查看，由此发现那个南方女服务员不止一次在入夜下班后溜进她男朋友的宿舍。她愤怒地指责男朋友后，拒绝再行二人之间保持了相当长时间的性生活，不让男朋友碰她。男朋友不止一次向她解释："我跟你是谈恋爱，跟那个南方女服务员仅是上下级。"他又给女朋友买衣服，又带她出去吃饭，也不再给那南方女服务员带辣椒了。眼看男朋友有了回心转意的表现，两人恢复了性生活。

两个月前，她发现例假没来，他陪着她去了医院，检查结果确定她怀了孕。她跟男朋友提出结婚，还提出有了孩子要回北方老家，她与他是同一个县出来的。男朋友不同意，他说给她两万元钱，让她去医院做流产手术。她当时没答应，说要考虑考虑。就这样，结婚、回老家的事先暂时搁下了。

这姑娘想，怀孕这么大的事，男朋友如此冷淡应对，两人的关系不就完了。

听到这儿，我明白她为什么恨他了。我转了话题问她："你为什么说昨天要是没见到他，他今天就不会死了。昨天晚上发生什么事了？"

她说昨天晚上下班后，她看见那个南方女服务员回到房间，她也就回到自己房间。她待在屋里的床上想来想去，既然男朋友不考虑结婚的事，不想回老家结婚，恐怕考虑的是他个人未来的发展前程。为他考虑，她决定去找他，告诉他，她不要他的钱，她去医院做流产，两人再慢慢处感情。她起身下楼走到地下室，看到楼道里出出进进的人太多。她心里又犹豫了，毕竟这个决定完全是以牺牲自己为代价的。犹豫来犹豫去，夜深了，她最后一咬牙，就凭他对她这么好，还是去说同意他的方案吧。

走到男朋友宿舍门口，她隐约听见屋里有人说话，把脸贴到门上听听，屋里有谁呀？绝对是那个南方女服务员的声音，没错！她站在门外愣了几分钟，就听见那南方女服务员说："我这肚子怎么办？"她一下子气冲脑门儿，下意识地用手推了推房门，本应插着的房门竟然捅开了一道小缝儿。接着，她猛劲儿一推，眼前的情景让她完全惊呆了，那两人一丝不挂地躺在床上，没盖被子。

男朋友马上坐起来，一句"对不起""是我不对"什么的话都没说。那南方女服务员躺在那儿，说："我已经是他的人了，我怀了他的孩子。"

"我转身就走，门也没关，也再没说一句话，就回宿舍了。"说到这儿，坐在我面前的这个北方女孩眼神呆滞。她说自己整晚都没睡着，想写一份遗书，然后从酒店高楼上跳下摔死，但又想到母亲，想到肚子里怀着的小生命，"我舍不得我母亲，我不想带着孩子死"。

说到这儿，她悲戚绝望、难以抑制地放声大哭，身体剧烈地颤抖着。询问进行不下去了，我想她心里的委屈和痛苦释放出来了。她止不住地痛哭，我把酒店负责人叫来，让他开间客房，找三个女孩，把她重点守护起来。为什么呢？别看她咬牙切齿地说恨他，现在骂他，等过一阵儿，也会想起他对她的爱。我担心这女孩情绪这么激动，不敢说会不会有一时想不通的瞬间就自杀了，有这种危险性。

听完这女孩的哭诉，我对那个南方女服务员的行为实在反感。但是，在最后火化死者时，我还是帮了那个南方女服务员。要不然，死者家属若知道她在里面掺和，还不得打死她。这是后话。

死者的家属得到酒店通知，急忙从外地向北京赶来。我想着，也得请有恋爱关系的领班女孩家属来啊，因为她跟死者有关联，也得请家属。

夜深时分，我没离开酒店，让酒店保卫科出面把那个南方女服务员叫来，让一个女服务员陪她一起来见我。我想知道她与死者的死因有什么样的关联，看看她对这么大的事有什么反应，会不会还有别的线索。两个年轻女孩来到我和派出所民警面前。那个南方女服务员刚刚二十岁，进门前听说警察要找她了解情况，很紧张。

"你们餐厅经理在储藏室自缢的事你知道吗？"

"知道。"

"他为什么死？"

“这我不知道。”

“你不知道就不知道吧，最好你永远也别知道。”

我这句话说出去，那南方女服务员一下子怔住了，不明白我这话是什么意思。

“你跟你们餐厅经理是交男女朋友还是什么别的关系？”

“我们是上下级，他是我领导。”

听她这么说，我想，这孩子真傻，她极力地想避开他们之间存在的关系，以为我什么都不知道啊？她谈话的语气显露出的心机，明显不如那个北方女孩善良。

她叹口气说：“我呀，跟我们餐厅经理谈不上什么朋友，谈不上什么爱，他死了我就不想说什么了。今天出了这个事，我想了很多。我是出来打工的女孩，属于比较傻的那种。”您瞧，这女孩说的那意思，不就是说自己让人给蒙了、让人给骗了呗。她接着说：“其实我比他还麻烦。”

我说：“好，这事就不过多地说了，你们俩的关系我听明白了。我说你呢，有一个比较麻烦的事。”我话说到这儿，她愣了神儿。我继续说：“你既然相信我，有什么为难的事，我能替你办，你放心。”又是沉默良久，她终于吞吞吐吐地说：“我跟他不是谈恋爱，是他占有了我，所以我挺恨他的。尤其我肚子里又怀着他的孩子，他走了，扔下我不管了，你说我怎么办？”

这个远离家乡、远离亲人的女孩把心里的纠结和无奈告诉了我，讲出她的困境和绝望，指望我能帮帮她。那天晚上，听她说了那些话，我决定帮她。

已过午夜十二点，我想这个南方女服务员的事得容她自己用时间慢慢消化，别再给她找麻烦了。我顾虑的是，这事要是传出去，来自家庭的压力和同事的压力会把她给逼疯了。爹妈把姑娘养这么大不容易，别再出了人命。人家既然相信我，我要帮她避开不应受到的伤害。

后半夜，我把酒店负责人的思想工作做通了，找两个女孩陪着这个南方女服务员。酒店负责人起初不理解为什么要找人陪着领班女孩还得陪着那个南方女服务员，我说你们还别嫌麻烦，你们自个儿捅的娄子得自个儿担着，再闹出人命，酒店里谁能担得起？

第二天，我把徒弟叫来，要徒弟盯着领班女孩，时常问问陪她的人，看她精神怎么样，说了什么。她住在高层，要是一时想不开再跳下去怎么办？同样，还得时常问问陪着南方女服务员的那两个女孩。

要论有人自杀丧命，与此相关的人哪个可恨，哪个无辜，很难分清。要不说世间人心最复杂，可怜之中有可恨之处，可恨之中也有可怜之处。就我的工作职责来说，遇到这些事，你管还是不管？这酒店的负责人遇到这种事慌乱不堪，既没有经验，更想不出可行方案，能管好这种事？

在现场遇到的复杂情况往往是人际关系的处理。我穿着警服到现场，没人指点我该怎么做，没有领导时时刻刻要我汇报做了什么，遇到更多具体事项，要凭我对工作职责的理解，凭我的人生阅历、道德教养、经验积累和良心去办。有谁知道我身上担着多大的风险和责任呢？

第三天，家属来了。先来的是餐厅经理的家人，有爸妈、有叔叔姑姑舅舅，一共来了八口人。酒店负责人问我怎么办，我说死者是你酒店员工，你对家属不能不管，拿钱让人家住下，但不要住在酒店里，要是在这儿闹起来，影响不好。我向家属介绍情况时，告诉家属要遵从酒店安排住在其他酒店，因为在这家酒店出出进进，全有你家孩子的影子，这对家属尤其对父母的感情是个伤害。酒店和家属都认可我说的这个理儿。

介绍完死者死亡的发现过程、验尸结论，我提到同在酒店跟死者有恋爱关系的领班女孩，说他们什么时间认识的，事实上她已经是他的未婚妻。我告诉家属说死者没有留下遗书，他与她的关系到底怎样，公安机关正在调查，有一点可以肯定，排除凶杀，他不是被人害死的。

领班女孩的父母也来了，一共来了六口人，同样被安排到别的酒店。我是这样介绍的，这女孩确实与死者生前交上了男女朋友。在交朋友期间，这男的突然想不开了，到底因为什么，公安机关正在调查。我没敢把死者又找另外一个女孩导致其怀孕的事告知领班女孩的家属，只说公安机关正在调查。在领班女孩家人没到北京之前，我跟领班女孩叮嘱过，叫她不要把那天晚上发生的事跟任何人再讲。再讲，这事就说不清了。领班女孩的家人当着我的面，说自己孩子选人不慎。

死者家属知道领班女孩怀了孕，认了这个准儿媳，想让她把肚里的孩子生下来。这事我们不能拦着啊。领班女孩与死者家人见面，坐在一起讨论，她也没有张口叫对方叔叔、阿姨什么的，挺尴尬，坐在那儿低头不语。

我打破尴尬，说今天咱们坐在一起，若论起两孩子的关系，说他们是婚姻关系吧，也不太合适，毕竟没经双方父母认可，也没有举行仪式。按咱中国风俗说，他俩没举行过仪式，这女方就不能随便张口尊称男方的家长。我这么一说，双方的气氛缓和多了。

虽然死者父母想留下领班女孩肚子里的孩子，但是领班女孩拒绝了。领班女孩家属来北京第二天，她妈和她姨领着她去医院做了流产手术，死者父亲拿了五万元钱给了这女孩。

死者家属同意火化，三五天后订了火化的日子，大家商谈处理尸体的事。我说领班女孩刚刚做了手术，身体没恢复，毕竟不能算是你家儿媳妇，她若去了，对她的身体没好处。

火化那天，我穿着警服去了，我徒弟也去了，我们全程跟着，就怕出乱子。大家到了殡仪馆，什么手续都办完，准备要火化了，男方家属突然提出要让领班女孩出钱给死者买一个骨灰盒。人家肯定这么想啊，要说俩人恋爱一场，人死了，怀了个孩子我们也没留住。你不但给做了，我们还给了你家五万元钱。你们连个骨灰盒都不给买，就这么走啦?

男方家属提出不火化了，他们揪住女方父亲的脖领子要打起来。我把双方叫到会议室，说这说那，最后双方谈妥，由酒店掏一万元钱买一个骨灰盒，这才把事情解决了。

连出事到最后尸体火化，解决此事一共用了十一天，这件事办得三方满意。等双方家属全走了，离开北京回了老家之后，我跟酒店负责人说，让他找一个酒店的女孩陪着那个南方女服务员去医院做人工流产。经过我又一番工作，酒店负责人以个人身份出面，把那个南方女服务员跨区调到另一家酒店工作，躲开这家酒店的领班女孩，避免这两人之间可能发生的矛盾。

生命感言

在我接触的逝者中，因情而死者不在少数。这让我意识到，感情问题是一个十分复杂而敏感的问题，处理得好会为人生锦上添花，处理不好后果不堪设想。本案中的餐厅经理因为花心地游走在两个女孩之间并致使她们同时怀孕，最终因无法从困局中脱身而一死了之。和这桩三角恋情一样，死者身后事的处理也复杂纠结。为了不让案件引发更为严重的后果，我站当事各方的角度着想，最终使事情画上一个圆满的句号。

No.69

临时乱抓差入狱赔钱

引言

为了赶拆迁的工期，在工人人手不足的情况下，包工头临时找来收废品的帮忙。不想，收废品者眼有残疾，坠楼身亡。包工头不仅赔钱还获刑。

拆迁楼房工地报警，有一名工人不慎坠楼身亡，消息经由指挥中心布警、值班室通知，我开车去了现场。

那是一栋四层的老旧楼房，年代久远。进入工地围挡，我看到工地已经停止拆迁，等待接受调查。楼体北侧的一个楼门外躺着一个人，不远处站着十几个工人。

鉴于拆迁工地属于公共场合，按规定我先检验尸体，再进行调查。我走到躺在楼门外侧的那个人身旁，据说他就是从四楼上摔下来的工人。

死者四十多岁，身上有个身份证，他是外地人。我一看瞳孔就发现问题，死者有一只眼是假眼，那是玻璃制成的眼球；再看这人摔的伤情，后脑颅骨骨裂，两只胳膊和一条腿摔断了，腰也摔折了。他因高坠受伤致死。验完后，我让民政局的工作人员把死者尸体装车拉走，又在现场拉上警戒线。我把死者的身份证收好，以便通知他的家属来京办理后事。

安监局的人也到了工地，针对施工过程中发生的死亡事件，安监局是主责单位。我们把民工组织到一起，先调查甲方是谁，这项拆迁工程有没有办理正常手续，看看承包拆楼的施工队有没有资质、营业执照，手续合不合法，这是我们认定责任事故的基本工作流程。

经过我们一番调查，甲方是谁，承包方是谁，施工方是谁，全找到了，三方负责人全对上了号。我们找施工方询问死者有没有正式编制的工人身份，施工队有没有对工人进行安全教育和考试。结果，这个施工队什么安全教育、什么安全知识考卷，从来就没有落实过。

我们找了一个会议室，把工程总包方也找来。各方聚齐，我首先把检验尸体的情况做了一下汇报。我说死者只有一只眼，另一只眼是假眼。要说上四楼拆楼板，两眼齐全的人都容易出意外摔下来，更别说一只眼的人了。我问这人是怎么进工程队的。安监局的人一听气坏了，总包方、承包方也惊呆了，大家根本想不到会出现这种情况。

施工队的包工头是外地人，在北京干了小十年，挣了点儿钱。按他的话讲，找点活儿不容易，干也不容易。要说拆楼有规定，多长时间拆完，拆楼先不给工钱。据这个包工头讲述，今天一大早叫工人进工地拆楼，出工人数少了几个，但开工日子定了，人手不够影响拆楼进度，到时完不成拆楼，挣不到钱不说还得挨罚。情急之下，他见工地围栏外有个收废品的，看上去有把子力气，就跟这个收废品商量，问他愿意不愿意进工地干活，一天能给150元工钱，论天给钱。对方答应了，可他没留意这个收废品的人安着一只假眼。

为什么施工队包工头急啊，其实还有一层现实：虽说拆迁过程中承包方先不支付工钱，但拆楼拆下来的东西全归包工头。他把拆下来的东西拿去卖，拆得好就卖价高。有时候这样得来的钱比人家给的工钱还多，他可不着急嘛。结果，他现抓个一只眼的人上楼干活，没想到这人没留神儿从楼上摔下来丢了命。包工头这些年挣的钱算是白忙乎了，还有牢狱之灾。

一个收废品的人，从来没干过上楼拆顶的高危重体力活儿，也没接受过相关安全知识和技能的培训，更甭提通过考试获得资质了。就凭他那一只眼，走平道儿都得格外小心，上楼顶拆迁，落脚地方都没平整的地儿，不出意外才怪呢。

施工队包工头找这一只眼的人完全属于个人行为，违背管理规定和程序，他得接待家属，还得赔偿。不仅施工方得赔偿，承包方得赔偿，总包方也得赔偿，三方都得赔人家。谁让你们都疏忽了管理呢，谁也脱不了干系。

第二天，死者家属从外地来了，我们向家属宣布，这个人死了，鉴定证明他不是被什么人害死的。我们问家属死者有没有结婚，家中有没有老人和孩子，告诉他们协商赔偿事宜，达成赔偿协议之后，我会给家属办火化手续。

死者家属跟承担责任的三方经过五轮谈判，最终达成协议签了字。家属办完火化手续，我们按重大事故责任罪把施工队那个包工头刑事拘留，移送检察院公诉，最后他被判了有期徒刑。

| 生命感言 |

高危重体力活是非正常死亡多发工种，因而在生产环节有各种规章和要求。在本案中，包工头急于用人便雇用了一名眼睛有残疾的人，结果导致惨剧发生。这样做，既是对被雇佣者不负责任，也是对自己不负责任。这件事情再次证明，在高危行业工作中，处处都要强调安全第一，人人都要明白粗心出大事，违规出恶果。严把各个关口既是对自己负责，也是对施工人员的生命安全负责。

No.70

三岁娃意外栽进鱼缸

引言

由于母亲的疏忽，三岁男童栽进鱼缸，头部呈现“巨人观”，死相惨不忍睹。

但凡指挥中心布警发出指令提到“甄别”二字，那就是发生了比较复杂的情况。虽然有人死了，但无论来自报警人，还是来自现场属地派出所民警的汇报，一时都不能清晰地确认死亡发生原因及过程，这才要求我们现场组的人前去加以甄别。

夏日的一天，我接受指令前往一个居民院，说是有一个小男孩死了，让去甄别一下。我开车去了，十几分钟的路程。出事的小院是独门独院，只住有一家人。这家人把小院收拾得特别干净整洁。

小院有三间北房，院子中间有个葡萄架，环境挺幽静。

一进院，我就听到院里有哭声，是从屋里传出来的。那是一个年轻女人的哭声，她哭得很凄惨。派出所的民警带我进院时，边走边讲了一下大致情况：这家的小男孩去玩鱼缸里的小鱼，不小心栽进鱼缸，大人没及时发现，孩子呛水死了。

这时，我们刚好经过葡萄架，我看到葡萄架下放着一个玻璃鱼缸。我近前仔细观察那个鱼缸，鱼缸有30厘米宽、50厘米长、50厘米高，是一个长方形的鱼缸。鱼缸里有四五条红色小金鱼，鱼缸缸体上留有水印儿痕迹，离最上沿儿大约有6厘米远，可我瞧那鱼缸里的水少了近一半。鱼缸附近地面被一大片水洇湿，地面上的水显然是从鱼缸里溢出来的。

我们进了屋，见一个年轻女人伏在一张桌子上痛哭。她身边站着一个年轻男人。屋里还有一对儿六七十岁的老夫妻，两人分别坐在两把椅子上，黯然神伤。

派出所民警向屋里人介绍了我的身份。我说先看看孩子。年轻男人引我们进入右边的屋子，进门我就见床上有个布单子盖着小孩的身体。我上前撩开布单一看，吓了一大跳。眼前这个小男孩的头部呈现“巨人观”。

尸体高度腐败被称为“巨人观”。当人的软组织充满腐败气体时，头部颜面肿大、眼球突出、嘴唇变大且外翻、舌尖伸出、皮肤呈污绿色、皮下组织和肌肉呈气肿状。如此，我难以辨认这孩子生前的容貌。这小男孩的脑袋肿得特别大，直接延伸到脖子，他的眉眼五官基本上看不出来了。小男孩刚满三岁，上身穿了一件小蓝上衣，下身穿了一条小蓝裤子。

给尸体照完相，我出了这间屋子，当时心情特别压抑。要说平常我们见到死去的小孩，有磕了碰了的，有出交通事故轧死的。可像这家小男孩被水泡成这个可怕模样的，几乎没见过。我回到堂屋问这孩子谁看着呀，两位老人低头不语。年轻男人轻轻朝那个趴桌上的年轻女人一努嘴，他的眼泪无声地流下来。年轻女人听到这句问话，哭得更厉害了。

为了辨明身份，我轻声问年轻男子：“她是孩子母亲？”我问这句话时很困惑，孩子母亲看着孩子，怎么能让孩子被鱼缸里的水泡成这样呢，那鱼缸也没多大啊！

“唉。”年轻男子克制住自己的悲伤，告诉我们，他是孩子父亲，那年轻女人是他妻子，二老是他的父亲和母亲。他和妻子每天工作挺忙，小男孩三岁，自小由二老在家看管带大。孩子只是晚上跟爸爸妈妈睡，一早爸妈就去上班，孩子就跟爷爷奶奶在院子里玩。孩子喜欢小鱼，家里就给他买回一个鱼缸，又买了五条小金鱼。孩子每天蹲在鱼缸那儿看小鱼，总是喜欢得不得了。这时，爷爷或奶奶少不了要留个人守在孩子身旁。

孩子父亲告诉我，今天有个亲戚结婚，老早就说了，说了好多次，定下日子一定要二老去。正好他妻子今天休息。上午九点多钟，二老一起出门，去参加亲戚的婚礼。老人出了门，他妻子便忙着把全家换下来的衣服都拿去泡上。她想着儿子能走路，让他去葡萄架下玩。这里是独门独院，反正儿子也出不去，看小鱼去吧。

他说："我爱人第一次来看孩子，孩子在鱼缸边搬个小凳子，坐着看鱼呢。那鱼缸就摆在地上。她看了看，回身进屋洗衣服去了。等她端着洗完的衣服拿到院里晾，有四十多分钟，出来一看，孩子不在小凳上。她再仔细一瞧，突然看见鱼缸上立着两条小腿儿，儿子头朝下泡在鱼缸里啦。"

事后猜想，这孩子从小凳子上起身，躬腰伸手，去鱼缸摸鱼。小鱼在鱼缸里乱窜，他动作慢，净顾着抓鱼，小孩子哪有什么身体平衡的能力呀，谁不知道那么小的小孩子头重脚轻啊，结果他一头栽进鱼缸。虽说鱼缸没有多大多深，可淹这么个小孩儿是够了。

想想吧，那孩子头朝下栽进鱼缸，被水一呛，哪里喊得出声。等母亲发现孩子出事，把孩子从鱼缸里抱出来时，那孩子已经泡了不少时间，早断了气儿，没了心跳。孩子的鼻子、脸都肿起来了。

孩子妈语无伦次地打电话喊回丈夫。丈夫听妻子哭着说孩子出了事，吓得腿软迈不开步，是由他单位的两个同事搀着回的家。他又给亲戚打电话，让参加婚礼的父母赶紧回家，但他没敢说因为什么事，怕二老在路上急出心病。

得知噩耗，老两口痛心疾首，老头儿埋怨，老太太呜咽。孩子爸愧疚后悔地说："咳，我爱人是孩子亲妈，不会有意害孩子。问题是我们不会看孩子。要是二老在家，孩子在鱼缸边上玩，肯定得有个人守在旁边盯着。我爱人想着孩子已经三岁了，会自己走路，就忽略了。另外，那鱼缸要是放高点儿，不放地上，也就不会出这事了。"

验完尸，案情并不复杂，但是这家人要面对这样悲惨的现实，肯定在情感上很难承受，不要说几个月、几年，这心理阴影恐怕得影响一辈子。我在那小院里跟这家人待了得有一个半小时，当时那种情形跟孩子妈肯定没法交谈。我等两位老人把心底的悲痛情绪宣泄出来，心情稳定一些后，赶紧让民政局的工作人员进屋把孩子尸体装进尸袋，抱到车上运往太平间了。

要动孩子尸体，我得先悄悄跟孩子爸商量。我说："先生，这大热天的，孩子得先放到太平间去。我们把孩子运走，你爱人和老人暂时控制一下情绪。不然，老这么守着，哭个没完伤身，对家人不好。"

孩子上车时，孩子妈追出来，撕心裂肺地哭喊着、抱住孩子不撒手，不让上车。最后，她把孩子脚上的小鞋扒下一只，攥在手里，捂在胸口，那种痛苦劲儿让人看着真是揪心。两位老人站在门口"吧嗒、吧嗒"地掉眼泪。你说这个责任在谁呀？谁都不在，可悲剧就这么发生了。

第二天上午，我把孩子妈和孩子奶奶叫到办公室，毕竟孩子妈是当事人啊，我给她做了笔录。表面上，孩子妈的情绪不像前一天那么激动，但是这种心灵创伤可不是说没就没、说好就好的。我履行完程序，把火化证明给她开完，至于后边他们什么时候处理尸体，那就是家属的事了。

像工作中遇到的这种事，我会跟我爱人念叨。要说我工作这么多年，她听我讲述那些悲惨的案情掉了不少眼泪。我爱人嫁给我之后，她额外地替我承担了这个。我一说起这事，她就"吧嗒、吧嗒"地掉眼泪，这样的次数可真是太多了。

事情都过了好几天了，这天晚上没有别的现场，我正在家吃晚饭。吃完饭也就八点多钟，我跟我爱人看看电视聊聊天，又聊起这个小男孩。她就不行了，又掉上眼泪了。我一看不成啊，赶快劝她。

没想到该睡觉了，她睡不着，我也睡不着了。我给那孩子验尸时的情景全浮现在眼前，孩子面相不是那种小可爱的样子，是"巨人观"啊。这一晚上，我就在床上"翻饼"，来回睡不着。我爱人知道我睡不着，索性从床上坐起身，我一看她这样，那甭说了，她肯定也睡不着啊。

我们也有个儿子，那时我家儿子十二三岁。我爱人就替那孩子妈想，"你说她能不心疼她儿子吗？"

我说："那还用说。"

"你说她怨谁呀？她公公婆婆怨谁啊？"

我爱人老想这个，她自己念叨着"这当妈的不应该被恨，她不是有意的。谁都不恨，可孩子死啦"。她为这事真是心情纠结。我爱人对这件事都这么纠结，那家人肯定比她还过不去。

尸体是我验的，整个事情过程我清清楚楚，后事是我处理的，我心里的纠结比他们要加上一个“更”字。

| 生命感言 |

儿童意外死亡事件的背后，是多位悲痛欲绝的大人。在这起案件中，孩子出事是在母亲看护期间，可母亲是最不希望这种悲剧发生的人。这个家庭的悲剧给年轻的父母尤其是那些整日埋头看手机的父母提了个醒，在看护幼小的孩子时，千万不可粗心大意。家长们一定要在孩子和危险物品之间筑起一道“隔离墙”，这样他们才能在你们的保护下健康幸福成长。

No.71

母亲反应过激酿悲剧

引言

花季少女考试失利，原本情绪低落的她又遭遇母亲的严厉指责。重创之下，她选择了轻生。

炎热盛夏的一个晚上，天已经黑了，我在家里接到指挥中心布警，告知一个女孩自缢身亡的具体地点，命令现场组速去甄别。

我接受任务，赶忙开车驶往出事地点。那里是一个平房院，院门口站着几名民警和其他几个人。我下车走上前，院门口民警领我迈进院门。这是一个杂院，住有七八户人家。

引路民警告诉我，院里东房住着一家三口，家中的女孩自缢身亡。我们来到东房门前，推开屋门，里面有两间屋，里屋床上躺着这家的女孩，脸上盖着一块白布。一个女人坐在床旁边，四十来岁，紧紧攥着女孩的一只手在哭，边哭边念叨“妈妈对不起你、妈妈对不起你”。

不用猜，正在哭泣的女人是女孩的母亲。我进屋时外屋站着两个男人，据介绍，一个是女孩的父亲，另一个是女孩的舅舅。

我对屋里人亮明身份，走到里屋床前，轻轻掀开女孩脸上盖着的那块白布。从面相上看，女孩年龄在十五六岁，皮肤细嫩，脸色煞白，完全没有了血色，更没有了呼吸，身躯僵硬。

验尸遇到女性死者，不论有无家属在场，出于尊重逝者，验尸时不能笨手笨脚、动作鲁莽。鉴于床边守着的那位母亲一直在悲伤哭泣，我将她劝到外屋，避开我要进行的尸检，而是让女孩父亲跟我进屋，让他在旁观看，这是我们工作程序的规定。

我检验女孩头部，没有任何凹陷或意外突起，头骨正常；再检查四肢，没有任何骨折；仔细察看女孩儿颈部，颈部索沟形成的痕迹均符合自缢特征，能够确认她是自缢身亡。

检验完尸体，我开始询问死者母亲，了解情况。她是北京人，在一家商店当售货员，丈夫是一家单位的司机。夫妻俩就这么一个孩子。平时，女孩母亲下班比女儿放学早一点儿，总要在家给孩子做饭。这些日子，学校临近放暑假，学校正在期末考试期间。

事发当天跟往常一样，母亲回来做饭，女孩放学进家门告诉妈妈，说自己外语没考好，只考了五十多分，在班里排倒数第三名，她觉得很对不起爸爸妈妈。母亲正在做饭，听完突然变脸，怒气冲冲，把手里的锅铲一摔，恨恨地说：“就考这样还吃什么呀，这学白上了！”接着她关了灶上的火，气得坐在一边抹眼泪。

十五六岁的女孩子嘛，有了自尊心，期末考试没考好，本来内心就很有些失落，觉得对不住爸妈，回家时犹豫跟不跟大人说，但还是实话实说了。只是，她万万没想到妈妈的反应会如此强烈，她无法接受眼前的情形，哭着跑进里屋，掩上门。

两个小时后，女孩的父亲下班回家，听妻子说女儿考试成绩糟糕。他点着一支烟，坐下来沉默片刻，劝了妻子一番，说孩子考不好，下回好好考就是了。劝完妻子，他去敲里屋房门，推了推门，发现里面插住了，他隔着门说：“爸爸回来了，考得不好没关系，咱们再努力，实在不行，爸爸给你找个家教，快点儿把门打开。”

女儿在里面没有吱声，父亲敲了又敲，不想贸然闯入。过了十来分钟，母亲把炒好的菜端上桌，里屋还是没有一点儿动静。父亲搬个小凳站上去，从门上边的一道缝儿向屋里窥望，猛然间吓得从凳子上掉下来。他一脚踹开门冲进屋，只见女儿吊在一根管子上，已经死了。他跑上去抱住女儿的身体悲戚地喊着：“女儿，你睁睁眼，睁睁眼，看看爸爸吧，爸爸回来晚了！”

女孩的母亲也跟着冲进屋，吓坏了，边哭边喊：“孩子，妈妈错了，妈妈错啦！”

夫妻俩将女孩尸体摘出绳套，抱下来平放到床上。丈夫追问妻子：“你到底跟孩子说了什么？”妻子痛苦地无言以对，只是紧紧攥着女儿苍白的手，悲泣失声。

我在询问这位母亲的整个过程中，见她精神明显受到极大刺激，边哭边说，痛苦自责。女孩的父亲告诉我，妻子平时对孩子挺好的，“她是亲妈啊”，但这场悲剧却是因妻子情绪失控引发的。照那位父亲的说法，他们的女儿平时很乖，学习成绩也不错。这次外语没考及格，女儿在班里排倒数第三名，母亲听了，心里接受不了，正在炒菜的她当场摔了铲子，女儿哭着捂脸跑进里屋。她以为女儿跑进屋哭两声就完了，哪知道女儿进屋不知从哪儿找出一根绳来，站在床上，蹬着被子，在一根管子上系了个绳套。那根管子离地面得有两米多高，这女孩把头伸进绳套，脚下用力把被子一踹……

当母亲的没掌握好正确表达情绪的分寸，当女儿的气性也大，酿成这场悲剧。用这位母亲忏悔时悟出来的话说，“孩子回家说没考好，我安慰安慰她不就得了，就不会出这么大的事了”。

处理后事时，死者家属没有别的意见。我为他们办了火化手续，开了注销户口证明。女孩的母亲没来我办公室，她写了份委托书，让女孩的父亲办理了所有手续。时隔仅仅五天，女孩的尸体被火化了。

| 生命感言 |

考试成绩不佳往往是孩子们自杀的原因之一。在这起花季少女自缢案件中，母亲在孩子考试成绩不理想时，只感受到了自身的愤怒和悲伤，而对女儿的感受毫无察觉。任何一个生命都是独立的个体，生命的成长过程是一个由脆弱走向坚韧的旅程。作为父母，我们最应该做的事情是默默地为子女的生命护航，直到他们长大成人，而不是想方设法让他们成为自己设计的模样，而且一旦不合自己的心意就暴跳如雷。

No.72

捡破烂无知被炸身亡

引言

为了一丁点儿的小利，丢了性命，拾荒者终为他的无知和不遵守规定付出了生命的代价。

已经是单位下班时间，我突然接到指挥中心布警、值班室通知，称因泡沫灭火器爆炸导致一人死亡，出事现场在西城区与海淀区交界处的一个院落。

我按照指挥中心指示的地点开车寻去，抵达具体方位下车一看，这里是楼区后边的一片空地。空地上建有三间破平房，门前堆着好多破烂儿，什么五花八门的大小旧物件都有。我下车时，已有当地居委会干部、派出所民警候在那里等着我来。这里臭气刺鼻，破平房分别住着三个捡破烂儿的外地人，其中一人已经被意外爆炸的泡沫灭火器炸死。

死者躺在一间平房前的空场上，他仰面朝上，身边有一个爆开的泡沫灭火器，一只脚上的鞋子已经被炸飞了，光着的脚还淌着血。我让派出所民警把另外两个捡破烂儿的人控制住，然后开始对尸体进行检验。

死者面部被炸烂，粘满爆炸灰烬，右眼球已经不在，左耳被炸烂，挂在脸上，让人不好判断他的实际年龄。仔细看看，死者五十岁左右，身高一米六几，右手四根手指被炸掉了，伤口还在淌血。我在离尸体不远处把连在一起的四根手指捡回来，在他手上复位固定，用塑料口袋紧紧包住他的右手。

我将死者身上的衣服脱掉检验，发现死者右腹部破裂，部分肠子外露。他的肝脏被炸破，地上有大面积血迹。他的下肢完好。这个人应该是死于被炸后出血性休克。我到时“120”急救车刚走，大夫说死者是因为失血性休克死亡，与我判断的一样。

尸体检验完了，我向死者的两位同伴询问情况。这两人是爷俩，一老一小，老的约有六十岁，小的也就三十来岁。他俩与死者沾亲又同村。

死者两年前来这里租了楼区后面这片空场及三间破平房，他一年捡破烂儿挣了九万多块钱。于是，第二年，这爷俩跟他来到这里，一起住，一起捡破烂儿，捡了一年多，给死者万八千块钱，算是交纳的房租金。

要说捡破烂儿也有行内的规矩，这爷俩在北京待了不少日子，知道什么能捡，什么不能捡。泡沫灭火器可是有明文规定不许买卖的，废弃泡沫灭火器由消防部门统一销毁，一般没人捡，捡了也没地方去卖，没人收这东西。

几天前，这爷俩见死者从外面拎回两个泡沫灭火器，岁数大的父亲对死者说:“你别往院里收这个，不能卖，这得由消防部门统一回收。”死者说:“没嘴儿的泡沫灭火器掏空了，拆完不就成废铁了吗？是铁就能卖，有人要。”死者还说他以前拆过，不听爷俩劝阻。

爷俩住的并排两间平房在院北头，死者住的一间平房在院南头，两处平房相距有十来米。今天下午五六点钟，爷俩在吃晚饭，死者蹲在自己房前的空场上，搂着一个泡沫灭火器，这里抠抠，那里抠抠，一会儿敲敲，一会儿砸砸。突然，爷俩听到一声巨响，跑南头平房前一看，吓得魂飞魄散，死者被炸倒在地，血流不止，当时就咽了气。

爷俩赶紧拨打了“120”和“110”,“120”急救车火速赶到，大夫下车一看，连心电图都没做，就宣布他已经死亡。“110”来人一看，立即上报指挥中心。

泡沫灭火器里面装有发生化学反应物，一旦混合接触后压力剧增，集中在喷嘴，操作者只要把泡沫灭火器倒过来一晃动，里面的液体就会猛烈喷出。死者乱捣鼓，里面的物质受到震动后产生化学反应，泡沫灭火器的嘴子又没拔开，这时死者正搂着泡沫灭火器，结果生生给憋炸了。

泡沫灭火器须一年一换，消防部门有专门机器拆卸泡沫灭火器换新药。

死者光去抠泡沫灭火器喷嘴，完全不懂泡沫灭火器结构原理。他说以前拆卸过没事，兴许只是偶然，这次就没那么幸运了，丢了性命。

我弄清死者外地身份及家属联系电话后，打电话请家属到北京来处理后事。第二天，死者家属从外地来了。我办公室一下子进来十几个人，一问他们，全都是从事捡破烂儿这行的。

死者妻子四十来岁，带着一个十几岁的男孩，是死者的儿子。她神情非常痛苦，说家里收入可以，老家盖了房子，万万没想到赶上这起不幸的事。

我们让那爷俩与死者家属沟通，又介绍了我们调查事件发生的过程及死因鉴定。我这样做的主要的意思是告诉家属，死者的死不是被人害的。这事既没有承担责任的单位，又没有承担责任的他人，也不属于刑事案件，死者家属是要不到任何赔偿的。

这件事的发生对所在地居委会震动挺大，这次爆炸若伤及周围居民，造成恶劣的社会影响，必须要有人承担责任。后来，我听说居委会很快就把捡破烂儿的那爷俩清走，不让他们在那里租房捡破烂儿了。

生命感言

流浪者和拾荒者属于非正常死亡高危人群。大家对流浪者死于疾病和恶劣气候环境有所了解，对拾荒者可能遇到的危险也许知之甚少。事实上，拾荒者遇到有毒有害物品的概率大大高于一般人。本案中被泡沫灭火器炸得面目全非的逝者留给同行的教训是：要懂得衡量风险和收益问题，风险大于收益的事情绝对不能去做，风险和收益对等的事情也必须放弃。如果必须提炼一个原则，那就是在不能把控风险的情况下不要去谋求任何收益。

No.73

女患者在医院轻生

引言

女患者因就诊无效大闹医院，情绪激动之下从医院楼上跳下。死者家属摆花圈、烧纸，找医院讨说法。民警用“情”化解医患矛盾。

端午节就要到了，指挥中心布警、值班室通知，一名女子从楼上跳下，情况不详。我接警后尽快赶往现场。那是一家不大的医院，一幢红色的砖楼。在楼门东侧四五米的地方，离楼根也就两米来远，地上躺着一个人，身上盖了一块白布，近旁站着两名民警，周围还有八九个穿白大褂的医生。

死者是一名女性，外地人，四十多岁。这家医院是专科医院，专看一种病，正适合她。她听说后，专程来看病拿药，花了三千多元钱，结果没有任何疗效。今天她来医院时带着她的婆婆和她的妈妈，是想跟给她看病的医生讨个说法。

下午刚上班，这名女患者领着两位七八十岁的老太太走进诊室，拿着病历本，找上次给她看病的医生。当时诊室里有两名女医生，告知女患者上次给她看病的医生今天休息，没来上班。女患者当即情绪激动、暴跳如雷、大吵大闹，两位老太太也说那医生如何坑人。

诊室两位医生见来人是找碴儿的，态度冷淡。女患者越说火儿越大，吵着闹着，见靠窗的医生起身到门口水池去洗手，她突然奔到窗边，蹬着医生的坐椅上了桌子，迈腿跨上窗台。她质问去洗手的医生：“我要找的人到底在不在？”这医生说：“不在。”据女患者的婆婆和母亲说，她们听到那名医生接着说了这么一句话：“跟你说了他不在，你就是跳下去，他也不在。”听到这句话，站在窗口的女患者大喝一声：“你再说一遍！”她背朝窗户脸朝内，最后说了一句：“你记住，我现在就跳下去，是你让我跳的！”

说完这句话，女患者向窗外仰去。她母亲急忙赶几步往前一扑，想抱住女儿的腿，但是没抱着。洗手的医生也紧赶两步伸手去拽，也没拽着。女患者的身影瞬间消失在窗口。

我到现场先找两位老太太了解完之后，再找诊室里的两位女医生。这肯定不能让双方一起对质。死者母亲已是八十多岁的老人，闺女在她眼前自杀身亡，这事对她的刺激比医生受到的惊吓要剧烈得多，只要她不哭不闹，能回答问话就很不容易了。

两位女医生内心受到惊吓，那位起身洗手、被指认说了过激话的女医生不承认自己曾说过那句话，死者母亲却说她听得清清楚楚。当时没有录音，更没有监控。我做完笔录要两位在场女医生签字，那位起身洗手的女医生签字时手抖得厉害，写自己的姓，竟哆嗦地写了三次才写好，可见她有多紧张。她圆圆脸，是从首都医科大学毕业的内科大夫，来这里工作八九年了。她对我说：“那个人已经站在窗台儿上了，我哪能说那句话，那不是诱导她死吗？”

我把楼上的情况搞清楚之后，去见医院领导。开始调查时我没让医院领导参与，等我把情况弄清楚以后再跟领导见面沟通。按程序我得先找当事人，双方当事人找完了，再进行责任认定，责任认定完了，再说后边的事。

医院领导是一名五十多岁的男子，态度挺好，他认可我调查的事实。我明确告诉他：“你单位发生了高坠事件，这件事是在你们两名医生的眼皮底下发生的，不管死者生前什么原因、什么状态，医生一看不正常了，应该及时阻止，不能眼睁睁地看着悲剧发生。”我说这件事情的定性是自杀，没问题，不是刑事案件，但是造成自杀的原因与医院有关系。他认可这个结论。

既然责任认定好了，就该把尸体拉走了。因为死者是名女性，我得把尸体搬到车里看看她摔的情况。她是尖脸，体态不算太胖，皮肤较黑，从手和脚的皮肤纹路来看，手指肚和脚趾肚纹路都比较深、比较厚，是个干农活儿的女性。她的体质应该说是挺好的，腿部肌肉蛮硬的。她穿得平常，上身穿长袖衫，内穿秋衣、秋裤。我验尸时发现，死者背部着地，前胸、后背和四肢都造成骨折，她的身体应该是平拍下去的，可能有肋骨刺穿了心脏。因后背着地，她脸部保持较好，只是左侧嘴角流出点儿血，耳朵因后脑着地流出点儿血。

这个现场调查耗费了近三个半小时的时间，两位老太太就待在死者落地的地方不走，四周围了好多人。我把俩老太太劝上车，由医院办公室的两名工作人员陪着，再让医院买两份盒饭给俩老太太吃。我办公室里有一个沙发，让俩老太太坐下，我拿两瓶水递给她们。

像这种情况，你必须安抚死者家属。我通过俩老太太知道了死者家里的电话，打电话通知了死者丈夫，说你家某某某出事儿了，人已经没了。我还告诉他，家里两位老人在我办公室，再告诉他我办公室在北京什么位置，好让他赶紧找过来。

这家人是河北省石家庄市的。石家庄离北京不远，当晚八点来钟，来了三辆车。我一看，来了十几口人。听死者的母亲介绍来人，有死者的儿子、姑爷、外甥，有死者的兄弟姐妹，还有死者婆婆家的人。

死者母亲连哭带喊地说完事发经过后，我把情况向来人介绍，说定性是自杀。来人中有两个人对我一再感谢，说“您这儿照顾了老人，把老人接到这儿又是水又是盒饭的”。后来我才知道，说话这两个人是当地镇政府的工作人员，他俩给我的感觉是，这家人挺通情达理的。但我马上又警觉起来，这才刚刚开始，还是要多加注意。

我劝来人先找旅馆住下，他们把俩老太太接走了。刚过了一个小时，医院来电话，说：“卢警官，家属上单位来了。”那时已经夜深，死者家属来了十几口人，已经上了楼，都在二楼会议室坐着呢。院方给来人备了水。

我告诉医院，要安排人接待，弄不好他们闹起来全给你砸喽。大晚上的，这伙人你轰也轰不走，准备些方便面、矿泉水，人家既然来了，就是来闹你的。我告诉医院管事的领导，让他们答复家属的话就是：“事已经出了，就在我们单位。至于我们单位应该承担什么责任，公安机关已经立案，现在正接受公安机关调查，我们不敢跟你们形成什么协议。”

像这种情况我遇见多了，来人会闹什么呢，要被子、要褥子、要这、要那、要说法。人家要什么你不给，就会给冲突升级找到借口。我说不管对方有什么要求，千万不能买被褥。叮嘱安排完，我给家里打了个电话，说今晚回不去了。

我在办公室沙发上躺着休息。晚上十一点半，医院又来电话，说来人把拿给他们的水和方便面都吃了，现在提出要睡在医院，让给他们买被褥。我跟医院说，别人不管，就管俩老人，你们开车拉着俩老人找家旅馆先住下，告诉其他人，这类情况接待家属的标准是有国家规定的，不是来多少人都接待。

我又等了一会儿，医院来电话，说俩老太太上车去了旅馆。我觉得这晚上应该能过去。果不其然，那俩老太太一走，其他人就没法儿再闹了。

第二天早上七点多，医院来电话，说家属把俩老太太从旅馆接来了，让给他们买早点。我说好，你们先给人家买点包子，有老人嘛。因为你单位也不是没责任啊，没办法，你不管谁管啊。

上午九点半，我开车去医院，进会议室一看，那些家属明显是来起哄的。我强调死亡定性是自杀，至于医院有没有责任，正在调查当中，结论还没出来呢。我说：“公安机关接待家属只接待四至六名，屋内不是直系亲属的人起立，出去。”我清理现场，多余的人出楼门，到楼外等着。这样一来，家属没辙了，家属里不是有明理的吗，我这是按照理来的啊，家属公开不敢跟我叫板。

听医院领导介绍情况，说昨晚在旅馆开了三间房，俩老太太一间，死者丈夫一间，死者弟弟一间。我说你们再给开两间房，尽管有不是直系亲属的，但来了那么多人上哪儿待着去啊。接着，我对家属说：“你们先走吧，我要找医院开始调查了，不能影响我调查啊。”这么着，死者丈夫领着十几口子人离开了医院。

院长这两天急得不成。我说死者家属有想法很正常，人死啦。虽然我们公安机关不在家属面前说你们有责任，可这并不是说你们没责任。现在，我们把闹事的死者家属暂时劝走了，你要配合我们的工作。

下午两点钟，我去了旅馆，按程序我是去听取家属诉求的。我拿着小本，带着一名民警，对那些人说：“事情已经出了，人已经死了，活不过来了，说说你们的想法。”我得让对方放松地说，他们说着说着就没谱了。我一边听，一边记，把一些胡搅蛮缠的要求清除掉了。

第三天早上八点钟，医院来电话，说家属又去了，带了两个大花圈，买了一个脸盆，大白天的在医院门口烧纸。派出所去了人，我也去了。我到那儿不理他们，先照相，这么照，那么照，连照人带照东西。毕竟这伙人中有公职人员，他们琢磨着公安机关会拿他们怎么着，心里打鼓。我找到死者的姐夫，说我们都取证完了，你们摆在这儿的东西拿是不拿，是你拿还是我拿？我说：“昨天你们提的要求，我们这儿还没开始落实呢，你们就采取这办法。那昨天提的要求还算数吗？”

“算数啊。”

“算数？你们采取这办法，你们这不是连公安局都给捎上啦？”

说完我开车走了，这一走，闹事儿的人更犯嘀咕了。没多久，他们就把东西全撤掉，回旅馆了。我说的那些话起了作用。这方式对头，我接着想下一步怎么办，解决这种事情可不是验完尸体、拉走尸体就完事，要把事处理利索。

下午，我去了宾馆，见了死者家属就拿上午的事说事：“不错，都听话了。不能那么做，你们提这么些要求，我们怎么跟医院讲啊？你们得相信我呀！”凭多年经验，我的经验是：凡是解决老百姓跟单位的纠纷，你必须要让双方都相信你，双方才能依靠你，你说话才管用。我去了，死者母亲始终握着我的手，我觉得离最终解决的胜利不远了。

第四天正好是端午节，上午家属没去医院，我觉得挺好。中午医院来电话，家属中午又去了，俩老太太没去，去了几个小伙子拿盆烧纸。我想，我已经跟他们说得挺明白了，再有一天就可以坐下来协商了，得容办事有个过程。这怎么办？我让单位买了15盒粽子，我取了粽子装车拉到旅馆。对那些人说：“今天是端午节，今晚什么都不说，你们先吃粽子。”

第五天早上，我八点半到单位一看，门口站一堆人，那些人全上我这儿来了。这是他们耗在北京的第五天，谁家没事儿啊？但是，他们不好下台阶，奔我来了，求我给他们办事。昨晚送粽子增进了我与他们的感情，对方说：“行了，卢警官，您就给问问医院怎么处理吧，这儿还有俩老的呢。咱也不让人家赔钱，但是也得表示表示吧。”

到这个关键时刻，就好办了。我说行，接着就奔医院去问怎么处理，有没有方案。医院院长叹口气说，家属说来就来，没办法。我说，家属今天早上去我那儿了，人家就让医院拿个意见。院长说，事儿发生了，我们有责任，人死了，我们只能拿点儿钱。我说：“这种情况的发生是谁也想象不到的。她妈也想不到，医生也想不到，我觉得这应该按意外定性。毕竟人死在你们医院了，你们出点儿钱表示一下也是应该的。”院长听我这说，表示同意。

下午我找家属谈，我说：“事出了，你们跑到人家医院又烧纸又摆花圈的，扰乱社会治安，影响正常经营。人是自己上窗台高坠自杀的，按意外定性。医院同意拿出点儿钱来表示一下。”

这起纠纷从开始到结束历时七天，中间过了一个端午节。要说这其中什么是该做的，什么是不该做的？我认为都是该做的，目的只有一个：妥善、周到地化解掉一起纠纷，保全了家属的利益，也维护企业的利益。

干我们这行，不是说光验验尸就完事了，你得多费脑子。如果不多费脑子，你就可能造成不可控的恶劣社会影响。

| 生命感言 |

医院是死人最多的地方，也是矛盾最容易激化的地方。发生在医院的伤医事件不在少数，患者家属大闹医院的事情也时有发生。面对这起案件，如果不是想了很多办法有礼有节地引导并处理，后果可能会比较严重。这件事给我最深的体会是：无论我们身处何种岗位，在工作中随时都可能面临复杂突发的情况。这就要求我们在工作中要具备两种素养：一是正确接受任何事情的发生；二是正确处理好突发事件。正确处理突发事件的关键点是面对复杂突发的情况，既要讲原则，又要有灵活性，这样才能控制好场面。

No.74

饮酒男生在船尾坠湖

引言

一次生日的小聚会成了友人间的生离死别。落水男孩的过量饮酒和疏忽大意，成为这次悲剧的罪魁祸首。

公园游船上有人落水，指挥中心指令现场组立即派人前去勘查，这时已是天黑时分。

我驾车开进公园大门，在湖岸旁边的路上停稳车，远远看到岸边拥着一堆人，有人向湖里指指点点。我向那边赶去，隐隐约约听到哭声，不像一个人在哭泣。

派出所民警已经先赶到，他们带着我走向湖岸。我见岸边停靠着一只船，这是六人座的电瓶船，两男一女三个年轻人正坐在船里抹泪。我再向湖里望去，夜色中有几个人影在水里寻找着落水者。

我蹲在岸边向船里呆坐着的两男一女询问，他们哽咽地告诉我，上船时原本是三男一女，其中有一对是恋人，他们都是外地来京读书的在校大学生。今天，四人的中有个男孩过生日，四人相约来公园租船游湖，上船时带着酒水和食物。结果，四人尽兴游玩，在船上喝下三瓶红酒、六瓶啤酒。夜幕降临，其中有个男孩想上岸找个卫生间方便，他们开船在岸边寻来寻去没找到。那男孩实在憋不住了，这几人决定避开湖里其他游船，也避开有人的岸边，行驶到相对僻静的湖面，让那男孩站到船尾解决，其他三人脸朝前，背对那男孩。

电瓶船慢慢向前移动，船上三人谁也没有往后看。船在水中行走了一会儿，谁也没注意有什么大动静，大家只是觉得船尾那男孩也该完事了，没想到回头一看，船尾不见人影。这三人大惊失色，猜想他肯定坠落湖中，狂喊呼救，湖上游船已经不多，人们听到呼救，一时弄不清到底发生了什么事。等大家想起打“110”电话报警时，时间又过了好一阵儿。

专业打捞队有规定，潜水员夜间不能下水，只能等到天亮再行动。

我了解完情况，让呆坐船里的两男一女上岸，逐一登记身份。当时已是夜里近十点钟了，那三个年轻人坚持不离开岸边。我告诉派出所民警，如果发现湖里失踪的男孩，赶紧给我打电话。我叮嘱完就离开了现场。

凌晨四点半，天空微微有些亮色，这是湖水一天中能见度最清晰的时刻。我多次参与下水打捞溺水者，多次跟打捞队潜水员一同捞人，总结出的经验是这个时刻的水深清晰度最高。没等到有电话打来，我起身穿衣从办公室出发，开车直奔公园岸边。

我跟派出所的人上船，让那三个年轻人尽力回想出事前后他们那条船大致在湖中什么方位。遗憾的是，事发时已入夜，再加上这三人喝了不少酒，根本没留意船在湖中的具体方位。我们在湖上转来转去，已经是上午八九点钟，仍然一无所获。

我们加大了打捞工作的力度，叫来十几名民政局的工作人员下湖寻找。十几个人每人手持一根长竹竿，一线排开，在湖水里齐头并进探查，人与人只有两步远的距离。就这样，我们又在湖里忙碌了近两个小时，终于发现了溺水身亡的那个男孩，把他从水下捞了出来。

这男孩被打捞出水时仍保持着坠湖时的姿势。可以判断，他走到船尾方便时，由于喝了大量的酒，在酒精作用下，身体摇晃，突然坠入湖中意外呛水，没有能力自救，终致溺水丧命。

我用相机把打捞地点及男孩打捞出水的身体姿态拍了照。男孩死亡定性是溺水，死亡原因属于个人不慎意外坠落水中。经过多次接待家属，以及法医鉴定的溺水结论，家属接受了公安机关的定性及死亡认定，办理了火化手续。

这个男大学生与朋友上船庆贺生日，超量饮酒，意外落水，给父母带来终生痛苦，教训实在是非常惨痛。

| 生命感言 |

游玩中也常有非正常死亡事件发生。像拍照掉下悬崖身亡和这次解手落水溺亡的事件都是例子。人在游玩的时候，兴致往往很高，在身心投入地留影和喝酒的时候，当事人忽视了身边的危险和同行者也没有尽到注意义务都是悲剧的根源。年轻人走过的路和跨过的桥比较少，对路上的风雨经历得少，风险意识便会少。总之一句话：年轻人不管干什么事，万不能随心所欲。如果不是因为过度喝酒，此次落水溺亡的意外事件很可能不会发生。

No.75 老人猝死小卖部门前

引言

八十岁老太猝死在小卖部门前，尽管法医鉴定老人死于心脏病，但在老人死前因五毛钱与之发生过口角的小卖部售货员也难逃干系。

正值盛夏，傍晚时分，一位八十多岁的老太太猝然死在小区院门外的小卖部门前。接到指挥中心布警、值班室通知时，我已经下班在家。我赶紧穿上警服、带上证件，去单位取了勘查箱，开车赶去现场。

我老远就看见小区院门外围着很多人，有好几名派出所民警在小卖部前维持秩序，劝导围观人群散开。我带着民政局的工作人员从人堆儿外围向里面闯，派出所民警见我带人到了，替我疏通开道。我来到小卖部前，只见地上躺着一个老太太，不知什么人给她脸上遮了张报纸。我想，这么高龄的老太太来这里买东西，想必她家离小卖部不远。

我跨进小卖部，见里面有一年轻女孩，顶多二十出头，戴个套袖，站在柜台前掉眼泪。看面相，她像是南方人；看衣着，她像是小卖部售货员。

女孩身旁边站着一位六十多岁的女人，体态稍胖，但一看就是个干净利索的人。我猜她是小卖部的主人。

我找女店主了解情况，她告诉我，店门外躺着的老太太就住在旁边小区的六号楼里，经常来买东西。今天，老太太来买一节五号电池，说是儿子要用。付完钱，她走到店门外，又转身回来，说店里售货的姑娘少找她五毛钱。店主说她当时扒开门帘看了一眼，知道是老太太，就五毛钱的事，她就没出来，觉得没必要掺和。

售货的姑娘说没有少找钱，又给老太太算了一遍。老太太就说少找五毛钱，非得要。姑娘不肯给，老太太要了三五遍没要成，就出店了。女店主说，听到老太太要走，她就从门帘后面出来了，正看见老太太向外走，出了门，老太太好像是迈空了，一下子坐到地上。她说:“我看她躺下没再动，就跑出去看，又掐人中又晃悠胳膊，可她已经断气儿了。我赶紧用公用电话打了‘120’，又打了‘110’。过一会儿，派出所民警先来了，‘120’也来了。‘120’的医生给她做心电图，那图形已经成直线了。”

我听完，想到这里临街，人躺在地上太显眼，应该赶紧把尸体移走，若不移走，人越聚越多。我拍照时见那老太太哪儿也没流血，就让民政局的工作人员将尸体装进尸袋。大家刚要把尸袋抬上车，就见跑来两男一女，一边跑一边喊着“妈、妈”。我一听，这是死者的儿子来了，跟着儿子来的是儿媳。这几个人跑到近前，我说:“你们来了，咱慢慢说。”

“什么慢慢说，我妈都死了！”来的人连推带搡，火气挺大。我一看情况不对，要是再跟他们说什么，他们真敢动手打人。我转头跟民政局的工作人员说:“你们把老太太抬到车上，把袋子拉链打开，让来人在车上看，不看不知道怎么回事。”

那两男一女上车边看边哭，还嚷嚷着:“怎么回事，怎么回事？”我说老太太到小卖部买东西，其中一个男的应声说:“对，我让我妈给我买电池。”我说老太太买完电池，因为五毛钱的事跟售货员发生点儿争执，老太太说售货员少找五毛钱。她生气了，结果出门时可能绊了一下，就躺在这儿了。

我刚说完，对方就嚷嚷上了:“这是谁啊！”这几个人下车就奔小卖部去，揪着售货的姑娘就打。我赶紧叫派出所民警上前制止，说:“你们民警先把那姑娘带派出所去，家属有什么话上派出所去问。”两个民警护着售货的姑娘和女店主离开了。死者家属嚷嚷着“不能把人带走”。民警开车走了，死者家属呼呼地往派出所追去。

到了派出所，我先进行登记，问售货的姑娘叫什么，哪儿的人，来店里多长时间了，一项项登记完了。死者家属也赶到派出所，不过，到了这里，他们的情绪就收敛多了。在派出所他们不敢动手打这姑娘，但姑娘还是吓得浑身哆嗦。

我跟死者家属解释说，首先，这件事排除凶杀。其次，姑娘与老太太没有肢体接触，没有推搡。至于老太太怎么死的，咱们可以做法医鉴定。我问死者家属同意不同意，他们同意。最后，女店主表示由小卖部出钱给死者做法医鉴定。

该说的话都说完了，我最后告诉死者家属，这个姑娘和女店主我得带走。我让姑娘和店主上了我的车，开车出了派出所，一掉头我就把这姑娘和女店主送回去了。我跟女店主说，你最好放这姑娘两天假，死者家里来这么多家属，谁来了都打两下，这姑娘受不起。女店主说：“您这办法好，我叫她姐姐来把她接走。”后来，姑娘被姐姐接走了。

第二天晚上，天还没黑，死者家属十来个人跑到小卖部前面，架来一个大花圈，拿来一个录音机放哀乐，还带来一铁盆，在铁盆里烧纸。女店主给我打电话，我赶紧通知派出所让民警到那儿把铁盆收了，把花圈塞到车上。民警找死者儿子说：“再有两天鉴定结果就出来了，你们有什么想法跟我们说。人家是合法买卖，你不能影响人家做买卖。人家要是去法院打官司，出个证明说一天能卖两千，你们这一闹，货物卖不出去，看法院办不办你。”民警连说带劝，折腾了得有两个多小时，好不容易才把死者家属全部劝走了。

又过了一天，死者家属又全来我办公室了，说店主是做买卖的，欺负他们家老太太，得让店主赔钱。我问家属要赔多少，对方张口就说要赔 40 万元。当年，北京市工伤赔偿标准才 40 万元，要说老太太跟店里的人吵着架，一跺脚死在店里，那小卖部就有责任。可是，老太太跟店里人没有肢体接触，死亡地点是在人家店门外，人家那小卖部无论从哪方面来说都与老太太的死没有任何责任。要说让店主出于人道，拿点儿钱办理后事，象征性地表示表示，这还可以。

我对死者家属说，我可以帮你们做些工作，但你们非要认为店主有责任赔你们，那你们到法院告去。此时，法医鉴定也出来了，老太太因心脏病发作去世。结果，对方从 40 万元变成 20 万元，又从 20 万元变成 15 万元。这件事来来回回谈了九次，最后，小卖部拿出 1.5 万元，死者家属也接受了。

生活中，双方发生争执，有了口角，要留神语言别过激，更不能有肢体接触，尤其涉及老人，若发生意外，有理你都说不清。甭说少找五毛钱，少找十块钱，你赔钱都得给人家。你看看这件事，就因为五毛钱，赔出去 1.5 万元，还搭上老太太一条命，实在不值得。

| 生命感言 |

口角后发生死亡的事情并不少见，这种情形经常发生在老年人身上。因为老人的身心承受能力都比较脆弱，在遇到比较大的冲突时很容易出现问题。这位老人死亡后，一不小心事态就会扩大，因为我及时预判到这一点，通过把人带到派出所和提醒小卖部的售货员外出躲避，才避免了严重事态的发生。对小卖部店主来说，这件事的教训比较深刻：如果不在五毛钱上和老人较真儿，这件意外事件很可能就能够避免。说一千道一万，在遇到老人的时候，我们最好能换位思考，想一下，假如换成是我们自己的父母，这事应该怎么办？

No.76

任性不听劝丢性命

引言

当流行词“任性”用在这个年轻人身上时，紧随其后的结局是丧命。正是因为他任性地顺着一根绳子下楼而断送了自己年轻的生命。

一天中午，我刚吃完饭，在家里接到指挥中心布警，告知有一个民工从楼顶坠落，人已经死了，让我前去调查处理。我开车带上助手赶往现场。

车开进一个院子，那是一个单位的宿舍院，院里只有一栋六层宿舍楼。这栋楼有两个楼门，靠东边楼门旁边的地上躺着一个年轻男子，他穿着工作服、身旁散落着两只拖鞋，我看他也就二十多岁。因为是工地出的事，属地派出所接到报警后既通知了公安指挥中心，也通知了劳动局。

这栋楼北面有三间平房，设有会议室。我们和劳动局的人走进会议室，听取情况介绍。先由宿舍楼管委会负责人介绍，他说，由于这栋楼楼顶漏雨，管委会找来五个工人上楼顶做防水，刷沥青油。工人们从楼顶通道口的梯子爬到楼顶上，把工具都带上去，拿不上去的重物，再用粗绳吊上去。

工人们从上午九点开始干活。十一点半该吃饭了，班长领着另外四个人下楼吃饭。楼顶的通道口又小又窄，墙梯很不好下，只能下去一个人之后再下去一个人，班长说自己最后下。

这几人依次慢慢钻入通道口下墙梯。其中有个年轻工人等得不耐烦了，拎起从楼顶垂到地面吊重物用的粗绳，跟班长说他等不及钻通道口下楼了，要抓着粗绳从楼体立面顺墙下去。班长吓得连说“不行，不行”，可那年轻人说:“有什么不行啊，消防队员都这么干！”

没等班长拽他，这个年轻人转身拉着粗绳，贴着楼面儿下去，消失在班长眼前。班长赶紧走到楼沿儿旁向下张望。只见这个年轻人手抓绳子用脚踹墙，一弹一弹地向下过渡，他一踹墙一松手，一踹墙一松手。没想到，他弹第三下时，刚到五楼窗户那儿，“呱唧”一下失手摔了下去。

“我眼看着他掉下去了，落到地上，脸朝上，背朝下。”班长声音颤抖地说，“我赶紧钻下通道口，从楼梯跑下去，拨打了‘120’。人家‘120’大夫来了一看，心电图都成一条直线了，没救。我再打‘110’，警察就来了。”

这个班长四十多岁，摔死的年轻人是他妹夫介绍过来的，是他妹夫朋友家的孩子。要说外地来北京打工的孩子，一般让干什么干什么，但班长说这个年轻人很任性，平常派活，你让他往东，他偏往西。他是让干什么不干什么，特有性格。你让他刷三米宽的沥青油，他愣给你刷出五米来。别提干活，他就连吃饭也耍性子。今天要是高兴，他能吃三碗；要是不高兴，他可以一口都不吃。“您瞧，人家下楼走楼梯，他非得走绳子，太出格了。”班长说。

班长这人老实巴交的，向我们讲述时，手脚哆嗦。我心想这事完全是死者自己酿成的，班长不该这么紧张吧。可他想的是，妹夫给介绍来一个朋友的孩子，托付给他，他没法交代，他能跟人家家长说这孩子任性吗？不成。人家把孩子托付给你，你得给人家看好了。你说这孩子不走楼梯爬绳子，可你是大人，你怎么不拽住孩子呢？事情已经发生了，他最怕人提出这类问题来，他不知道怎么解释得清。

若论这班长该不该拽住那个年轻人，这事儿不是咱们该说的，得他自己考虑。你四十多岁了，他还年轻，你当时为什么没拽住他、没制止他？你就这种管理能力和程度吗？当然，单位内部对这个班长怎么处罚、怎么教育，跟公安机关没关系。

跟那个年轻人一起干活的工友告诉我说，他们几个人轮着下了通道口，还在楼道里下楼呢，就看班长神情异常、连跳带扒拉地冲下楼，这几个人也跟着跑下楼。出楼门一看，那个年轻人已经躺在楼下的地面上了。这些工友都说死者生前跟他们不合群，说不到一块儿去，自己想干什么就干什么。他在宿舍里想开窗户就开窗户，别人不乐意也不行。谁要把他打开的窗子关上，他就得再打开。大家谁也不爱理他。

听完介绍，我收了笔，合上记录本，带助手去死者那儿验尸。死者身高有一米七几，脸瘦，身体状态不是那种结实的男孩，智力看上去不太正常，就像缺点儿什么似的。我见死者见多了，从死者面相看生前性格，能看出个大概来。这个年轻人摔得后脑粉碎性骨折，后背也有粉碎性骨折，身侧的骨头扎破皮肤龇了出来，左侧骨盆的骨头骨折后也扎破了皮肤。他的颈椎在落地时可能闪了，也骨折了，脑袋耷拉着。

要说他摔下的楼层并不算高，但他摔得挺厉害。由于这是施工过程中死者生前的自主行为致死，劳动局调查结束后当场就说这不是安全生产责任事故，这是死者违规作业。我们同意劳动局的这个认定，事故造成的死亡由死者承担责任，我们按非正常死亡案件处理。单位的人违规发生死亡事件，要由单位负责，涉及对死者家属的补偿，由单位跟家属协商。

死者家属来了十几个人，双方谈了六次，最后单位与家属达成协议，签订赔偿协议书，办完火化手续，火化了尸体，此事才算了结。

尽管这个意外事件被定性为死者违规造成的死亡，责任自负。但更重要的提示是，施工工地上的现场负责人千万要管住你的人，严格来说，不管死者怎么责任自负，他都是在工作当中死亡的，单位还得管。

要说施工单位要特别留心有偏执性格的人，特别是那些从外地农村出来进城市打工挣钱的年轻人，施工单位接收了这类人，哪天出了娄子，惹出了多大的麻烦，全得单位兜着。

生命感言

这是一起外来务工者非正常死亡案件。有些逝者，必须为自己的死亡担责，这起案件就是如此。由于性格偏执或者心智不成熟，死者在工作和生活中的行为都可以用“任性”来形容。最终，他因为任性地顺着一根绳子下楼而断送了自己年轻的生命。在这起事件中，虽然死亡责任在逝者，施工单位还是付出了一定经济补偿的代价。这样的结果给施工单位提个醒，那就是见到有人做危险动作时，负责人一定要出面制止，不然就要付出代价。

No.77

兄弟成见难解自缢身亡

引言

弟弟自缢身亡，最先发现尸体的哥哥出现精神应激反应。原来，逼弟弟走上绝路的正是哥哥多年来的成见。

冬日的一个上午，我接警出车，带着勘查箱来到一个居民小区。小区里的楼房全是二十世纪八十年代建造的六层砖楼，没有电梯。我们来到一栋楼的中间楼门，现场就在一层西侧的单元房里。

我推开房门，这是一个南北通透的两居室，进门是一个小厅，小厅里摆了张桌子，桌边坐着一个五十多岁的男人，屋里就他一个人。桌上明明摆着烟灰缸，他却把烟头全扔地上踩了，地上有七八个烟蒂。当时，我脑子里冒出一个念头，这个人为什么这么着急地抽烟，肯定有烦心事。

我说："您是——"话音没落，他就说："屋里死的是我弟弟，我是他哥哥，人在屋里呢。"

听他这么一说，我进北屋一看，屋里床上确实躺着一个人，没盖东西，也有相当一把年纪。他脖子上系着一根绳，绳上有断口。也就是说，死者被人发现自缢后，有人一剪子把自缢用的绳子剪断，把死者给抱下来，顺势搁在床上了。

我问："谁发现你弟弟在家里自缢的？"

"我发现的。"

“谁把他摘下来的？”

“我摘的。”

“还有别人吗？”

“没别人。”他接着来了这么句话，“你要觉得我可疑，就把我带走吧。”

我一听，这人精神上恐怕受到一些刺激，心里憋着老大的火气。我得理解他、帮助他，还得把这事弄清楚。这种场合当事人往往在言语表达上透出精神应激反应，不大正常，等想明白了，会发现自己过激而后悔。他是不是后悔，你得给他机会，给他台阶下。你千万不要跟他顶着干，不要有“你倔，我非整服了你”的想法，否则最后没法收拾局面。

我问他：“你弟弟结婚了吗？”他说，弟弟没结婚，没儿没女。根据我的工作经验，当事人说什么，我姑且一听，此后都要经我亲自验证。他说弟弟没结婚，并不意味着他弟弟没有女友。我要弄清楚他弟弟到底是不是一个人生活。我先看门口鞋柜，里面的鞋子有几双，尤其是拖鞋，鞋子数量能传送某些信息。我在这个鞋柜里看到一双粉色拖鞋，应该是女人用的。然后，我走进卫生间，看看洗漱用具到底是不是只有一个人用的。我看到有两个刷牙杯子和两把牙刷，一个绿色、一个粉色。可以判定，有女人来这里住过。卫生间里的毛巾有两块，可以猜想男主人用一块，女人用一块。这家里女士用品到处都能见到。

我到南边的大屋看了看，大屋有书柜、沙发、杯子、烟灰缸。我再去阳台看了看，阳台上晾的衣服和袜子没发现有女性衣物或用品。我想，这屋来过女士，偶尔来偶尔走，不像在这里常住。

我问：“你弟弟搞对象了吗？”

他叹了口气说：“唉，什么对象啊，今儿来明儿走的。”

我一听，他对弟弟的事不太满意。我转身先去验尸。我看了看死者脖子上的索沟，索沟呈马蹄形，自缢特征明显，脖子上套着的那根绳子负重没问题。我脱了死者衣服，看看他身体，他身上没有针眼儿和外伤。

都验完了，我出来摘了手套，看那人的表情还是那样，还坐着那儿，还那么狠狠地抽烟，我知道这是一种心理麻木的表象。有几十分钟了，这段时间足以让他回过神儿来了。我让民政局的工作人员把尸体装袋抬走装车。

我问他：“您在哪儿上班呀？”他瞧了我一眼没吭声，真够固执的。

“好，你把家里的灯关了，门锁好，跟我走吧。”

“真带我走啊？”

“您必须得跟我走。”

我的口气没商量，也没等他，我就下楼了。他起身关了灯，锁了门，出了屋，坐上我开的吉普车。我一路没言声。在一般情况下，我们尽可能从各个角度给失去亲人的家属减轻精神压力。但是遇到特殊的人，你还真得特殊对待，你要是没有个正确的思维和逻辑还真不行。吃一堑长一智，我可是这些年磨过来、熬过来的。

这人一到我办公室四处一瞅，心态就不一样了，变得正常多了。他说，弟弟是一个单位的三轮车工，弟弟住两居室的楼房是母亲的。他是哥哥，结婚早，婚后生了一个女孩，然后就搬到外面去住，留下弟弟跟母亲一起过。两年前，母亲去世。由于弟弟这么多年没成家，也没找到女朋友，因此，哥哥对他弟弟很有看法，认为弟弟不正经，今儿找一个女的、明儿找一个女的，不说找个踏踏实实过日子的人。哥俩在这事儿上说话不对付。

母亲去世后，哥哥心里有个念头，想着这房子是父母留下来的，应有他一半儿。他盘算着，要是弟弟争气，踏踏实实地成家有孩子，他这个当哥哥的就不考虑这一半儿房产了。只是，他恨弟弟既不正经，又老招女人，他觉得这房子不能给弟弟。怎么办呢？他想了一个办法。有一天，他趁弟弟不在家，用自己留有这套房子的门钥匙，开门进屋，把母亲留下的房本翻出来，拿走了。然后，他就给弟弟打电话说，咱俩得写个关于房子的协议。弟弟认为这房子本就应该是自己的，一听他哥打电话提起这房子的事，想起这房子还没过户呢，房本上登记的还是母亲的名字呢。可他在家里翻了遍，也没找到房本，这下可急坏了。

弟弟问哥哥房本怎么没了？哥哥说房本他拿走了，“咱俩签份协议，房子值40万元。你呢，给我20万元，这房本就归你，你去过户，我跟你去。不然，我给你20万元，你过户给我，反正有我一半儿”。弟弟说：“你有房住，不行。”

哥俩为这事闹僵了，两年间谁也不理谁。近一段时间，弟弟老是打电话跟哥哥提这房子的事。弟弟说，他这回正经八百找了一个女朋友，要结婚了。女方就提了一个条件，如果这套房子是他的，把房本拿给她看看。如果他拿不出来房本，不让她看，就是骗她，她就不跟他结婚。这女的挤对得弟弟够呛。所以，为了这房本，弟弟求哥哥：“你把房本拿回来，我就让那女的看一眼，看完我还给你。”哥哥心想，这是他弟弟编的瞎话，骗人。他跟弟弟说：“哪有那么容易，咱俩先前还吵呢？我拿回去，可能吗？”

弟弟恨哥哥不近人情，自己好不容易找个人要结婚了，哥哥愣要破坏他的婚姻，这就等于不让他活了。弟弟连续要了十来天房本，最近这三天突然没音信了。这下轮到哥哥给弟弟打电话了，白天打、晚上打，就是没人接听，哥哥越想越不对劲儿，心里有点儿慌，赶紧过来看看。

哥哥上楼打开门一看，门厅没人，再跨一步，看见北边小屋里挂着一个人，就挂在暖气管上。他紧赶两步，看清楚是他弟弟在暖气管上自缢了。他转身奔进厨房，抄起剪子返身回来，一只手抱着弟弟，另一只手抄剪子把那绳子剪断，把弟弟搁在床上。他待在屋里想来想去，最后拨通了“110”报警。

他把整个过程讲清楚了，我问他下一步想怎么办，他说：“什么都甭说了，厚葬吧。”

我的工作以排除嫌疑为主，鉴明死者是不是自杀，能不能自杀。人死得越离奇，这里边越复杂，就越有故事。按这个哥哥说的事情的发展过程，我在想，他弟弟真想找对象成个家，女方提出要看房本，这个要求很正常。但就是这么一件很正常的事，当哥哥的恰恰由于已有的成见阻碍了他做出恰当、正确的判断和行动，难为了弟弟，逼弟弟走上自杀的绝路。这实在是一个无法追悔的悲剧。

| 生命感言 |

唇亡齿寒。在这起弟弟自杀身亡的事情发生后，第一个发现弟弟死亡的哥哥出现了精神应激反应。从查明的死因来看，弟弟是带着对哥哥的失望之情甚至仇恨心理而走上绝路的。这样的结果，一定不是哥哥希望发生的，但是已经是一个无法挽回的事实。在以房产为代表的私有财产急剧增加的当下，亲人之间的财产纠纷居高不下，虽然法律对财产继承和分割都有明确规定，亲人之间面对财产问题时还是以一个“和”字为基准才好。如果因为财产纷争伤害亲情并留下裂痕，想修补这道裂痕可不是钱的问题能够完成的。

No.78

算命没算出自亡之时

引言

一对专门给人算命的“露水夫妻”死于煤气中毒，发现尸体者竟然是急于找他俩算命的男人。只可惜，算命者没有算出自己的劫数。

北京的冬天特别冷。一家寺庙门外有一对专门给人算命的男女在本该出现的时候却没有出现，一位急于想找他俩算命的男人打听到这两人租住的地方，按照知情人的指点，径直找到一个杂院里的出租房敲门。

都九点多了，每天这时候谁不起身啊，人家上头炷香的都完事儿了。来人敲了一阵子房门没人搭理，再敲。院里有个老太太听到有人大声敲门，嫌烦，出屋来看。老太太对敲门人说：“屋里的人怕是出去了吧。”

来人说没人瞅见他俩呀，他试着推推房门，没想到门里头没插着。他探头朝屋里一看，妈呀！屋里地下躺着个女的，床上躺着个男的。他抽身就跑，跟院里老太太说了声“出人命啦”。老太太听完一惊，赶紧去把街道主任什么的都喊来了。大家慌里慌张地给急救中心打电话。急救车来了，车上下来的大夫推门一看，这两人完全没有生命体征了。初步判断是煤气中毒。之后，有人拨打了“110”报警，我们这就来了。

煤气中毒归我们现场组管，一听“120”大夫说两名死者可能死于煤气中毒，我心里一惊，特别紧张，要知道每年煤气中毒的死亡人数是有控制指标的。尤其眼前这一下子死了两个人啊，赶紧报市局吧。市局的法医和刑警都来了，勘查的勘查，照相的照相。

我也在场，环视屋里。这间小平房也就十二三平方米的样子，屋里摊着不少算命的书，东一本、西一本，再看案板、菜刀乱放，挂面散扔，一看就不是仔细过日子的那种人。给人的感觉是这里住着的人临时凑合，不会长久居住。屋里立着一个煤炉子，摸摸炉体，还有点儿热乎气儿，再看炉子上的几截烟筒，破损厉害，尤其是炉子上那截烟筒，跟炉子交接部位锈烂得都是锈洞和沙眼儿。

一个女人仰着躺在地上，四十多岁，长脸，胖瘦中等。她只穿着内裤，光着上身，看来是夜里睡觉被煤气熏得厉害，昏迷中从床上翻滚到地上。她躺在地上大小便失禁。那个趴在床上的男人看上去五十来岁，络腮胡，身高有一米六七或一米六八的样子，脸盘明显像东北人。他也是大小便失禁，还吐了一大摊。这屋里的味道特别刺鼻。

据经验判断，床上那男人吃晚饭吃得饱一些，大小便失禁同时还出现胃痉挛，吐得一塌糊涂。他穿条红色内裤。我看他手指肚儿皮肤比较细腻，脚趾内外侧轮廓清楚，不像干力气活儿的人那样要用腿脚使劲蹬啊、踹啊。若是体力工作者，他的脚趾磨损程度就会厉害得多，呈现表皮坚硬的状态。

这个现场来人挺多，有市里的，还有区政府的。我们在现场待了将近三个半小时。市局来人看了看，判断这两人死于煤气中毒，就归给我们现场组处理。我在屋里找到这两人的身份证，那男的确实是东北人，我没猜错。拿到死者的身份证后，尸体送太平间，我让派出所按两名死者身份证所在地查询两人原籍所在的属地派出所，请他们协助通知死者家属来京办理后事。

为调查清楚相关情况，我找街道主任、街坊、寺庙售票处工作人员，综合各方面获得的信息，得知这两人在寺门口算命有小一年时间。这两人都结过婚，却不是夫妻，临时搭伙在一起住。

没过两天，两人的家属分别来到北京。那女的丈夫从山西过来，那男的妻子从东北过来。这两拨儿家属听我简单介绍情况，都没得可说。死者两人都背着配偶和亲属飘在外边，一直不与家里联系。寺庙卖票的人说这两人整天在门口，一起出出进进的，有传言说这是两口子。院里街坊老太太平常没事儿时跟这两人聊聊天，听他们说一个月能挣七八千元钱。

法医鉴定中心给这两名死者抽了心血做化验，鉴定结论是这两人心血中的一氧化碳含量都达到致命量，是煤气中毒死亡，可以排除凶杀。

我们拿到法医鉴定结论后，把双方家属叫到一起详细说了整个调查情况，双方家属都没表态。那女人的丈夫气得说不出话来，那男人的妻子连连骂她丈夫“臭不要脸”。结果是尸体由各自家属处理，安排火化。

我们找到房东，叫他出具出租房屋手续，他拿不出任何手续。根据出租房屋管理规定，派出所对房东给予经济处罚，让房东协助双方家属处理后事，帮双方家属火化尸体。这房东虽然对那二人的意外死亡不承担责任，但他有义务。你当房东的不能光挣钱，出了事就得尽义务。

房东是个退休的老工人，家里无儿无女，老伴儿也没了，就他一人，他在邻近院子里还有一间房。他把出事的这间房出租给两名死者，一个月房租要 500 元。

要说算命的整天给别人算命，总能说出谁命长，谁命短，谁注意点什么、防着什么，可这俩算命的怎么就没算好自己什么时候死呢?

| 生命感言 |

冬天是煤气中毒事故高发时节，同住一屋的人全部死亡的情况也很常见。与之前的煤气中毒案件中死者是一家人不同，这起案件中的两名死者是临时凑合在一起的“露水夫妻”，他们的职业和归宿也颇具讽刺性。他们生前所做的事情和生活环境都表明，他们对生活既不严肃，也不严谨。如果能多花一点儿精力去关照一下严重破损的烟筒，他们的生命之花就不会过早凋零。

No.79

租游船投湖了断性命

引言

他站在船头纵身跳入湖中，湖面冒出气泡，无人驾驶的电瓶船径直撞到湖岸。这一切，全部被公园的监控摄像头记录下来。

正值盛夏的一天下午，指挥中心布警、值班室通知，某公园水面上漂着一具男尸。

我开车赶到公园湖面的东岸，看到就在离岸边十几米的水面上漂浮着一个人。那人面部朝下浸在湖水里，上身穿蓝色短袖T恤衫，下身穿一条警裤。我带着民政局的工作人员划船抵近尸体，把尸体翻过来一看，这是一个男人，从相貌上判断有三十来岁。

我们把这具尸体拖到湖边，抬上岸，我先验尸。死者面部丰满，瞳孔已经放大，但是不对等。我立即疑心死者生前精神状态可能存在异常。我给他脱掉衣服，检查头部、颈部、前后胸和四肢，没有发现任何骨折和外伤，撬开他的嘴看，口腔里有杂物，此人明显是生前入水。他脚上穿的皮鞋掉了一只，应该是入水后挣扎时脱落了。

死者身上背着一个小旅行包。我从那个旅行包里没有找到遗书，但翻出一个工作证，他是外地的一名公务员，工作证上注有单位和地址。包里还有身份证和五百多元现金，我还找出一张公园租船的船票。那张船票居然没被湖水浸湿，船票上写有租船时间。据船票上显示的租船时间判断，死者应该是在当天下午一点钟租的公园的游船。

尸检工作结束，我前往公园保卫处调看监控录像，从当天录像中看到这位年轻人的影像。1 点 35 分，他站在一艘条六人座电瓶船的前面。上船后，他驾船先在湖中转了一大圈儿，然后驶向湖的东南方向。

监控录像记录：他从方向盘那个位置站起身，走到船头，头朝下扎进湖里。我们从监控录像中可以看到他入水后水面上“咕嘟咕嘟”冒了好多气泡。而那艘无人驾驶的电瓶船直直地驶向湖的东南角，撞到岸边。

没人驾驶的电瓶船撞岸，引起公园游人的注意。有人报警后，公园管理处的人驾快艇赶过去，跳上这条船，把这船开回码头。这时，还没有任何人发现有人投湖，当时湖面上游船不多，岸边游人也不多。距那人投湖约四十分钟后，我们从监视器盯住那人投湖的位置上，看到他的躯体面朝下浮上水面。投湖者呛水而死。

我们锁定录像，固定证据，死者生前在公园租船的船票也是重要证据。根据死者旅行包里工作证上的信息，我通知了他的工作单位。两天后，死者所在单位的两位领导与死者的父亲、妻子和死者的姐姐一起来到北京，走进我办公室。

据死者单位领导介绍，死者原来工作表现一直挺好，因为跟单位领导闹意见，得了精神病，有时整夜整夜不睡觉，有时哈哈大笑长时间不停歇。他结了婚，爱人是小学老师。他妻子和他姐姐没少带着他奔波多家医院看病。

尸检时，我发现死者瞳孔明显不对等，判断他生前患有精神疾病。这一预判在来人的介绍中得到了印证。

大前天，死者对父亲说他要到北京出差，但是他跟单位申请病假，交给单位十天的病假条。

我们调出公园录像给死者家属看了，尤其是这个年轻人从船上往湖里跳入的那瞬间，以及他投湖后水面冒出的大量气泡，还有他浮出水面的影像。死者妻子和父亲看完后都没有说一句话。他的死亡是他自己的行为，旁边没人。他投湖后，那艘空船自行撞岸，都是明明白白的证据。

死者的父亲不到六十岁，是当地一家单位的领导。死者的姐姐也是一家单位的干部。这家人有知识素养，弄清楚事实后，他们马上着手处理后事，五天后尸体在北京火化。

死者家属跟死者就职的单位达成协议，由于死者生前发病是与单位领导闹意见引发的。他投湖而死是因病自杀，单位同意拿出一些钱救济死者家属，双方签了协议。

生命感言

这起被监控录像记录下全过程的投湖自杀案并无争议，只是自杀者是一名异于常人的精神疾病患者。疾病会带给人痛苦，也常常引发悲剧。由于精神疾病患者制造或遭遇意外的概率大大高于其他疾病类型的患者，这类患者的家属一方面要帮助他们积极求医，另一方面要给予他们暖心的抚慰与细心的关照。对患者来说，家人的关爱是一剂良药。

No.80

千里赴京受蒙骗自杀

引言

为了偶遇生爱的女孩，他从外地来到北京。然而，在茫茫人海中，女孩却“失联”了。感觉被骗的他纵身从酒楼跳下，留给父母的只有一封长长的遗书和无尽的伤痛。

一家涉外酒店地处长安街，有人高坠身亡。我接受出警任务，带上两名民警赶赴现场。这时的我已经不是一人单干了，上哪儿去不用我亲自开车，身边有人跟随提着勘查箱。这不像 2003 年以前，我走哪儿都一个人，顶多带个实习大学生。什么复杂情况都得自己琢磨，想跟谁商量都没个明白人。2003 年，我评上北京市公安局治安总队重大责任事故专业优秀人才。全市只评比十个，我是其中之一。

要说早些年自己怎么学着干的：一是跟师傅学。二是原来我们办案子做法医鉴定的时候，专门请清河鉴定中心的法医，从接他们来到送他们走，全由我一人接待。我全程陪同他们，看那些法医前辈和专家怎么做、怎么想。其间，看到什么、想到什么、专家说了什么，我都记下来，成为日后我出现场判断时的知识积累。三是多读法医类的书籍，什么尸斑、瞳孔、妊娠、骨折、气胸、煤气中毒、药物中毒、毒品过量都得明白，自己借书、买书，没事儿就看。我在这三方面日复一日的实践积累，为准确判断提供了依据和保障。

多年来，我接触过各种各样的死者，出现场需要依据客观事实抽丝剥茧地研判，其中的因果关系不论多复杂，都得是一环扣着一环。

我们一行三人来到那家涉外酒店，酒店保卫处的人和派出所民警引领我们上到某层的一间客房。

一边上楼派出所民警一边说，死者是住在这个房间里的客人。当天上午，这位客人因情绪失控将酒店大堂里的一个茶几砸坏，派出所民警上午来这家酒店专门处理过此事。训诫之后，他同意赔偿酒店1100元钱。没想到他上午砸了大堂茶几，下午就自杀身亡了。派出所民警疑心这两件事之间是否存在什么关联。此时，我身边有十几个人，除了我带去的两名民警外，还有派出所民警、刑警和酒店多个部门负责人。听到派出所民警的猜测，我当时没表态，只是说："看看那位客人坠楼的位置吧。"

我们进入某层最西边的一间客房，这间与其他客房一样是间标准间。我进屋后先走进卫生间，这是多年形成的工作习惯，进卫生间要观察是不是有人在这屋里住过，看卫生间里标配的洁具如牙刷、毛巾什么的有没有人动过。看过卫生间，我可以确定这间客房里明显有人住过。

我对带去的两名民警说："酒店说这人昨天住这儿了，有什么凭证呢？看牙刷、牙膏、毛巾、护肤用品以及拖鞋的使用，再看被子、枕头、床铺的使用。你要凭自己的观察分析，不可听别人介绍就形成先入为主的印象。"

刑警忙着在屋里拓脚印、找指纹、做记录，确定死者是从客房窗户跳下去的。我也到窗户那里仔细观察一番：这扇窗户冲南；从窗口下望，死者的尸体摔到酒店与旁边一栋高层建筑的中间，两楼中间距离比较宽。

死者的尸体横在高出地面的铁板上，要把这尸体抬下来挺不容易，人踩到那些晃晃悠悠的铁板上，不太好负重行走。死者面部朝下重重摔下，面部轮廓全没了，都摔塌了。他落地时躯体偏右，没有任何缓冲余地，还把铁板上那层十厘米的泡沫板砸出一个大坑。这么大的力量摔下来，死者落地时当场死亡。

我初步判断死者年龄在三十岁上下，体重有一百二三十斤。他上身穿一件长袖T恤，下身穿一条深蓝色的裤子，衣着挺讲究。后来我才知道他是卖服装的。

经刑警核实，客房里的脚印与死者脚上穿的鞋全都吻合，确认是自杀。他们说："卢老师，这事儿就交您啦。"明摆着，后面处理的事由我们来做，跟他们没啥关系了。

刑警临走之前交给我一张纸，说："卢老师，忘给您了。"这张纸是刑警在客房抽屉里找到的，是死者生前写下的遗书。我暗想，你们先前怎么没说呀，都要走了才拿过来。我接过遗书，交给我身边的民警请他先代我存好。我想的是，等我把该做的工作程序做完，再看遗书里写了什么。

我给死者拍完照，让民政局的工作人员拿床单把死者从高出地面五六米的铁板上兜下来，根据死者遗留的身份证填完表，把尸体装车拉走送往医院太平间。我让酒店写了张封条，盖上保卫处的章，把这间客房门封上。封门的意思是，这里我们都看完了，等家属来时再启封，让家属看看事件发生时的原始状态。

我忙完手头工作走进酒店专门辟出的一间会议室，抽空看看遗书里写了什么。遗书写得挺长，一张纸的正反面全写满了字。这起高坠事件属于典型的自杀行为，到底是怎么回事呢？

死者是外地人，他租了个店铺卖服装。春节前后，一位北京的年轻女孩去当地买衣服，俩人搭上话，都是单身，彼此互有好感。第二天，那女孩又来店里，在外地小伙子看来，她是对他有好感，专门冲他来的。他请她在步行街吃了顿饭，彼此的关系似乎更近了一步。

北京女孩连续五天没走，天天来找他，俩人越聊越热乎，外地小伙子给北京女孩留了地址和手机。两人互相告别时，外地小伙子说他几天后也要去北京，俩人约定到北京见面。

小伙子在前往北京的列车上还给北京女孩打过手机，对方告诉他出了北京火车站打车到这家涉外酒店就能找到她。等他到这家酒店入住后，那女孩的手机却怎么都打不通了，他觉得受骗了。入住第二天上午，他特别烦躁，在酒店大堂里发脾气，愣是把人家酒店的茶几砸坏了。派出所接到酒店报警来人，他对民警表示愿意赔钱，这么着才没拘留他。酒店让他赔偿1100元钱。

酒店保卫部门把录像调出来给我们观看，录像里清楚地看到那个人是怎么砸的茶几，怎么赔的钱。赔完钱，他回到房间就给他妈妈写下了这封遗书。遗书中有这样的字句，“我已经确认被她骗了，我不会在北京见到她了，我这么大的人，资金有 × 万元，居然被一个小女子骗了，我还能干什么呢，什么也别干了”，信尾写有“绝笔”二字。

看完这封遗书，我给在场的涉外酒店的负责人开了个会，我对他们说，死者生前在你们酒店入住，与酒店确立了经济关系。他自杀你们没责任，但是有义务，家属来了以后，你们不能没有相应的表示。你们酒店地处长安街，别出现更大的麻烦。

事发第三天上午，死者家属来到北京，有死者的父亲、母亲、姨和舅舅，他们直接被约到我的办公室。死者父亲一张口，挺熟悉这一套程序，追着要自杀定性的事实依据。我给他们看监控录像、遗书，并介绍了调查过程，告知公安局认定死者是自杀。那时还不知道死者父亲是干什么的。

看完我提供的这些东西，听完我的介绍，死者父亲先离开了。死者舅舅是一名行政干部，跟我说要去看现场。我说可以，安排涉外酒店保卫处的人领他去，再跟去我们一位民警。他们先去看过死者入住的客房，再看了死者坠落的地点。

事发第四天早上，酒店来电话，说家属四人拿着一张死者遗像坐在我们酒店大门口。我一听，立即带着两名民警赶去，派出所的民警已经先到了。警车刚刚停在酒店门口，死者父亲就站起身。我们沉着脸不客气地说：“上车吧，这里不是你们拿遗像待的地儿，前边就是长安街。”我说完这句话，那几人吓得够呛。

我们把这几人拉回我办公室，让他们一个个详细登记身份、职业、住址、工作单位，先前我们只登记了他们的身份证，不知道他们都是干什么的。这下他们更害怕了，不知道我们要干什么。一登记我们才知道，死者父亲是某个地方的公务员，职务写的是副所长；死者舅舅写了一个地方的行政单位；死者母亲是当地一所小学的老师。

登记完了，我宣布他们这种做法违反了《治安管理条例》，可以拘留他们，尤其死者父亲还是公务员。我告诉他们，我们会尽快通知他们各自单位的领导，让他们到北京来共同解决这事。死者父亲当时就怂了。

我们用电话通知死者父亲就职的单位，他们来了两个人，这两人是在事发第五天下午到北京的。我向来人介绍了调查过程和结论，看了遗书，又请他们去现场看过。这两人同时对死者父亲说："这是明显的自杀呀，你儿子被人骗啦，他认人没认准啊。"

自此，死者家属不再那么对抗。这时，我问涉外酒店打算怎么处理高坠事件。我告诉酒店死者家属已经承认之前去酒店闹做错了。我说，你们看看，这人死了，你们不说赔偿可也得尽点儿义务，我们公安局能帮助你们妥当地处理这件事。酒店负责人回答说要向老总汇报，商量之后给个解决方案。

事发第七天早上，涉外酒店告知我给出的具体款项数额。我听完，找到死者家属，先明确说这事儿没有赔偿，但通过我们做工作，酒店同意支付处理后事的一些费用。

死者父亲单位来京的两位领导也做了大量安慰工作，加之我们做家属与酒店双方工作。终于，在事发第十天，死者家属承认了死者的死亡事实，死亡原因系被骗而绝望自杀。死者家属接受了酒店从人道主义出发补偿给死者家属一次性的补偿款，签订双方协议，办理了后事，火化了尸体。

此事的解决是公安机关为民服务的一件成功之事，既维护了死者家属利益，也为企业单位保驾护航，维护了社会的安定。

｜生命感言｜

这起发生在酒店的坠亡事件，在我看来本不该发生。虽说不应该对逝者不敬，但是作为一名成年男性，仅仅因为遭遇了一场欺骗就决定放弃生命，这种承受能力和思维方式确实令人遗憾。他在决定放弃宝贵的生命前想到了父母并给他们留下了遗书，但是他也许没有想到生养他的父母该如何承受这份痛苦。从这个角度来看，逝者的轻生是自私的，也是最没出息的一种选择。

后记

80个故事讲完了。这些发生在我们身边的真实案例，也许会让您有所触动；而对于我这个亲历者而言，最突出的感受，用一个字概括，就是“痛”，有惋惜之痛，有愤怒之痛，有无奈之痛，更有切肤之痛……时过境迁，给他人留下的是一段段故事；而给案例中的死者和生者带来的，却是生命中不可承受之痛。

由于工作的原因，我常会给朋友们讲述自己经手的一些案件，希望他们能引以为戒，远离险境。我最常听到的一句话就是：“老卢，写出来吧，可以帮助更多的人！”起初，我并没有放在心上，听的次数多了，琢磨出了这话的意义。

“可以帮助更多的人”，正是我写书的缘由，也是一直以来的“初心”。为了把故事讲明白，我不得不去翻看整理过的案件记录，重新回忆这些往事。对于我而言，这是一个痛苦的过程，如同亲手去揭开旧伤口。然而，也正是在这个艰难的过程中，我通过再现生命中的这些痛，让我的读者们更加珍惜生命中的那些美！我们每天看似平平淡淡的生活，对于案例中历经生死的人们来说，却是他们可望而不可即的事情。想到这里，我们还有什么理由不去好好地生活呢?

珍重生命，为自己，为自己身边的人，并且在必要的时候，把关注和爱心给予那些需要帮助的人们。有时候，也许只要多留个心、多一句安慰的话，就能挽回一条生命。

这本书的出版，凝聚了法律出版社《法律与生活》杂志社李秀平社长、责任编辑杜智娜老师以及负责文字记录、整理的杜萌老师的心血。

感谢在我工作的过程中，付出心血、帮助我成长的良师益友：陈思源、张毅、孙凤武、王小平、郭柏顺、李宝虎、胡大鹏、朱满昌、王文芳、李振华、刘继文、肖阳、刘阔、吴俊文、王俊、陈雨浓、王久锁、赵祥茂、贾京利、边建军。

感谢在我从警生涯中，并肩作战的兄弟：冀建光、杜军、徐翠平、王京生、张楠、李勇、李岳、马春林、纪冬、张培（市公安局）。

感谢我的家人，一直默默陪伴在我的身边，给予我关心和支持，是我不断前进的动力和最坚实的后盾。

正是有了你们，才让我有勇气直面死亡的残酷，也更加感悟到生命的可贵！在此，我要表示深深的谢意！

谨以拙作，献给所有爱我的人和我爱的人！

卢　龙

于二〇一七年冬

图书在版编目(CIP)数据

京城验尸官：警察与亡者20年生死对话／卢龙著. -- 北京：法律出版社，2018（2019.5重印）
ISBN 978-7-5197-1988-3

Ⅰ. ①京… Ⅱ. ①卢… Ⅲ. ①死亡鉴定－案件－汇编
Ⅳ. ①D919.4

中国版本图书馆CIP数据核字（2018）第026928号

京城验尸官：
警察与亡者20年生死对话
JINGCHENG YANSHIGUAN:
JINGCHA YU WANGZHE 20 NIAN SHENGSI DUIHUA

卢 龙 著

策划编辑 杜智娜
责任编辑 杜智娜
装帧设计 王卫平

出版 法律出版社
总发行 中国法律图书有限公司
经销 新华书店
印刷 永清县金鑫印刷有限公司
责任校对 王晓萍
责任印制 张建伟

编辑统筹《法律与生活》
开本 710毫米×1000毫米 1/16
印张 26
字数 390千
版本 2018年3月第1版
印次 2019年5月第2次印刷

法律出版社／北京市丰台区莲花池西里7号（100073）
网址／www.lawpress.com.cn
投稿邮箱／info@lawpress.com.cn
举报维权邮箱／jbwq@lawpress.com.cn
销售热线／010-83938336
咨询电话／010-63939796

中国法律图书有限公司／北京市丰台区莲花池西里7号（100073）
全国各地中法图分、子公司销售电话：
统一销售客服／400-660-6393
第一法律书店／010-83938334/8335　西安分公司／029-85330678　重庆分公司／023-67453036
上海分公司／021-62071639/1636　深圳分公司／0755-83072995

书号：ISBN 978-7-5197-1988-3　**定价：**68.00元
（如有缺页或倒装，中国法律图书有限公司负责退换）